U0113794

荷塘边的不朽背影

回忆

朱自清

江苏省政协文史资料委员会
扬州市政协文史资料委员会 编

中国文史出版社

百年中国记忆·文化大家

主　　编：　刘未鸣　韩淑芳

执行主编：　张春霞

编　　辑：　（以姓氏笔画为序）

卜伟欣　牛梦岳　李军政　李晓薇

赵姣娇　高　贝　徐玉霞

20世纪20年代的朱自清

中年傯易傷哀樂老境

何當計短長衰疾常防

兒輩覺童真豈識我生

忙室人相敬水同味親友

宵不寐羨茨君行健尚南強

時看星墜光筆鈔啓予

夜不成寐憶葉雅老境一丈感而有作

錄奉
景超兄
葉雅嫂
補壁并乞教正

弟朱自清

朱自清手迹

朱自清与夫人陈竹隐
在中南海合影

国立西南联大中国文学系全体师生合影

百十師長嚴正聲明

清华大学百十师长拒领美国施舍物资的严正声明

朱自清旧居

CONTENTS **目　录**

第一辑　亲属怀思：匆匆而去，背影长留

1

第二辑　故旧怀念：死而后已，我哭斯人

第三辑　桃李追忆：呕心沥血，严谨治学

附录一

附录二

第一辑

亲属怀思：匆匆而去，背影长留

追忆朱自清

陈竹隐[*]

身世 事业

朱自清字佩弦，原籍浙江绍兴，生于1898年11月22日。原名朱自华，号实秋，名字含有"春华秋实"之意。由于三代人定居扬州，所以自称"扬州人"。他的祖父为人谨慎，在江苏东海做了十多年的承审官。父亲朱鸿钧，字小坡，母亲周氏。当时都随祖父在东海任所。佩弦出生于东海，由于两兄幼殇，他就成了长子长孙，备受家庭宠爱，小时在耳上还佩戴着金质的钟形耳环。他们兄妹共4人。佩弦幼年在家由父母启蒙课读，后在私塾读经书、古文、诗词等。由于他聪明好学，所以很快就学通了国文，又在旅扬公学学了英文。他从江苏省立第八中学毕业时，还得到了品学兼优的奖状。在校时，他非常喜欢文学，立志做文学家。1916年，他考入了北京大学预科。次年寒假，他回扬州，遵父母之命与扬州名医武威三先生的女儿武钟谦结婚。

佩弦的祖父母去世后，家境便一天不如一天，经济上很拮据。父亲虽然

---

* 陈竹隐：朱自清夫人，原清华大学图书馆馆员。

做着官，但一直廉洁自守，没有积蓄，所以给祖母办丧事都要借钱。佩弦20岁时，看到家里的经济状况，觉得按部就班地读书是有困难的，于是决定跳班投考北京大学本科，并改名朱自清，字佩弦。1918年，他考入了哲学系。这时，他们家中常常借钱供孩子们读书。一直到佩弦毕业做事了，家里还欠着几千元的债，都是后来一点点还的。这样的景况使佩弦对穷苦人的生活有体会，并富有强烈的同情心。

在北京大学就学期间，正值古老的中国社会发生大变革的时代。佩弦在新思潮的鼓舞下，参加了有伟大历史意义的五四运动，并与著名的共产党人邓中夏建立了友谊。他参加了《新潮》杂志的编辑工作，不断在学生办的周刊上发表新诗，翻译外国文学作品，提倡新文化运动。新思想点燃了佩弦心中的火，诗的激情在他心中翻腾，他以满腔热情投入了新文化运动。与此同时，他发愤攻读，三年内修完四年的课程，于1920年提前毕业了。

在"五四"新文化运动的影响下，佩弦觉得文学可以用来抒发自己的感情，可以揭露社会上的不合理现象，可以启发教育人民，文学可以救国。由于他对文学的特殊爱好，他很快走上了文学创作的道路。

佩弦毕业后，曾先后在杭州第一师范、江苏省立第八中学、中国公学、浙江省立第六师范、浙江省立第十中学、温州十中、白马湖春晖中学、宁波四中任教五年多。佩弦的教学工作十分繁忙，有时奔波于两校兼课。他虽对教书生活有时不满意，但对教学却十分严肃认真，从不迟到早退。课堂上总是滔滔不绝地讲，甚至满头大汗。他对学生管教很严，但与学生关系却很融洽。他经常鼓励学生多读多写白话文，学生也常到他的住所去交谈。在温州时，他把新文艺的火种带到了那里，温州中学各年级的学生都争着要求他教课。他要求学生交作业不许误期或敷衍，甚至对学生作业格式都有具体规定：作文本第一页要空下来，把一学期作文题目依次写下，并注明起讫页数，以便查阅。而他自己则不仅认真及时地批改学生的作业，还细心热情地批改学生们在课外所写的大量不成熟的作品。

这期间，佩弦也时常与文学研究会成员俞平伯、叶圣陶、刘延陵等先生讨论新诗问题、民众文学问题。又创办了《诗刊》，并不断发表新诗，以提倡新文化运动。他在诗歌创作上下了很大功力，以抒发他的感受，歌颂光明，揭露黑暗。五四运动落潮后，佩弦思想有些彷徨，但强烈的正义感促使他排除一切困扰，努力振作起来。1923年3月10日，他在《小说月报》上发表了长诗《毁灭》，用"我要一步步踏在泥土上，打上深深的脚印！"的诗句，表现了自己要脚踏实地前进的决心。他又写了《赠友》一诗，歌颂了"要建红色的天国在地上"的共产党员。他为五卅惨案作《血歌》一首，痛斥了帝国主义的暴行。佩弦用他的诗歌为正义呐喊。与此同时，佩弦的诗歌和散文在艺术上也都达到了新的高度。长诗《毁灭》引起诗坛的注意，得到了很高的评价；散文《桨声灯影里的秦淮河》被评为"白话美术文的模范"。他以认真教学、勤奋写作，将自己献给了青年，献给了新文学事业。

1925年，佩弦经俞平伯先生推荐，到北京清华大学教授中国文学。佩弦从此便一生就任于清华大学。

当时的北京，旧文学的市场很广，书店里出售的都是旧文学书籍。佩弦认为应该开发新文学园地，扩大新文学市场，使新文化大众化。他与俞平伯先生等十人商议决定，每人出一份钱开一个"景山书店"，专门出售新文学书籍、刊物，并请了一个人专门负责经销工作，书店的收入就维持这个人的生活。而出股的十个人都没有收入，纯粹是为推广新文学尽义务。当时，佩弦他们就是这样为新文学开拓道路的。

1926年，奉系军阀在日本帝国主义的支持下，进逼关内，冯玉祥率领的国民军同奉军作战，日本帝国主义公开援助奉军，派军舰驶入我大沽口，炮击国民军。国民军开炮还击，日本帝国主义却联合美、英等七国公使，提出无理条件，并在天津附近集中各国军队，准备将武装干涉升级。3月18日，北京的工人、学生为抗议帝国主义侵犯我国主权，在天安门广场举行群众大会。会后举行了游行示威，并到执政府门前去请愿。佩弦也与清华大学学生一起，亲身参加了这次集会，参加了游行请愿；目睹了在执政府门前打死了40多人，重伤200余人的"三一八"惨案。回来后，他以极端愤怒的心情写成了《执政府大屠杀记》一文，详细地叙述了惨案发生的事实经过，直言痛斥反动政府的暴行。他写道："这回的屠杀，死伤之多，过于'五卅'事件，而且是'同胞的枪弹'，我们何以间执别人之口！而且在首都的堂堂执政府之前，光天化日之下，屠杀之不足，继之以抢劫、剥尸，这种种兽行，段祺瑞等固可以行之而不恤，但我们国民有此无脸的政府，又何以自容于世界！——这正是世界的耻辱呀！"在这篇文章中，佩弦还表达了对学生英勇不屈精神的真诚钦佩，并深刻地剖析了自己的"怕"的心理。这不仅表现了他的诚朴正直，而且也说明他在斗争中变得勇敢了，在凶恶的敌人面前站了起来。

在这次惨案中，清华学生韦杰三惨遭杀害。佩弦很是痛心，写了《悼韦杰三君》一文。

1927年，蒋介石背叛革命，大批屠杀共产党人。时局剧烈动荡。这时，有人投敌高升，有人无耻出卖，有人胆怯害怕，有人脱逃颓废……面对着这样的大动乱，佩弦在苦闷、在思索。他知道"只有参加革命或反革命，才能解决这种惶惶然"。而他没有那样做，小资产阶级的阶级局限，以及对妻子儿女的顾念，使他没有像有些人那样去战斗；但强烈的爱国心和正义感，也使他不与世俗同流合污。他追求光明，他洁身自好。他像荷花那样出淤泥而不染，并用这种"自清"精神启发人们。在这种心情下，他写了《荷塘月色》。此时，他还致力于古典文学的研究，在学术上取得了一定的成绩。

1929年，佩弦的夫人武钟谦病逝了。他很悲痛，写了《给亡妇》一文，来寄托哀思。

1931年"九一八"事变后，日本帝国主义进一步侵略中国，并企图一步步灭亡中国。在这国难当头，民族矛盾日益尖锐的时刻，佩弦又振作起来。他一步步地踏着一条无尽的然而实在的路前进着。

婚事　家庭生活

我家世代书香门第，原籍广东，但从高祖起就迁到四川了。我父亲排行第二，名叫陈正新。我母亲生了12个孩子，仅靠父亲教些散馆及在估衣铺工作的收入来维持，生活是很清苦的。当时四川女孩子念书的很少，而我家比较开明，不仅男孩子能念书，女孩也都读书识字。

我出生于1903年5月，在兄妹中排行最小。我从小是三姐教识字，8岁进私塾，长大一些后，父亲就不让出去念书了。那时，我哥哥们常把买到的《小说月报》《东方杂志》等带回家，我便也在读书中得到长进了。

我16岁时母亲病逝，一百天后，父亲由于忧伤与贫困也去世了。父亲是个不苟言笑的人，他一生好义，肯帮助人，从不趋炎附势，这种洁身自好和清高的思想对我影响很大。

父母病逝后，我便考入了四川省立第一师范学校，开始了离开家庭独立学习的生活。在省一女师我学习了数学、物理、化学，也学习了《左传》《礼记》《易经》及古诗词。学校浓厚的学习风气，严格的学习要求，打下了我坚实的学习基础。当时我受新思潮的影响，认为女子要独立生活，不要依附男子。于是从一女师毕业后，我便与廖书筠等三个女同学离开成都到青岛去报考电话局女司机（女接线员）。在那儿工作了一年多，觉得还应该去学习，于是到北京考取了艺术学院。从北京开始了"工笔画"的学习生活。

在艺术学院，我曾受教于齐白石、萧子泉、寿石公等先生。学习了哲学、美术史、古文、昆曲等课程，并接触了进步学生，参加了一些进步活动，还拜见了革命前辈李大钊先生。

经过四年的学习生活，我这样一个从小受封建教育，又在时代的洪流中接受新思潮洗礼的女学生，怀着对新生活的向往，从艺术学院毕业了。我先在第二救济院工作，强烈的正义感使我憎恨那位校长克扣孤儿口粮的卑劣行为，因此，便辞去了这一工作。而后便一边教一个姓沈的太太学画，一边到我的老师浦熙元那儿学习昆曲。

我与佩弦的相识是在1931年。那时，因为我常到浦熙元老师那儿去参加"曲会"。老师看到我一天天长大了，北京也没亲人，便很关心我的婚事。他就与当时清华大学中文系导师叶公超谈起我，并请他帮忙。这一年4月的一天，浦老师带我们几个女同学到一个馆子去吃饭，安排了我与佩弦的见面。陪坐的还有两位清华大学教授。那天佩弦穿一件米黄色的绸大褂，他身材不高，白白的脸上戴着一副眼镜，显得挺文雅正派，但脚上却穿着一双老式的"双梁鞋"，又显得有些土气。席间我们很少讲话。回到宿舍，我的同学廖书筠就笑着说："哎呀，穿一双'双梁鞋'，土气得很，要我才不要呢！"当时我却不以为然。我认为在那纷乱的旧社会，一个女子要想保持自己的人格尊严，建立一个和睦幸福的家庭并不容易，我不仰慕俊美的外表、华丽的服饰，更不追求金钱及生活的享受，我要找一个朴实、正派、可靠的人。为这我曾坚决拒绝了一个气味不投而家中很有钱的人的追求。佩弦是个做学问的人，他写的文章我读过一些，我很喜欢。他的诗歌与散文所表现的深沉细腻的感情，所描绘的一幅幅恬静、色彩柔和的画面，以及那甜美的语言，都使我很受感动，我很敬佩他，以后他给我来信，我也回信，于是我们便交往了。

那时我正住在中南海，佩弦常常进城来看我，我们共同游览瀛台、居仁堂、怀仁堂；有时共同漫步在波光潋滟的中南海边，有时清晨去钓鱼。一次我居然钓到一条半尺长的鱼，还请佩弦喝了鱼汤。佩弦是个不苟言笑、做文章非常认真的人，他常常把他的文章读给我听，有时为了一个字仔细推敲，征求我的意见。我逐渐体味到他写文章真是严谨认真呀！一次佩弦拿来一篇清华学生考试的词句古奥的文章让我读，我还真读准了句读呢。我心里很得意，佩弦也很高兴。我们的恋爱生活没有卿卿我我的缠绵，但都是倾心相待。佩弦话虽不多，却使我感到诚恳，实实在在地关心我。

当我知道佩弦在扬州老家还有6个孩子的时候，心里也有过矛盾和斗争。我那时才24岁，一下子要成为6个孩子的妈妈，真不可想象！一时我很苦恼。要好的朋友劝我说："佩弦是个正派人，文章又写得好，就是交个朋友也是有益的。"是的，我与他的感情已经很深了。像他这样一个专心做学问又很有才华的人，应该有个人帮助他，和他在一起会和睦与幸福的。而6个孩子又怎么办呢？想到6个失去母爱的孩子多么不幸而又可怜！谁来照顾他们呢？我怎能嫌弃这无辜的孩子们呢？于是我觉得做些牺牲是值得的。1931年我便与佩弦订婚了。

一个月后，佩弦便到欧洲去游学了，他要去考察欧洲的文学、戏剧、诗歌，以便更好地提倡新文学。在国外，他仍很关心国家的事情，尤其是"九一八"事变后，他终日忧心忡忡，在给我的信中一再写到他自己焦虑的心情。他听到有人说中国没希望了就很愤慨。他认为中国只是政府不行，只要有好的政府，让有能力的人秉政，中国就会好起来。

1932年7月，佩弦由威尼斯回国，我到上海去接他。那时的北京人结婚流行坐花车，穿披纱礼服，礼节很多，而上海比较开明，于是我们就决定在上海结婚。我们用当时上海最新式的简便方法举行了结婚典礼；事先发个结婚帖子。8月4日那天，请了文艺界的一些人士，我记得有茅盾、叶圣陶、丰子恺等人，在一个广东饭馆聚会了一次。饭罢，我与佩弦便回到了旅馆。我们没有那罗曼谛克的浪漫史，我们就是这样朴素而又真诚地相爱并结婚了。

佩弦是个非常勤奋的人。我们度蜜月时，他带着旅途回来的疲倦，就开始了紧张的写作生活。为了他能安安静静地写，我们特意住在普陀一个小寺院里。此后，我们共同生活的17年的时间里，佩弦从没放松过一分一秒。他的作息时间安排得很严格，早晨起床做早操，冷水擦澡、洗脸，漱口时就把书放在洗脸架上看，然后喝一杯牛奶就到图书馆去。中午回家吃饭，饭后看报。图书馆一开门便又去了。吃罢晚饭，还要去图书馆，直到闭馆才回家。进家门便又摆上东西写，一直到11点休息。除了生病，我从未见他11点前睡过。我常劝他中午休息一会儿，他也不听。他一辈子吃饭都是大口大口地很快地吃，生怕耽误时间。时间对他比什么都宝贵，正如他自己所写的："燕子去了，有再来的时候；杨柳枯了，有再青的时候；桃花谢了，有再开的时候。但是，聪明的，你告诉我，我们的日子为什么一去不复返呢？"他真是抓紧匆匆来去的分分秒秒读呀，写呀！连我们每天说话的时间都很少。刚结婚的时候我觉得有些苦恼，但渐渐看到他对事业的热爱，看到他不断发表作品，想到他对学生、对文学的贡献，常常为他的精神所感动，我想我应该支持他，我也要为他事业的成功付出代价，所以我便把家务事都承担起来，让佩弦更好地去研究学问。

婚后，我们回扬州去看望了父母孩子，佩弦对扬州很有感情，那里的一山一水他都热爱，尤其留恋扬州的瘦西湖。他曾带我和孩子一起逛瘦西湖、平山堂。那天佩弦很高兴，津津有味地给我们介绍湖山及各处的风景，说得那么生动，使人觉得真像是在诗画中一样。看到他那么高的趣致，我不禁笑着说："我看过一篇叫《桨声灯影里的秦淮河》的文章，把那儿写得那么美，其实不过是一湾臭水。真是文人哪，死人都说得活！"佩弦说，"喂！不要当面骂人呀！"我们都开心地笑了。佩弦对扬州的一切都感到亲切。连扬州的饭食都非常喜爱，尤喜扬州的荤菜"狮子头"。在扬州，我还与佩弦一起到他前妻的坟上扫墓。我感到佩弦的感情是那么深沉、那么炽热。他是一个很富于感情的人。

返回清华大学后，我们住在北院9号。那时清华大学规定教授太太不能在清华工作，主要是禁止家属参预学校的事，我便想去城里教书。但是当时由于教育经费都被挪用了，各个学校都发不出薪水，"女子文理学院"倒还发些钱，但我挣的钱连应酬都不够，无奈只好不工作了。

佩弦这时担任清华大学中国文学系主任，工作很忙，一边担任教学工作，讲授三门课程，一边从事写作，为了探索新文学的道路，使新文学大众化，他还深入到下层老百姓中间，了解大众要求，学习民间语言。有一次他带我一起到劈柴胡同的茶社去听刘宝全的京韵大鼓。那天我们听了刘宝全唱的《西厢记》，还买了《刘唐下书》的唱片。佩弦还常常自己去听。他是想从民间文学中吸取些经验，研究新诗大众化问题。佩弦就是这样，千方百计地为提倡新文学而努力着。

婚后第二年，我们便把两个孩子从扬州接到北京来了。对孩子的教育问题便成为家庭中的一件大事。事先佩弦便与我商量好，对孩子的教育双方取齐，就是有不同的看法也不要当着孩子说，要事后再商量。这一条约束使我们避免了一些矛盾，并使家庭一直很和睦。

两个孩子都是在城里读书，住在学校，在生活上不搞特殊，在思想品德上鼓励他们进步。女儿本来在教会学校读书，因为参加反对成立"冀察政务委员会"的游行，被学校不挂牌除名了。当校方把我和佩弦找去时，我们未责孩子就将她转学了。记得抗战胜利回北平后，我们的一个孩子在中学念书。一个好心朋友对我说："这孩子在学校活动得很，思想太左，你要注意管管他，现在太危险啊！"佩弦知道后对我说："左，左才是中国的出路，是青年人的出路！这样乌七八糟的政府，不叫孩子左，难道还叫孩子右吗？"孩子做得对我们就支持，在家里我们一直是鼓励孩子前进的。

那时我们的生活很俭朴。佩弦的收入要寄一半给扬州，我们留用一半。所以每逢给孩子们交学费时，都要借一个月的薪水。佩弦待人很宽厚，每次让当差发信时，如里边有他的私人信件，都要给当差一些钱。他对人也很谦和，平时在路上遇到清华的工友他都打招呼。工友帮他做了什么事，他都很客气地说："劳驾！谢谢！"他认为一个人有志持志，有力持力，用脑用体，各有贡献，没有一点教授的架子。所以清华的老工友都说："朱先生可好啦！"他在家里与孩子们相处也没有尊长的架子，有时让孩子倒杯水都说："劳驾！"后来还是我讲："让孩子们做事不要这样说，显得都没有父子感情了。"这样他才慢慢改了。

佩弦是个感情内向的人，平日话不多，但内心是很热的。他不仅牵挂着自己的妻子儿女，而且时时关心着国家的命运，关心他的学生。1935年冬天，北京爆发了有名的"一二·九"运动。12月16日，北京3万多学生举行了大规模的示威游行，反对日本帝国主义进一步侵略华北，反对冀察政务委员会的成立。头天夜里，佩弦对我说，他担心学生又要流血。想起过去反动政府的种种暴行，他很为学生的安全忧虑。但是他痛恨日本帝国主义的侵略，他认定学生的行动是爱国的、正义的。第二天，他便同学生一道进城参加了游行。当听说许多学生在城里受伤时，他深感反动政府的残酷，很难过。

后来，佩弦还到百灵庙去慰问抗日部队，途中，认识了后来成为党的负责干部的一位共产党员，回来便对我说："看来，这个青年人可能是共产党员。他很有见解，中国要强起来，还要依靠这样的青年；要这样，才是真有作为的青年。"佩弦从这位青年的身上看到了中国的希望，我们也正是怀着这种希望，度过了八年艰苦的抗战生活的。

共同的生活，使我深深地感到佩弦的爱是广博的，他爱自己的事业，为此他一生精雕细刻，锲而不舍；他爱自己的故乡，无论走多远都怀念着它；

他爱自己的亲人，是那样质朴、挚诚；他爱自己的学生，为他们的安危焦虑不安。他的感情像一池深深的潭水，沉静而深邃。

八年离乱

1937年7月7日，抗日战争终于爆发了。中国人民经历了八年的艰苦抗战，我们的生活也是颠沛流离、极不安定的，但这却使佩弦更加振奋了，他随着战争的形势而忧喜，表现出崇高的民族气节。

抗战初期，有个名叫"三室三良"的日本文化特务到清华做研究生。这个人时常请客，校长、院长、系主任、知名人士他都请过。每逢请客时，佩弦总是推说有事，一次也不去参加。一天，三室三良又请他，并说："你哪天没事就哪天请，下礼拜没有事吧？"结果到了请客那天，佩弦找了一辆车，把全家人都拉到大觉寺去看玉兰花了。这样就得罪了这个日本人，后来一个人告诉我说："竹隐，日本人可注意佩弦了。"北京沦陷后，梅贻琦校长带一些职员南下长沙，不久来电报叫佩弦也去，于是佩弦马上南下了。走的那天，他戴着一副眼镜，提了一个讲课用不显眼的旧皮包，加上他个子也不高，没有引起日本人的注意，总算躲过了日本人的搜查。

佩弦南下到长沙，主持由清华、北大、南开三校组成的"长沙临时大学"中国文学系。此校后又改为"西南联合大学"迁到云南蒙自，以后又迁到昆明。抗战的第二年，我也随清华、北大的一部分家属离开北京南下。

那时日本人的吉普车在城里横冲直撞。在告别北京时，我差一点叫日本人的车撞上，结果我坐的三轮车翻了，车夫受了伤，我的脚也崴了，我就是一瘸一拐地启程南下的。在南下的船上，我们还遇到日本人的搜查。日本兵把全船的人都轰到甲板上，排成一队，挨个检查。他们认为可疑的人便用装水果的大蒲包把头一裹就拉走，完全不由分说。看着这蛮横的情景，真使人体会到亡国的痛苦。

船快到越南的海防时，又遇到了台风。大风大浪打得船上下颠簸。大家都翻肠倒肚地吐呀，吐呀！放在格子里的暖瓶全被摔碎了，人也根本无法躺在床铺上。我的大女儿在隔壁舱房里边吐边哭喊着："娘啊！我冷啊，冷啊！"而我身边还有两个小孩子，我在舱里死死用两手抓住栏杆，用脚抵住舱壁，挡着两个孩子不让他们掉下来。听着隔壁女儿的哭喊声，我心里真是难受极了。大风浪整整折磨我们一夜，第二天风浪小了，可厨房里的盘碗餐具都打碎了，大家都只好饿肚子。

船到海防靠了岸，佩弦等人都已在那儿焦急地等着我们了。那地方风景可真美呀！到处都是绿树，绿叶中间花儿是那么红，红得艳极了。可那时越南是法国殖民地。这美丽的土地是在殖民主义者铁蹄的践踏下，越南人也饱尝着亡国的痛苦。越南老百姓连房子开个窗户都要经过法国人批准。在码头上，穷苦的搬运工人为了生活拼命地抢着搬行李。在旅馆里，法国有钱的人常常用鞭子抽打这些穷人。佩弦有时见到这情景，便气愤地制止说："你不要抽他，他是中国人！"佩弦还很动感情地对孩子们讲："我们要亡了国，也会像他们那样！"

佩弦的心与抗战的局势是紧紧相连的，他为中国的抗战而振奋。在"七七"抗日战争两周年时，他写了短文《这一天》，热烈地歌颂抗战。他写道："我们惊奇我们也能和东亚的强敌作战，我们也能迅速地现代化，迎头赶上去。世界也刮目相看，东亚病夫居然奋起了，睡狮果然醒了。从前只是一大块沃土、一大盘散沙的死中国，现在是有血有肉的活中国了。"他对抗战抱着极大的希望，他相信中国会有光荣的将来，他认为"新中国在血火中成长了"。他听说共产党收复失地，情绪可高了。佩弦的乐观情绪和自信心与当时的一些失败主义者的表现成了鲜明的对比。

佩弦对当时国民党的"不抵抗主义"和掩盖事实真相的手段很气愤。他曾为《云南日报》写过一篇社论，题目是《新闻用字之巧妙》，抨击所谓"有计划的撤退"的报道。国民党当局把不战就逃跑说成是"我军有计划地撤退转移"，说成是"为了更好地有计划地进攻"，佩弦一针见血地指出这种报道不真实，是国民党封锁消息的手段。

在云南蒙自和昆明的时候，日本飞机常常飞来轰炸，生活也很困难。但佩弦仍是兢兢业业地工作，每天夜里12点钟以后才休息。对学生严格要求，对自己毫不放松。他工作起来乃是说到做到，一点也不容拖延。有一次佩弦得了痢疾，可是他已答应学生第二天上课发作文，于是他便连夜批改学生的文章。我劝他休息，他只是说："我答应明天发给学生的。"他书桌边放着马桶，整整改了一夜作文，拉了30多次。天亮后，我看他脸色蜡黄，眼窝凹陷，人都变了相，而他却脸都没洗，提起包就去给学生上课了。抗战胜利后，他病重时还提起这事说："我的身体不行了，悔不该那次拉痢疾熬夜，使身体太亏了。"佩弦一辈子做事都是言而有信的。只要是他答应的事，过多长时间他都记得，多么艰苦都要做到，而且大事小事都一样。记得我们刚结婚要回扬州老家时，他对我讲："回去可得磕头呀！"我便笑着说："好，到你们家磕头可以，那你到我们家也得磕头呀！"谁知这一句玩笑话佩弦却记了近10年。抗战时我们逃难到成都，他一到我姐姐家，便给祖宗牌位磕头。我姐姐拉他说："哎呀，不要磕头。你穿的是西装。"佩弦说："以前说好的要磕头。"他就是这样认真的人。他对教学更是一丝不苟，认真负责，给学生改作文都是字字斟酌的。有一回他给一个学生的文章改了一个字，过后他又把那个学生找来说："还是用你原来的那个字吧，我想还是那个字好。"抗战期间，我们辗转搬了几次家，生活很不安定，住房也困难，但无论如何我都要给佩弦安排出一间书房，让他能安心读书、写作，从事他所喜爱的事业。

1940年，国民党的统治更加腐败，物价飞涨，民不聊生，一些人却大发国难财。眼看着生活愈益艰难，没办法，我便带几个孩子回成都了。那时我又怀了小女儿，身体也很不好。一路上不断遇到日本人的飞机轰炸。一天，在快到重庆的路上，忽然飞来大批日寇飞机，一下子天黑暗了。当时，卡车一停，别人都跳下车到路边树下躲了起来。我一个身体不灵活的女人，又拖着一个4岁多、一个6岁多的孩子，怎么下得去呢？孩子们吓得直哭，喊着："妈妈，我们怎么办呢？"我真是万般无奈，只好安慰孩子："不怕，有妈在，他们不敢炸。"幸而那天没扫射，我们才得以活了下来。

　　佩弦一个人留在昆明，生活贫困，饮食低劣，加上他仍是拼命地工作，就生了胃病，常常呕吐。人也日渐憔悴了，虽然才40多岁的人，但头发已经见白，简直像个老人了。1942年冬天是昆明十年来最寒冷的一冬。佩弦的旧皮袍已破烂得不能穿了，他又做不起棉袍，便趁龙头村的"街子"天，买了一件赶牲口人披的便宜的毡披风，出门时穿在身上，睡觉时当褥子盖着，仍旧不断地著书、写文章。

　　随着形势的紧迫，成都的生活费用也一天天上涨了。成都的穷苦人饿得没有饭吃，只好一群一群地起来"吃大户"。这惨痛的情景给佩弦留下了深刻的印象。在《论吃饭》一文中，佩弦写出了自己对穷苦人的深切同情。这时佩弦的钱要分往昆明、扬州、成都三处花。我们的生活更窘迫了。有时，我只好一天吃两顿饭。但佩弦每次回成都，我都要尽力把生活安排得好一些，饮食调配得可口一些，使他衰弱的身体得到些补养和休息。所以他每次从成都回昆明，同事们都说："朱自清总是很瘦弱地回去，白胖白胖地回来。"听到这样的话，我心里也得到了极大的安慰。1944年，四川麻疹流行，我的三个孩子都一齐病了，小女儿住了医院。我往来于医院与住家之间，照顾着三个孩子。多亏朋友们的帮助，孩子们才得脱险，我的身体却垮了。佩弦在昆明非常惦念家里的情况，想回成都又没路费。后来还是徐绍谷说：“你拿点东西我给你卖了。”结果卖了一个砚台、一幅字帖，朋友们凑了些钱，才买了飞机票回来。那天正是我的生日，见他回来了，心里真是高兴得很。因为孩子病时，他的胃病也犯了，脚都肿了。我想到“男怕穿靴，女怕戴帽”的老话，正放心不下呢！

　　时局动乱，生活艰苦，但佩弦忍受着病痛和贫困，他认为抗战第一，生活苦一点不要紧。只要抗战胜利，什么问题都可以解决。所以他仍致力于做学问搞创作，埋首研读。这一时期虽然他很少直接参加中国共产党领导的民主运动，但他对于中国共产党领导人民坚决抗战，蒋介石对日妥协退让、积极反共反人民的现实深有感触。高度的正义感，使佩弦断然拒绝了国民党反动派高官厚禄的收买和拉拢，躲开了国民党在昆明的“司令”“要人”的拜访，不与他们同流合污。他在那些趋炎附势、巴结官场的文人面前，在那些对抗战悲观失望的颓废文人面前，高洁地站立着。他已经开始认识到应该选择好道路。他曾对我说：“以后中间路线是没有的，我们总要把路线看清楚，勇敢地向前走去。这不是简单容易的事，我们年纪稍大的人也许走得没有年轻人那么快，但是，就是走得慢，也得走，而且得赶着走。”这是佩弦思想明确转变的初期。

清贫气节

　　1945年8月，日本帝国主义投降的消息是深夜传到我家的。那天佩弦正在成都，听到鞭炮声才知道我们终于胜利了，他兴奋地走到大街上和老百姓一起狂欢了一夜。回来后，他很担心地对我说：“胜利了，可是千万不能起内战。不起内战，国家的经济可以恢复得快一些，老百姓可以少受些罪。”

　　中国人民经历了千辛万苦的八年抗战生活，多么渴望和平安定啊！但蒋介石却在美帝国主义的支持帮助下发动内战，对人民横征暴敛，对民主运动残酷镇压。1945年12月1日，几百名国民党军人和特务用棍棒、短刀、手榴弹镇压要求民主、反对内战的学生，造成了有名的"一二·一"惨案。这件事使佩弦进一步认识了国民党的反动面目，他亲自到西南联大的灵堂向死难的四烈士致敬。1946年7月，李公朴、闻一多先生相继被国民党特务杀害的事实，使佩弦觉醒了。闻一多先生是佩弦多年同事和挚友，闻先生的死使他特别感到悲痛和激动。他大声责问："此成何世界？"他虽已十多年不写新诗了，但为此他写成《挽一多先生》一诗。他热烈地赞颂闻先生"是一团火，照见了魔鬼，烧毁了自己！遗烬里爆出个新中国！"此时佩弦正在成都，他不怕特务要捣乱会场，毅然出席成都各界人士举行的"李闻惨案追悼大会"，并做了报告，介绍了闻一多先生的生平，向国民党提出了抗议。他的报告不但多次博得全场的掌声，而且使听众纷纷落泪。佩弦的强烈的正义感，使他在国民党的迫害面前挺起了胸膛。佩弦在给雷海宗的信中说："一多的事我要负责。要出版他的著作，照顾他的家属。"佩弦并在他最后几年的时间里践行了自己的许诺。

1946年10月，我们全家终于回到了阔别八年的北京。我们是非常喜爱北京的，在城里走一走、看一看，深感战后的残破不堪，穷人更多了。日本人走了，但国民党的宪兵警察却蛮横地欺压老百姓。有一次，我们看到他们殴打抢生意的三轮车夫，这不禁使我们联想到在海防时看到的情景。佩弦很气愤，他便高声地喊："你打他做什么！他是为了生活！"他也常常激动地说："八年沦陷，难道他们还没有吃尽敌人的苦头吗？"

在回到北京后的这几年里，佩弦看到国民党的统治越来越腐败，看到社会那样混乱黑暗，心情很不好。他这个从来不会感情冲动的人，变得很容易动感情了。他的思想感情已经进一步和人民的命运联系在一起了。

1947年2月，佩弦在抗议当局任意逮捕人民的"十三教授宣言"上签了名。此宣言在报上发表时，他的名字排第一个。国民党特务也三次"光临"我家，但佩弦一点也不怕。他没有退却，他坚定地站立着。那时，国民党特务也常在清华园里逛，并常在清华抓人。每次抓人，佩弦都很为学生担心，我们家也成为一些进步学生躲避抓捕的地方了。一次，佩弦犯胃病躺在床上，听到外边又在抓人，便很着急地对我说："你注意听着门，怕有学生要来躲。"我们在屋里紧张地听着外面的动静。忽然响起了敲门声，我马上去开门，果然来了一个女学生，便躲在我家里。那时，还有一个进步学生要到解放区去，他来找佩弦借路费。当时我们手头真是没多少钱，但还是从保姆那儿借了点钱，凑了20元，送他走了。佩弦对进步学生也是很信任的，他曾介绍一个进步学生到通县潞河中学教书。当时潞河中学行政上是被国民党控制的。不久，这个学生就到解放区去了。后来就有人扬言：这个学生领了一个月的薪水没工作就走了。佩弦听到后，很生气地说："要是他领了一个月工资没工作就走了，我赔钱。"他专门派居乃鹏去潞河了解情况，结果证明根本没有这回事，原来是别人故意伤害他的。终于澄清了事实，批驳了谣言。佩弦的正义感和广博的同情心，使他对相识的或不相识的人，都能伸出热情援救的手。今年（1981年）9月24日我接到王志之同志的来信，信中写道："我在抗日同盟军战败归来，为了逃避叛徒的搜捕，未敢贸然进城，在清华园站下车，冒昧到府上投宿。朱自清先生并不嫌我蓬头垢面，更不怕我'犯上作乱'而受牵连，殷勤接待，加以掩护。"这封信使我想起了那天的情景：佩弦非常热情地接待了他，严肃地倾听他叙述山西的抗日救亡工作和沿途脱逃的情况；并一再嘱咐我："他是山西做地下工作的，沿途很辛苦。把床被准备得舒服点，我们要让他好好休息一下。"由于这样，几乎国民党每次抓人都有学生来我家躲避，其中有的人我们根本不认识，只是他们信任佩弦而来的。

过去也曾经有人几次劝佩弦加入国民党，他都严词拒绝了，后来又有人拿来一张可以成为"特别党证"的党员表让他填，他仍不加入。他向孩子借了通俗的革命宣传的小册子来看，还借来了艾思奇的《大众哲学》看。他也曾多次和进步学生谈话，非常细心地倾听他们的见解。他对解放区作家赵树理"与人民共同生活，打成一片"、为工农兵服务的作品，给予肯定的评价。他的思想在踏踏实实地追求着进步。

抗战胜利后的生活仍是很艰苦的。国民党滥发钞票，物价一日几涨。人民在饥饿和苦难中挣扎，教授阶层的生活也到了山穷水尽的地步。我们家人口多，尤其困难。为了生活，佩弦不得不带着一身重病，拼命多写文章，经常写到深夜，甚至到天明。那时家里一天两顿粗粮，有时为照顾他有胃病，给他做一点细粮，他都从不一个人吃，总要分给孩子们吃。

这期间，佩弦进一步与中间道路划清界限，拒绝了中间刊物《新路》的邀请，并在《知识分子今天的任务》的座谈会上讲道："知识分子的道路有两条：一条是帮闲帮凶、向上爬，封建社会和资本主义社会都有这种人；一条是向下的。"向下就是向人民大众，他正是沿着这后一条道路前进的。他在许多反对国民党黑暗统治的宣言上签过名。当时，他的病情已经很严重了，呕吐很厉害，体重只有45公斤，医生说应尽快动手术。1948年6月9日，北京的学生举行了"反美扶日"的游行。佩弦以实际行动站在人民一边，他在《抗议美国扶日政策并拒绝领取美援面粉宣言》上签了名。他拒绝了美国侮辱性的施舍，并且让孩子立刻把配给证退了回去。他在日记中写道："此事每月须损失六百万法币，影响家中甚大，但余仍决定签名。因余等既反美扶日，自应直接由己身做起，此虽只为精神上之抗议，但决不应逃避个人责任。"此时佩弦的身体已很虚弱了，脸色苍白，脊背也更弯了，走路都需扶手杖了。但他的精神是伟大的，他在中华民族的敌人面前傲然挺立着。

这时佩弦仍常常参加各种集会，并发表演说。他要编辑《闻一多全集》，要编写教科书，他要写论白话文的文章，他还要参加招生及学生毕业的各种会议，要与同事们讨论学术问题……有多少他热爱的工作需要他去做呀！但他深感自己已体力不支，深感身体重要。当时他已不能到医院去看病了，大夫来家看病时对他说："营养全在菜里。"他便认真地遵照医嘱，大口地吃菜。虽然并不爱吃，但他仍是强迫自己吃下去。他在为生命的延续而挣扎着。为了完成《闻一多全集》，他在日日夜夜赶编着。他衰弱的身体已难以支持下去了。我特意在他的书房里支了一个行军床，书桌边放了一个痰盂。他要吐便吐，身体实在支持不住了，便在床上躺一会儿。在他有生之年，终于完成了《闻一多全集》的编辑工作，了结了自己的心愿。

1948年8月4日早晨4点多钟，佩弦突然胃部剧烈疼痛，大口的呕吐。送到北大医院后，医生立刻让他住院，开刀做了手术。我非常着急，痛苦地守候在佩弦的身边。三四天后，佩弦的神志清醒了，在病床上嘱托研究院的试卷请浦江清先生评阅。他还嘱告我："有件事要记住，我是在拒绝美援面粉的文件上签过名的，我们家以后不买国民党配给的美国面粉。"8月12日，佩弦病情突然恶化，昏迷不醒……他与世长辞了。是被黑暗统治逼死的！是被旧社会杀死的！

13日上午，佩弦的遗体在广济寺下院举行了火葬。我与孩子们都感到无比悲痛，佩弦就这样永远地离开了我们。他的遗骨安葬于北京西郊的万安公墓。

我的怀念

佩弦已经逝世30多年了，每当想到他的离去，我心里就很难过。他逝世时才51岁，正当壮年之时，正当胜利即将到来之时，却被贫病折磨死了。

如果他能看到我们从屈辱和灾难的遗烬里爆出的富强的新中国，看到中华民族已屹立在世界民族之林，会怎样的高兴呀！如果他活着，他会更勤奋地工作，为新中国的教育事业，为人民文学事业做出新的贡献。

毛主席曾说："我们中国人是有骨气的。许多曾经是自由主义者或民主个人主义者的人们，在美帝国主义者及其走狗国民党反动派面前站起来了，闻一多拍案而起，横眉怒对国民党的手枪，宁可倒下去，不愿屈服。朱自清一身重病，宁可饿死，不领美国的救济粮。""我们应当写闻一多颂，写朱自清颂，他们表现了我们民族的英雄气概。"今天，回顾佩弦一生所走过的道路，他确实是有骨气的，确实表现了我们中华民族的英雄气概。他无限热爱祖国，在祖国受外侮时，坚定地站在正义、人民一边，无视一切个人得失，不惜以自己的生命作代价，表现出崇高的民族气节。他虽是一个旧时代的知识分子，负着因袭的重担，但他能在不断的探索中求进步，努力跟上时代的脚步。他在剧烈动荡的社会变革中，能由彷徨、苦闷到否定了中间道路，坚定了立场。对反动派的残酷暴行，能摆脱"怕"的心理，进而积极热情地支持进步事业，成为一名杰出的民主战士。他作为一名教师、学者、文学家和诗人，对自己的事业是兢兢业业、锲而不舍的。他写的每一篇文章、每一首诗，编辑过的每一本书，都是他心血的结晶。他虽然抓紧生命的分分秒秒勤奋工作，仍是时时不满意自己，即使在病重期间也从不宽容自己。他热爱清华大学研究学问的气氛。无论多高待遇的招聘都不能使他离开清华园。他一生克己奉公，老老实实。抗战胜利后他从成都搬回北京，他把自己不急用的书，连同我的画笔、颜料都卖的卖、扔的扔了，以便腾出两个大书箱把学校的书都运了回来。他热爱学校，热爱自己的事业。

佩弦虽早已离去，但这些怀念时时在伴随着我。现在我快80岁了，看到我们祖国在一天天繁荣强盛起来，心里无比高兴。我也渴望早日看到台湾回归祖国，完成我们民族的统一大业。

昆明生活半年间

朱物华[*]

　　1939年上半年，大哥朱自清和我在昆明西南联合大学文、理两学院教书。大哥住在昆明城西青云街一座大楼上，我寄寓在楼口厢房里。大哥好客，每逢课后或假日，常有客人来往。这些客人中有的我认识，如闻一多、李继侗、浦江清、潘光旦等教授；也有的不认识，只知道他们大多在西南联大、云大或昆明一些中等学校任教。这些客人都很健谈，客堂里宾主融洽，谈笑风生，从学术探讨到国内外形势，想到什么就谈什么，彼此肝胆相照，毫无拘束。客堂在高楼内室，距街道较远，不必有泄密的顾虑。我记得他们经常关心、讨论的问题，是呼吁"立即停止内战，共同抗日"，这充分反映了国难时期高级知识分子和全国人民共同的心声。

　　1939年下半年敌机空袭昆明，9月间大哥全家移居北郊龙堰村。上课时，大哥从乡间赶进城来，上好两三天课再回乡下。他进城后，和李继侗、邵循正两位教授同住一室。我有时去看他，那间房屋不大，是旧式建筑，光线较差，托我在房内多装两只电灯。屋内陈设简陋，都是从学校搬来的旧家

---

　　* 朱物华：朱自清二弟，上海交大教授、校长、中科院学部委员。

23

具。若逢天雨，他那件从乡下披着赶进城的旧毡衣就挂在房外狭弄堂的壁上。每到吃饭时，他就到食堂随便买点饭菜，吃了仍回室内继续工作。看样子生活够艰苦了，但他毫不介意，还是翻阅典籍，专心备课，工作认真，一丝不苟，有时还抽暇写点文章。我想，古书上说："富贵不能淫，贫贱不能移。"这两句话用来描绘大哥，是再恰当没有了！

忆自清大哥（诗词五首）

朱物华　陶　芹[*]

北大夜话

昔自清华来北大，茜纱窗下论诗词。

家乡小吃多欢喜，绿酒红茶夜话时。①

＊　陶芹：朱物华先生的夫人。为了便于读者了解这五首诗词的本事，我们走访了寓居上海的86岁老人陶芹女士，并由汤杰同志作如上附注。

①　1933年，物华先生任北京大学物理及无线电系教授，寓所在故宫后门的北沙滩，自清先生时任清华大学中文系主任，入城即来小憩，相与谈诗论文。物华先生的夫人陶芹辄为置扬州小吃，以作佐酒之欢。

昆明西南联大送别

十里长亭桃李枝，停停走走怕分离。

音容笑貌长相忆，两袖清风借债时。[①]

梦江口

新皮袍，献给大哥穿。敝裘日久怜破旧，棉衣想买过冬天。羞涩阮囊钱！[②]

梦江口

人不在，月色满荷塘。写下名篇人共读，书留人去向何方？空有泪成行。[③]

---

① 1945年，抗战胜利，物华先生同时应北大及上海交大两校之聘，取舍未决，谋之于兄，经自清先生建议，宜就交大之聘，以资照顾家庭。时，西南联大尚未迁校，物华先生临行，自清先生亲自送别，兄弟不忍分离，备极依恋。

小坡公在日，积欠债务约3000银元，殁后由自清及物华先生分担偿还，物华先生鉴于自清先生子女众多，自认偿六成，自清先生摊四成，历时10年，始予还清。

② 1934年，自清先生在北平，深为家累所苦，入冬仅着敝裘一袭，不足御寒。弟媳陶芹劝置皮袍过冬，自清先生以无力购办谢之，物华先生亟为购赠新皮袍一件，先生服之，历十五冬。

③ 1927年夏，自清先生寓清华西院，写成名篇《荷塘月色》，先生去世后，物华先生尝过其处，颇兴人琴之感。

忆秦娥

长相忆，飞鸿一去留无计。留无计，白玉楼高，有书难寄。几度相思俱梦寐，黄尘隔绝心如碎。心如碎，重门空锁，不能相会。①

————————

① 自清先生去世后，物华先生友于情深，每增思念，时而形诸梦寐，夫人陶芹为赋此阕，以纪其事。

记大哥朱自清二三事

朱国华[*]

1948年8月8日晚，我在江苏无锡忽然从报上见到大哥的病情报道，很是担心。不过这一类消息多得很，并非全部都可信的。我期待着下一天的报纸，也许会有好消息。然而，就在8月12日，竟传来"朱自清教授逝于北大医院"的晴天霹雳。大哥的胃病时好时发，并非不治之症；他虽然清癯，却目光炯炯，那样精神；他才51岁，憧憬着新生的曙光，希冀着走上一条更宽广的文学艺术之路……我惊愕不已，恸哭失声。

岁月荏苒，人世沧桑。如今，我已步入白发苍苍的垂暮之年，但是，大哥的音容笑貌、大哥的谆谆教导、大哥的品德为人，深深铭记在心中，一切往事好像就发生在昨天……

1903年全家定居扬州后，家父特意将自清送到双忠祠小学，因为该校校长李佑青以治学严谨、执教有方闻名遐迩。当时，生额已满，但李先生很欢喜大哥，亲自在课堂前面加放一张板凳，当即收下了这个全班最小的学生。李先生上单级很有本事，在一个课堂中，同时教授一、二、三、四年级的课

---

* 朱国华：朱自清三弟，原松江县政协委员。

程，大小学生竟能各得其所、齐头并进。在他的启蒙下，大哥很快成为全级最优秀的学生。在此后的岁月中，大哥始终惦记着这位启蒙老师，每年暑假回扬州，都要去探望李先生并邀他到"绿杨村"品茗小聚、促膝长谈，从问寒嘘暖、谈古论今一直到互相激励、探求人生……李先生曾欣慰地说道："佩弦最重情义，真正是文如其人啊！"

大哥的青年时代，以文会友，与俞平伯、郑振铎、叶圣陶、余冠英等建立了很深的友谊。记得有一年冬天，他回扬州度假，刚踏进家门，便有传呼电话跟踵而来：友人请他去茶室小聚、共叙友情。在白马湖时，郑振铎先生更是常客，不仅和大哥推敲诗稿，切磋文学，而且常常饶有兴趣地与先母聊天。记得有一回，郑先生摆头晃脑地背出《红楼梦》中的两句话，"世事洞明皆学问，人情练达即文章"，引得她老人家开怀一笑。一个炎炎夏日，我和大哥正在天井里忙着晒书，忽然有客来访，是大哥过去的学生，想托他介绍工作，解决生计。大哥马上合上书箱，亲自沏茶让座，仔细倾听了那位学生的要求，并作了记录。学生一走，自清便端坐桌前，动笔写信，并赶忙上街付邮。在他的帮助下，那位学生终于找到了工作，成为一名教员，摆脱了失业的困窘。

20世纪初叶，曾是人才辈出的时期，郑振铎、俞平伯、叶圣陶、余冠英……一代学者卓然成家，大哥也以《背影》蜚声文坛。他们相知相交，互相勉励、互相切磋、互相帮助，他们之间只有真诚的心的交流，却从来不懂得妒忌，不懂得倾轧，也不懂得所谓的文人相轻。当时，我家由于祖父失业，家道中落，债台高筑，给自清心中投下了一片阴影。然而，共同的志向、炽热的友谊，使荒芜破落的庭院充满了欢声笑语，洋溢着勃勃生机。

大哥不论是对待师长、对待学生，还是对待朋友，一腔热情，始终不渝。1946年，闻一多先生死于国民党的枪弹之下，大哥义愤填膺，悲痛不已。他在重病之中承担了《闻一多全集》的主编工作。在此以前，他曾花费了多年心血，准备了很多材料，立志以新的观念编写一部中国文学史。为了亡友的遗著，他毅然放下了自己的书稿，把闻先生的遗作从昆明运到清华园，有些已被水浸过，粘成一块，大哥请人仔细地逐页掀开，为校勘一个字、一条注释，常常四处奔波查考，不肯马虎，他不辞辛劳，以羸弱身躯中的全部心血付给了这项工作。在他的不懈努力下，一多全集终于出版了。1948年7月15日晚，在纪念闻先生遇难两周年大会上，自清以平静的语调向与会者报告了《闻一多全集》的编纂过程。会场上没有灯，只点着蜡烛，挂着长髯飘拂的一多画像。烛光中，人们看到，自清大哥的眼中闪烁着泪光。不久，大哥就远去了，他终于没能完成那部新文学史稿。

大哥曾送我一根榆木手杖，这根平常的手杖却记载了一段难忘的往事。1938年抗日战争爆发后，他带领清华学生，千里迢迢来到云贵高原创办西南联大。那时，他住在昆明乡下，每天步行十几里路到学校上课。有一次，刚下过雨，大哥一不小心摔倒在泥泞的山路上。一位老农从茅舍中闻声而出，扶起大哥，并请他进屋喝一碗热茶，为他擦拭身上的泥浆。老农关切地说："先生该买个手杖，走山路就稳当多了。"大哥听从老农的话，果真买了根手杖。1945年，抗战胜利了，在离开昆明的前夕，他忘不了那位憨厚的农人，又一次来到那所简陋的茅舍，再一次感谢老农，他俩喝着淡淡的清茶，品味着人生的甘苦，依依惜别……

在自清大哥短暂的生命中，充满了爱的阳光——对学生、对友人、对师长、对人民、对祖国。始终不渝的赤子之爱，铸就了他的高尚人格和不朽文章，谱写了他生命的华章。大哥永远活在我心中，永远活在人民心中。

难以忘怀的往事

朱国华

万册藏书转移记

记得少年时代，我家的庭院坐落在水波粼粼的大运河边。一到三伏天，满院子晒着我们三兄弟的书，有自清大哥收罗的经史子集线装书，有物华二哥珍藏的物理化学西洋书，还有我从书摊上觅得的笔记野史小说书，从石阶上一直排到了花墙下。有一次，我们正将防蛀用的荷花瓣往书里夹，大哥的同学任讷笑着进来，"好一个运河之湄'天一阁'"。他边说边坐下来，帮我们装订散页，包上封面，题写书名，任先生自小写得一手出色的楷书。

大哥藏书、二哥爱书，使他们在后来的事业中得益匪浅。说来惭愧，我的爱书却不能与他们同日而语了。中学时代，我很迷恋武侠小说，瞒着父亲和兄长，成天大过其瘾，以致荒废了学业，高中毕业后才得以进大学深造。

"七七"卢沟桥事变后，家乡沦陷，我的那些"宝贝"书，一部分留在老家，一部分则散落在汉口至长沙十八天的流亡旅途上。然而，颇值得庆幸的却是我帮助自清大哥在战火之中保住了他的全部藏书。

1938年，大哥在病中带着清华学生，辗转千里，南下蒙自，直至昆明，

31

创办西南联大。他行装极简，却携带了近万册珍贵的藏书。刚到昆明时，这批书暂存于昆华师范。由于日本飞机轰炸日益频繁，不久，大哥和闻先生一家搬到乡下，这批书却一时没有办法处理。我考虑到大哥身体虚弱、食少事繁，便自告奋勇地承担了书籍转移任务。

从昆华师范到大哥住处龙堰村有20来里，为安全起见，我用绿色油布缝制了两只大口袋，事先把书装好，待防空警报一过，便背上书袋立即出发。

那天，下着小雨，凄厉的警报声一声紧一声，直到傍晚才开始平静下来。仗着年轻气盛，我还是背上书袋，急急地往乡下赶。出了城门，便是一片旷野，蜿蜒的小路泥泞难行，脚底愈滑，肩头愈沉，不觉之间暮色四合，茫茫山野中只响着我叭嗒叭嗒的脚步声，远处的山头黑森森的，真有点怕人。猛然听得一声狗吠，我心中一喜，到了！可是又感到不对，前方闪烁着灯光的村落紧挨路边，不像是龙堰村呀。不管怎样，我还是加快了步子。一条黑狗呼的一声蹿到我的脚下。"谁？"屋里大声吆喝。"我，问路的。"门中闪出一个人影，手中举着一盏油灯。"干什么的？"他望着我这模样，话音中充满了警戒和狐疑。"送书，到龙堰村。""送书？"他更加惊讶。"您老放心，确实是送书的，给联大的哥哥送书，天黑了，认不清路了。"我拍拍背上的口袋。"联大？""是，新搬来的，麻烦问个路。""你走过头了，往回转一个弯，再向前就是龙堰村了。""多谢，打扰了！"我猛吸一口气，赶紧往回走，身后又传来一声平静的狗叫。突然，黑暗中出现了一束光亮，回头一看，那位老农举着一支火把为我照明呢。

一次，一前一后两只大口袋刚挎上肩膀，预备警报呜呜拉响了。我想，时间不早，还是赶紧走吧，也许还来得及出城。谁知已望见城门口了，警报大作，一架日本飞机旋即在头顶上盘旋。不好，我瞅见路旁一块低洼的菜地，赶忙伏在路基与菜地之间的浅沟里，一袋书压在身下，一袋书甩在一边。片刻间，一声巨响和震动，炸弹在前方不远处爆炸，我闻到一股呛人的硫黄味。战乱之中，天天跑警报，时时轰炸声，但这一次毕竟是最近的了。

敌机终于飞远了，我背起沉重的书袋继续赶路，当我带着一身泥巴到达龙堰村时，夜幕笼罩了山墅……

1946年春，我已调至四川叙永，收到了大哥的手书诗稿《寄三弟叙永》，深情地追忆了我为他转移藏书的这件往事，"同生四兄弟，汝最与我亲。兄弟各一方，劳苦仅相闻。军兴过汉上，执手展殷勤。相视杂见喜，面目浸风尘。小聚还复别，临歧久谆谆。我旋客天南，汝方事骏奔。长沙付一炬，命与悬丝钩。历劫得相见，不怨天与人。奔走助我役，玩好与我分。始终如一日，感汝性情真。铁鸳肆荼毒，邻室无遗痕。赖汝移藏书，插架今纷纶……"读着这些诗句，想着大哥重病的身体和他的菜色妻儿，想着他那些沾着硝烟的线装书和西洋书，想着八年来背井离乡、万里流亡的艰难岁月，万千感慨涌上了心头……

永州难友

1938年秋，汉口城处在沦陷前夕，形势日紧，一批又一批市民在呜呜的警报声中仓皇撤离，学校、商店、饭馆相继关门，交通断绝。面对空荡荡的街市，我终于意识到，再也不能犹豫了！

平汉铁路局的同人已先行南徙，自清大哥、物华二哥也分别从北平、广州千里辗转抵达后方创办西南联大，我们三兄弟曾约定在昆明会集。我虽然是单身人，却舍不下自清大哥视若珍宝的那只沉重的大书箱，以至一直在踌躇等待。

经再三精简，带上部分藏书和行装，打成四个包，搭上一条运木料的货船，在夜色苍茫中逃出了汉口。在湍急的江流中，经过整整十八天的漂泊才到达长沙。这时，原先托人购买的南下车票早已过期，乘火车去昆明成了泡影。

到达长沙的那一晚，无处投宿，我自作聪明地栖身于空无一人的中山纪念堂。夜半时分，一阵冲门声，大门被撞开，一群国民党士兵冲进来，见我竟睡在这里，大为惊讶。我出示了平汉铁路的职员证，才未遭继续盘问。随后，这些人七手八脚从我行李中抓了些东西。临走时，一个士兵大声说："你怎么还待在此地，外面放火了！"我奔到窗口，啊，火光映红了半个长沙城！我再顾不上别的，趿着一双厚胶鞋，背着自清大哥的大包书，连夜奔出这片火海。

沿着铁路线向昆明方向一步步南行，身边除了大哥的书箱，已没有一件行李。几天下来，脚底起泡，饥渴难忍，警报一响，还得隐蔽，一天只能走二三十里。

记得那一晚，我从株洲只身来到朱亭镇，汽车站上有很多难民挨挨挤挤围着烤火。11月的夜晚寒气逼人，肚里唱着空城计，身上衣衫单薄，如何挨到天明呢？我不由地挨到火堆旁。可是，环顾左右，没有空位，正在为难。"这儿来吧！"有人站起来招呼我。我有点犹豫，这么多人就着一堆并不太旺的柴禾，真不好意思再去沾光啊，可我的身子直打哆嗦。"别客气，来嘛！同胞们，咱们挪一挪，同是国难流离人，让这位弟兄也取个暖吧！"他身穿深色长衫，两手向左右打着招呼，顿时为我挪出个空位，坐在火堆旁。我们简单地交谈起来，他说他在一所小学教国文，日本鬼子来了，学校不能开课，只得回祁阳零陵老家。"零陵？""对，就是柳宗元《捕蛇者说》中的永州……"一路孤苦伶仃，遇上这样一位热心的朋友，又同是知识分子，真是患难之交倍感亲切。

夜深了，火苗渐渐熄灭，空气中只留下一股焦味，伴随着飒飒秋风和四周难民的零星鼾声。他打开背上的行李卷，"躺下吧，咱俩合铺。""啊，不成！我染上了虱子。""唉，看你说的，这年头没有这些讲究了。睡吧，明天还要赶路。"他把那条薄棉被铺在车站避风的角落里，拉着我躺下。这时，我才借着月光，看清他是位挺俊秀的年轻人，架着玳瑁边的眼镜，很和善。他突然又坐起来，双手撑着地面："老兄，你看，抗战很快能胜利吗？""当然，四万万同胞众志成城！""我也这样想，那时，我还是回去教书……"带着对未来的憧憬，饥肠辘辘地进入梦乡。

第二天一早，年轻人抖开背包，摸出两块烙饼给我，我没说一句客气话便开始享用起来。饼又干又硬，我却感到甘美如饴，因为路上买不到食物，已快有一天时间粒米未沾了。就着凉水啃完干粮，我们结伴继续南行，刚走出几里路，身后似有一阵闷雷，朱亭汽车站在日寇炸弹中化为一片废墟。

陌路相逢的我们相伴走到祁阳，终于分手了。我目送着他的那袭深色长衫渐渐消失在荒凉的永州之野，我背着自清大哥的那只大书箱，重新开始了孤苦艰辛的流亡生涯。脚底血泡叠血泡，脚下的山路更加坎坷，蓬头垢面的一个书生一步步跋涉在通往大西南后方遥遥的旅途上……

半个多世纪过去了，每当回顾这一段背井离乡、万里流亡的艰辛岁月时，心情总不能平静。惜乎年过耄耋，再无缘旧地重游。想来，今日的朱亭汽车站定是旧貌换新颜，而那位和善热情的祁阳教员，今天如果还健在，也一定是桃李满天下了。

贺　年

我家原是绍兴人氏，母亲周姓，与鲁迅同族。外祖父周明甫是有名的刑名师爷，曾在清朝以功受勋。周、朱两姓门户相当，常有联姻，均为当地大族，鲁迅的原配夫人朱安也是我家的远亲。

20世纪20年代中期的一年冬天，自清大哥回扬州度寒假。除夕之夜，家里上上下下忙着准备春联、蒸制年糕，好不热闹，直到敲过二更，我们兄弟才到母亲房中请安。娘有点倦了，见我们进来，愣了一下，才缓缓地说："老家已有几年没有音信了，新年里你俩能代我去绍兴看看吗？"我抢着回答，"娘，您怎么不早说，咱们明天一早就上舅舅家去，您放心吧。""好吧，还有周先生处，也要一起去贺个年。""这……"我支支吾吾地退了出来。

周先生处就是鲁迅和夫人朱安那里。早就听说鲁迅和太太是"鸡犬之声相闻，老死不相往来"。周树人不满意他母亲包办的这桩婚事，因此与夫人形同陌路，朱安和他仅仅是名义上的夫妻而已。因为朱安毕竟是我们朱氏家族的人，受此冷落，我心里总有点不平。不提也罢，眼下母亲却偏偏要我们去拜谒周府，我心中是一百个不愿意，但是又不忍违拗母亲之命，于是，我灵机一动，假装头痛，让自清大哥一个人去了绍兴。

大哥到绍兴探望舅舅、舅母以后，就去周府拜年。他在门口递上名帖，其家人接过，大声呼喊："舅少爷来了，舅少爷来了！"并引他来到书房，见到了鲁迅先生。大哥向他请安并问了夫人好，接着两人就很自然地谈了一些文学方面的问题，记得自清说，那次他们谈论了散文和散文诗，周先生博闻强记，引据论证尤其精辟，且平易近人，不摆大学者的架子……

后来，我坦白了"装病"的事，大哥只意味深长地说了一句："周先生和朱安女士一样，同样是封建婚姻的受害者呀。"语气之中，充满了对鲁迅先生的深深同情和理解。当时，我很年轻，对大哥的话语不置可否，对这件事也渐渐淡忘了。

1929年，武钟谦大嫂因病去世，大哥悲痛欲绝，写下悼文《给亡妇》，寄托对亡妻的一腔深情。大嫂是名医武威三家的小姐，大哥和她成亲，也是应父母之命、媒妁之言。当初，母亲上街，看到有户人家抬着花轿奏着鼓乐，迎亲队伍好不风光，心中十分羡慕，回家后老是念叨这事。于是，两位家人向母亲介绍了武小姐，替大哥做媒。她老人家激动地亲自去认亲，匆忙中竟认了武家邻居的姑娘，直到拜堂那天才发现认错了人。大嫂身材瘦弱、相貌平常，且不认得字，不能和大哥谈诗说文。然而，大哥从来不嫌弃她，两人始终相亲相爱、相敬如宾。有时，家里人嫌大嫂干活不利索，有点闲言碎语，嫂子受了委屈，轻轻嘀咕："朱自清从来不嫌我慢的。"大嫂过门以后，确实是温柔贤淑、辛苦劳碌，大哥曾为之写了《笑历的史》，一字一句讲解给她听，寄托了对嫂子的无限深情……

想到这里，我感慨不已，记得大哥很喜欢英国海洋画家特纳的画，他曾说过："浩瀚的大海给人以无穷的力量和启示。"我忽然感到，大哥的身躯虽然那么瘦弱，然而，他的心胸却如特纳笔下的大海一样的宽广。

永远抹不掉的怀念

傅丽卿[*]

我是朱自清先生的长媳，丈夫朱迈先，是朱自清的长子，1918年生于江苏扬州。1933年15岁时，父亲带他到北平，进崇德中学读书。他和力易周等同学组成读书会，在父亲的影响下，参加过"一二·九"学生运动。1936年加入了中国共产党，介绍人力易周。

1937年"七七"事变后，在地下党的领导下，组织上决定一批同志首先离开北平。朱迈先回到扬州，就读于省立扬州中学，他曾任地下党支委，积极从事党的工作和抗日工作，据扬州地方党史记载，在1937年10月，曾任中共扬州特支书记。11月，他和陈素、江上青等人参加了江都文化界救亡协会流动宣传团（以下简称"江文团"），离开扬州，北上宣传抗日。

1938年，"江文团"抵达安徽六安，陈素同志先后与长江局和安徽党组织接上了关系，并担任了该团地下党支书。根据长江局"到友军中去，到敌人后方去"的号召，经长江局批准"江文团"集体参加国民党军队，到广西后重新成立三十一军，隶属于十六集团军，在桂林、桂平一带整休。1939

* 傅丽卿：朱自清长媳，广西南宁地区医院五官科护士长。

年，该集团军参加桂南会战。1940年10月，三十一军收复龙州，即驻防龙州。迈先在一三一师三九一团任上尉团指导员。1942年一三一师调驻南宁，1944年8月，该师参加桂柳会战，与四十六军一七〇师担任桂林城防守备部队，打败仗后残部调东兰县整训。1945年该军剩余官兵，拨给四十六军，隶属第二方面军，朱迈先在新十九师工作，师长蒋雄。在此期间，父亲与迈先失去联系，但后来听说父亲一直在打听迈先的下落。

抗战胜利后，四十六军开往海南岛三亚港，我才认识迈先的，他在新十九师政治科任中校科长、兼政工队队长。因八年抗战，朱自清父子已离散八年了，他父亲思子心切，无时不想念着迈先，迈先也时刻牵挂父亲，饱尝两地相思之苦。1945年8月，日本无条件投降，给中国人民带来了生机。

迈先仍在三亚日本海军医院留医中，曾先后接到自西南联合大学和清华大学朱自清父亲的两封家书，顿使愁眉不展和忧心忡忡的迈先面上露出了笑容，并把家书传给我看。字里行间，流露出老父亲对儿子思念之心情。儿子已29岁，尚未成家，听说连对象也没找到，怎不叫老爹牵肠挂肚呢？信中内容大意是：父亲很想念儿子，并嘱咐迈先尽快设法找一位知心朋友，早日联婚，结束那孤身的生活。看信后迈先要求我和他结婚。我和迈先经一年多的接触和了解，又看到他父亲的亲笔信，心里也踏实多了。"千里姻缘一线牵"，1946年10月，我俩结婚了。生活尚可以，互敬互爱，互相帮助。婚后，各地物价上涨，金圆券贬值，迈先每月90元薪金，仅可买到黑市花生油两斤。迈先曾对我说："丽卿，太委屈你了，你跟着我过着清贫的生活，连回家探望父母亲的旅费尚无法筹到，连想给你买件好看的衣裳也办不到。因为父亲是个知名人士，我是他的长子。按我目前的职位，随便做些生意捞点钱是不成问题的。但我决不能给父亲脸上抹黑，做个不孝的逆子，咱俩宁可坚守清贫的生活。"

1948年8月，因朱自清先生去世，迈先奔丧回北平，后由他姑父周翕庭介绍在国民党后勤总署组训司任秘书。1949年，南京疏散人口，南迁广州，拟续迁重庆。因我不愿去重庆，6月中旬，由蒋雄师长介绍迈先至广西桂北第八专署（专员蒋雄）任秘书。1949年12月，以朱迈先为代表向中国共产党领导的桂林市政府联系起义事由，并获得成功。迈先随桂北军区司令周祖晃等7000余人，在桂北百寿接受和平改编。下旬，迈先编入广西军政大学学习。1950年学习结业后，安置桂林松坡中学任教。12月底蒋雄被捕，同时也逮捕了朱迈先，后被押送至蒋雄的家乡湖南新宁县。1951年11月被新宁县法庭以"匪特"罪，判处死刑。朱迈先去世后，历经30余年，经我多方申诉，新宁县法院经复查后，终于在1984年12月，各地贯彻中共中央十一届三中全会精神，在拨乱反正、落实党的政策的新形势下，该县法院承认1951年的判决书纯属错判，恢复朱迈先起义人员的名誉，澄清了事实真相，并说明朱迈先起义后，表现良好。我感谢中国共产党"实事求是"的好作风、好传统，纠正了错误，能把35年的冤案得以昭雪，只有在中国共产党领导的人民法院，才能做到。

迈先被捕后，叫我把孩子带去给婆母抚养，或写信请她暂时支援我和孩子的生活费，我就写信给陈竹隐夫人。不久，收到了清华园汇来的人民币30元，解了燃眉之急。在一年之内，每个月寄30元或20元来，并劝慰我放宽心胸，抚育好孩子，维持好我和两儿一女的最低生活。后来母亲才告诉我，她每月工资60多元，她和两个儿子一个女儿，也是四个人生活，还要供子女读书。母亲是从节俭的生活费中支援我们的，我很感激后母识大体，不分彼此的照顾。1951年11月在广西省立医院我找到了护士工作。我即写信告诉母亲，说我已找到了工作。让我自己负起抚育子女的责任吧！1982年8月，我带着两个儿子、一个媳妇，千里迢迢去北京探亲，这是我和迈先结婚后36年，第一次踏进朱家的门，拜见婆母，拜祭已故的父亲。孩子媳妇也叩见了奶奶和三位叔叔、两位姑姑等亲人，母亲又请我们上馆子吃了一顿团圆饭。

除了在美国居住的采芷、永良夫妇一家人无法见面外，闰生弟和弟媳李源、效武当时正在闰生家，听说我们到了北京，他们也一起赶来和我们会面。思俞弟正从美国学习归来，弟媳姗晨也带了两个儿子从天津赶来。迈先的三个弟弟两个妹妹总算全都见到了。我们这一大家子一起又到北京西郊爸爸的坟前拜祭了一番，那时，我在心中默默地祈祷着："敬爱的父亲，你的长媳丽卿和孙子寿康、寿嵩及孙媳黄佩玲给父亲、爷爷吊祭来了，您的长子迈先，没有玷辱您的令名。他的冤案已在党的十一届三中全会的春风吹拂下，获得昭雪了，希望您老有灵保佑你的子孙后代平安长寿，并请老人家在九泉之下安息吧！"

可亲可爱的爸爸

朱采芷[*]

我是爸爸的大女儿。我的生母是武钟谦女士。我们原有六个兄弟姐妹。我好像是生在扬州，因母亲是扬州人，那时爸爸刚自北大毕业，正在挣扎时期，所以，我和哥哥、二妹、闰弟一天到晚随着爸爸工作的地方到处奔走。四五岁时，我对爸爸的印象是：爸爸最爱书。一次因逃军阀战乱的难，母亲带着我们坐船往乡下逃。除了我们孩子们外，尚有一大箱爸爸的书。记得事后母亲说："你爸爸爱书，一定要带着一块走，可不能给丢了。"

因家穷，孩子多，所以爸爸到北京清华大学教书时只带了我及闰弟同行，哥哥及二妹则留在扬州由祖父母带领。哪知母亲因积劳成疾，得了肺病，经常躺在床上。一天，我自成志小学（六七岁时）回家，和两位男同学走在一起。大家谈谈说说时，我不小心摔了一下书包（软布做的袋子），包中恰好有个削铅笔的长刀片，一下子就碰到了一位男同学的脸上，把他的下巴划了一个小口子，等各自回家后也就忘记了。哪知那同学的母亲派人来说，我伤了他家的孩子，跟我们要纱布及红药水等治疗，母亲马上给了他

---

* 　朱采芷：朱自清长女，现旅居美国。

们。并跟我说："事情已过了，下次可要小心，你爸爸下班回家不必告诉他，否则你会挨罚的。"而我呢，因是爸妈教大的孩子，一向诚实爽直，所以等爸爸一回家（那时母亲正好睡着了），我就忘了母亲的嘱咐，一五一十地把事情的全部经过告诉了爸爸，爸爸第一个反应就是要我站到墙角去，面壁思过，并马上到那位男同学家去为我的不小心道歉。这么一件小事，为什么到今天我还记得呢？因为爸爸待己严、待人宽的品格至今我都不会忘记。

母亲过世后，我中学一年级时又回到北京清华园和父亲及继母一同过，并在那儿念书。家里孩子多，继母那时已生了乔森及思俞两位弟弟，家中经济并不宽裕，但爸爸仍是送我和哥哥去学校念书，用掉很多爸爸辛苦挣来的钱。到抗战军兴，爸爸在后方虽苦，但工作努力不懈，天天要走老远的路，由乡下去学校上课。那时我就读于昆华女中，因继母要带两位弟弟，家事很忙。给我写信、送我上学（学校在乡下）的一直都是爸爸。后来我结婚了，住在上海。爸爸仍忙里抽闲给我写信，对我各方面予以指导，给我人生的目标。我心中的爸爸，是严格、开明、公平、正义的合成，是唯理是从的人。我们也许会说爸爸是时代中的一个不平凡的人，但我说爸爸是一个努力、善良、克己宽人的平凡的人！

魂牵梦萦绿杨情

——记父亲朱自清与扬州

朱闰生[*]

　　1992年8月，是父亲去世44周年。这个悠长的岁月并没有抹掉人们对于父亲的怀念，扬州更是忘不了他。在扬州市领导与各界热心人士的亲切关怀与共同努力下，父亲在扬州的故居即将修复开放，作为父亲的后代、亲人，我谨代表兄弟姊妹和我们的亲属向扬州——我的故乡的父老兄弟致以衷心的感谢！

　　说起扬州，可以说魂牵梦萦绿杨情。父亲和我们对扬州的感情，真是说不尽，道不完。

　　扬州，是我们的祖宗庐墓之乡。从我曾祖菊坡公起就定居在扬州，父亲朱自清长于扬州，二叔朱物华、三叔朱国华与姑母朱玉华都生于扬州，曾祖母吴老太夫人、祖父母朱小坡及周太夫人、潘太夫人、生母武钟谦与二姐逖先都埋骨于扬州，长兄迈先、大姐采芷都曾在扬州居住过，我就更不用说

---

　　* 　朱闰生：朱自清儿子，高级经济师，山西省财政厅原副处级干部。

了。祖辈、父辈及我们这一代与扬州可以说是"生于斯，死于斯，歌哭于斯"了。

我家在扬州共住过七处房子，都是租赁的。居住时间较长的有两处，一处是原琼花观街22号（后为工农鞋厂），这是父亲在扬州读高中、考大学、结婚、生子以及担任江苏省立第八中学教务主任时居住的地方，我家在这里居住了7年多；另一处就是琼花观街安乐巷27号了。这是祖父母与我们——二姐逷先、我及效武妹——在扬州居住时间最长的地方，居住了十多年。父亲回扬州时就住在这里。

要说父亲的故居，应以前一处最合适，可惜后来被改为工厂，里面的房屋全部拆除改建，全无原来风貌。我家在东关街仁丰里也曾住过，是一座两层楼房，一来住的时间比较来说不算长，二来据说楼房的西半边已被拆去。其余的住处时间就更短。所以要说父亲的故居，现存的只有安乐巷27号比较完整也比较合适。

父亲一生从事于教育。北京大学毕业后，由于工作地点的不定，我们兄弟姊妹出生地点也就各有不同。我是1925年5月父亲任教于上虞白马湖春晖中学时出生的。出生后不久，父亲经俞平伯伯伯推荐，于是年8月到北平清华大学任国文系教授。1927年1月，父亲把我生母、大姐采芷与我接到清华，大哥迈先和二姐逷先由祖母带回扬州家中。父亲到清华大学，这是他一生服务清华的开始。我在北平只住了两年多，1929年下半年，因为母亲得了肺结核，肺部已烂了一个大窟窿，劝她去休养，可她丢不下我们，丢不下那份儿家务，也舍不得花钱，硬是不去。眼看越来越不行了，经父亲一再考虑，无奈才让我母亲回扬州，因为扬州毕竟是母亲的故乡啊。那次母亲带了大姐采芷、我、大妹效武及在襁褓中的弟弟六儿一起回扬州。这次长途旅行，又带了四个孩子，劳累可想而知，所以回扬州后不久，我那亲爱的母亲谢世了，后来就葬在念四桥祖茔。母亲有病，小弟弟六儿自然营养不良，也生了病，勉强熬了一年多，也夭折了。

母亲32岁就走完了生命的旅程，这条路对父亲、对她自己、对我们都是太短了。她结婚12年，有11年耗费在我们这些孩子身上，有多少力量用多少，直到自己瞑目为止。她对于我们这些孩子，全然不知道吝惜精力。母亲对我们实在是付出了全身心的爱，可惜我那时太小，还不懂得这种伟大的感情。长大了读了父亲的《给亡妇》《儿女》等文章，才知道她是一个多好的母亲，一个多么值得儿女们为之骄傲与感到幸福的母亲。母亲虽然已经去世几十年，但我每次读了父亲《给亡妇》后，仍然深深为母亲对儿女的伟大情怀所感动，常常会觉得母亲一双充满慈爱的眼睛关切地注视着我。

1932年，我7周岁。一天，爷爷告诉我，我们将有一个新妈妈。不久，父亲果然带着继母陈竹隐回扬州了。她身材颀长，穿旗袍，着高跟鞋，戴眼镜。当时，在扬州，女人穿高跟鞋的很少。开始，我对这位新妈妈既陌生，又惊奇。然而，谁又会想到，若干年后，我们有机会在一起，新妈妈待我们如同亲生，使我又享受到真正的母爱。后来虽然分开，但每隔几年，我总是要趁出差之便或专门去北京探望我这位老妈妈——当年我眼中的那位陌生女人。

然而令人悲痛的是，1990年6月，86岁高龄的继母终于因病逝世。

继母毕业于北平国立大学艺术学院中国画系，曾受教于齐白石、寿石公、萧子泉等先生，她主要学习工笔画。我曾见过继母的作品，是在一块绢子上画的古装仕女，线条纤细，人物美丽、端庄。继母说，这是她年轻时的作品，现在已经不能画了。她说此话时已经离休并患有青光眼、白内障等眼疾了。

继母先后在四川大学图书馆工作。她为人正直，性格坦率、忠诚。在八年抗战与三年解放战争期间，她与父亲同甘共苦，并在家庭生活上处处节俭，力求减少父亲的负担，在政治上积极支持父亲走向进步、走向人民。在父亲病重与去世后，全家生活困难之际，她秉承父亲遗志，坚决不领美国"救济粮"，显示了中国人民的高风亮节。新中国成立后，她拥护中国共产党的领导，特别是党的十一届三中全会以来的各项方针政策，热爱社会主义祖国，积极参加各项社会活动，曾任北京市第四、五、六届政协委会，北京市第六届妇联委员、清华大学工会副主席。在图书馆工作中也勤勤恳恳，积极为读者服务。

继母虽然不是我的生母，但我以有这样的母亲而自豪。

我们当初到扬州是父亲的意思，他怕祖父母寂寞，特地将我们几个小的送到祖父母身边；至于原在扬州的哥哥姐姐，在我们南返后，有一次父亲来扬州将他们带回北平。他那次来扬州，因我年龄还小，印象不深，只记得他面孔胖胖的，戴眼镜，非常温和可亲。回来那天，父亲给我带来许多玩具。晚上，为我们开唱机。我当时坐在父亲怀里，对这个能发出歌声的"怪物"极感新奇，痴痴地看着那能动的唱片，竟舍不得去睡觉。后来，还是父亲将我抱上床去的。

从那时起，我才朦胧地懂得领略父亲的慈爱。在我幼稚的脑海里，也就逐渐形成了一个慈父的影子。1937年当时我读初中时，在"国文"书（即现在的"语文"）上读到了父亲的名篇《背影》，回家便告诉爷爷。爷爷说那是真事，接着便给我讲起那时家里的情况。爷爷说，你父亲写的文章是民国六年（1917年）的事。在此以前，爷爷任徐州烟酒公卖局长的差事交卸了。那年，我曾祖母又病逝，爷爷又没有积蓄，父亲、二叔又要上学，只好把家里一些值钱的东西如郑板桥手迹、碧玉如意、朱红掸瓶、古钟等典当了，贵重衣物卖了，又借了3000元高利贷，才维持了生活，办了丧事。爷爷说，父亲对爷爷有感情才能写出那篇感人的文章。还说你父亲孩子多，他那里一家子，扬州这里一家子，负担够重，真是苦了他了。

父亲与继母这次回扬州，在家里住了10天，后到南京主持我玉华姑母的婚礼。1936年7月，因祖母周太夫人病逝，父亲又返回扬州，这一次在家时间较长。这两次回扬州，使我对父亲有了较深的印象。在我看来，父亲外表端重但谈吐却异常亲切，待人热情、诚恳；与友人相聚时谈锋很健，有时很风趣。后来扬州友人还告诉我这样一件事：父亲在扬州时，有一次去富春茶社，他很喜欢吃富春的小笼包子、干丝等，每次回扬州，都要去光顾。有个国民党军官携其姨太太在他的邻桌，这个军官为了讨好其姨太太，殷勤地为其盘子里倒醋。不想这位姨太太误会了，以为这位军官是讽刺她爱"吃醋"，撒娇撒痴，故作娇嗔。军官为了摆脱困境，竟诬称是这位堂倌倒的，狠狠地给了这位堂倌一个耳光，并叫来掌柜的训斥一顿。父亲在邻桌看得清楚，明明是这个军官倒的醋，怎能错怪这位堂倌？当即在旁仗义执言，证明这位堂倌冤枉，才使这场"官司"了结。这位堂倌在父亲吃完离开后跟踪到一个小巷内，向父亲跪下道谢说，如不是先生仗义执言，他就要被老板开除。可他家里老母亲瘫痪，妻子重病，如被开除，后果真难设想。

父亲在扬州时，对我们非常爱护、关心。星期天常带我们到城外瘦西湖、小金山、平山堂，租下一只小船，或泛舟湖上，或登临游览。他有时也与三叔谈到我们的将来。他说，他主张将来应让我们根据自己的兴趣求得发展，因为做父亲的不能束缚儿女的意志。当然，大人们要注意引导。如今，我玩味父亲的这些话，这正是说在教育子女上也要扬长避短，因材施教。可惜的是，由于随后日本帝国主义发动侵华战争及抗战胜利后国民党政府发动的内战，战火人为地隔离了我们，使我们未能继续直接受到父亲的关怀与教育。更令人悲痛与遗憾的是，父亲1936年回扬州，竟是他与祖父、儿女的最后一次聚首，直到他病逝，我们再也未见过他的音容笑貌。

1937年，按照学校规定他应得一年休假。原计划去日本，但"七七"事变破坏了这个计划。清华、北大、南开三个大学匆促南迁长沙，父亲靠了事前准备去日本而学会的日语，同时脱去西服，换上长衫，手中提个不显眼的旧皮包，加上矮矮的个头，很像个普通平民模样，果然没引起日军的注意和搜查。父亲到长沙后不久，1938年，上述三校联合组成的长沙临时大学又迁往昆明，改名为西南联合大学（简称西南联大）。文学院暂驻蒙自。那一年继母也从北平来到蒙自。

父亲对我们始终是极为关心、钟爱的。1928年他的《儿女》一文，对我们兄弟姊妹幼稚的笑闹、争吵等等以及当时我们每一个人的特点都描绘得极为生动，把幼小的我们的活泼、纯真如实地表现出来，真是观察入微，刻画传神。我想，没有这份对儿女的爱，是写不出这样的文章的。到昆明后，他对于住在"沦陷区"扬州的老父及我们，思念之情不断在信中、诗中出现。1943年12月，父亲给在北平的老友俞平伯伯伯的信中就提到："家父与一男二女在扬州，一男（指我）已成'壮丁'，颇为担心，但亦无力使其来西南，此事甚以为苦。……闰生明暑可卒业矣？"1944年，我二姐病逝，父亲非常痛心。他在《我是扬州人》一文里痛惜地写道："她性情好，爱读书，做事负责任，待朋友最好，不知什么病，一天半就完了！"1946年我读书时有个问题不清楚，曾经写信问父亲。那时父亲正患病，他怕我着急，在病中让弟弟根据他的口述在信中给我作了解答。父亲因为想念我们，曾作《忆诸儿》诗一首，其中有"平生六儿女，尽夜别情牵"等句，充分表现了他对儿女的怀念。

抗战开始后，由于国民党政府的不抵抗主义，国土大片沦丧。在国民党统治区，由于其腐败统治，通货膨胀，物价飞涨，生活艰难，继母只好带着两个弟弟于1940年到物价相对便宜的成都居住。而在"沦陷区"，由于日本侵略军及伪政府的压榨、搜刮，生活费用也日益高涨，家庭的生活费、子女的教育费，日复一日地向父亲肩上堆积，父亲却默默地承受了。远在云南的父亲与我们关山阻隔，他既要照顾定居在成都的家，又要赡养远在扬州的老父、庶祖母及孩子们，还要留下他在昆明的生活费，一份工资三处花，其负担之重可想而知。加之云南、江苏相距遥远，又是交战双方，一封家信辗转邮递，需要数月，特别是汇款，尤为困难，往往不能按时接济家用，全靠在上海的二婶先行垫支，才勉强应付下来。由于国民党政府长期忙于打内战，忽视教育，因而教育经费很少，大学教授待遇也很微薄，更何况物价不断上涨呢。那时他一人在昆明，生活贫困，饮食粗劣，又无人照顾，可他还要拼命地工作。抗战期间，父亲曾获得休假一年的照顾，他来信说，准备在这一年内多写点文章，以补贴家用。后来知道，父亲在昆明时，除西南联大外，还在昆明一所中学兼课。1942年的冬天是昆明十年来最寒冷的一冬。父亲因旧皮袍破得不能再穿，又做不起棉袍，便趁龙头村的"街子天"（即集日）买了一件赶牲口人用的毡披风，出门时披在身上，睡觉当褥子铺着或当毯子盖着。父亲穿着西服，戴着眼镜，披着毡披风，样子有些怪，可他却毫不介意，就那么匆匆走来又走去。父亲这样苛刻地对待自己，日久天长，患了胃病，常常呕吐。40多岁的人，不仅消瘦，而且头发已经见白。父亲作为一个大学的系主任，为了老人，为了儿女，忍受了多么苦痛的煎熬！继母在成都的日子也很痛苦。因为收入少，只好在成都东门外一个尼巷内租了三间草房居住，那所房子比起扬州安乐巷的瓦房当然差远了。我的小妹妹就出生在这里。1944年，四川麻疹流行，我的三个弟妹都病了，小妹还住了医院。远在昆明的父亲非常惦念，但回成都又没有旅费，还是一个朋友出主意，给父亲代卖了心爱的砚台与字帖，才买了机票抵重庆，转车回成都。那时全家景况真是窘迫到极点，正如父亲在《近怀示圣陶》一诗中所说："……累迁来锦城，萧然始环堵。索米米如珠，敝衣余几缕。老父沦陷中，残烛风前舞。儿女七八辈，东西不相睹。众口争嗷嗷，娇婴犹在乳。百物价如狂，距蹰孰能主？不忧食无肉，亦有菜园肚。不忧出无车，亦有健步武。只恐无米炊，万念日旁午。况复三间屋，蹙如口鼻聚。有声岂能聋，有影岂能瞽？妇稚逐鸡狗，攫人如网罟。况复地有毛，卑湿丛病蛊。终岁闻呻吟，心裂脑为盬……"尽管如此，父亲在给爷爷的家信中，对他那里的生活情况从没有说起过，只是说他那里物价上涨，让家里节省着用。父亲对父母、对儿女的挚爱和所付出的深厚感情和痛苦代价实在使我们这些做儿女的难以补报。

当时国民党当局为收买民心，对一部分有名望的知识分子实行怀柔政策。他们想利用父亲的声望提高他们的政治威信，因而曾几次请父亲到当时国民党中央政府去做官。他们在昆明的什么"司令""要人"，有的也几次要来拜访。与此同时，西南联大的一位国民党员教授也来邀父亲和闻一多先生加入国民党，并给了表格，请他们填写。当时如果父亲接受这些高官厚禄的收买，全家极为窘迫的经济状况以及政治地位马上就可以得到改善，但父亲毫不犹豫地拒绝了。父亲在《犹贤博弈斋诗抄》中奉答萧公权的一首诗中有两句正好说明当时的情况，这两句诗是："闭门拼自守穷悭，车马街头任往还。"父亲这种"威武不能屈，富贵不能淫"的高尚气节永远值得我们学习！

我们知道父亲生活很苦，又无法分劳，只有常常写信。每次写信都像参加作文考试，穷构思之力，写出一封自己认为满意的信。我们想用我们的成绩给父亲以精神上的安慰。父亲在接到我们的信后，常带着欣慰与鼓励的语气回信说："你们又进步了。"每次看到这样的信，总会使我们高兴一时。

1945年，祖父由于年事已高，中风瘫痪，加之亲人远离，心境不舒，终于当年4月去世。这对于父亲，在精神上自然是个打击。据吴组缃先生当年6月底在成都会见父亲以后回忆说，觉得先生（指父亲）"忽然变得那等憔悴和萎弱，皮肤苍白、松弛，眼睛也失去了光彩，穿着白色的西裤和衬衫，格外显出了瘦削劳倦之态"。可怜的父亲终于永久地失去了他在《背影》中所描述自己的那种"聪明"形象！

1945年8月日本投降，我们渴盼能见到暌违近十年的父亲。可是1946年5月父亲来信说："我本打算回扬一行，现因路费太贵，只好放弃此意，因此暂时不能和你们见面，心中很难过的……"这封信打消了我们的热望。1947年初我曾向父亲表示我十分喜爱新闻工作，当年6月父亲给我来信说已介绍我到南京一个报社工作，并谆谆嘱咐处世为人之道，虽细微处也不忽略。父亲对儿女的关怀真是无微不至。

1946年10月，父亲回到北平，仍在清华大学任教。这时的父亲，通过昆明1945年"一二·一"血案和李公朴、闻一多被暗杀事件，思想有了很大转变，但经济状况仍然没有什么变化。特别是数年前他就患了胃病，而且待遇微薄，生活痛苦，无力根治。到解放战争时期，他的身体就越来越坏，胃病经常发作，一发作起来就呕吐，彻夜甚至连续几天疼痛不止。1948年3月29日，父亲来信说："我最近又病了6天，还是胃病，不能吃东西，现在又在复原了。这回瘦了很多，以后真得小心……"6月9日又来信说："……又大吐，睡了9天才起床，这回因为第二次并未复原，又来一下，人更瘦了……"这次恢复极慢，经检查是十二指肠溃疡，结疤处痉挛，以后即好好坏坏不定。但是父亲在最后一封信上还安慰我说："决定可以养好，请放心。割治大约是不需要的。"然而到8月6日，他实在支撑不住，进了医院。8月12日晚，我们就从电讯中突然惊悉父亲的噩耗了。本来，我与大哥商定等局势平定后到北京来看父亲，谁知父亲已用尽了他的精力，他竟不能再等待我们了。

在父亲的生命后期，他在政治上有了新觉醒，感觉到需要他站出来，投身到群众斗争中去，感觉到需要他多写快写，为人民呐喊。所以这一时期，他写了许多政论性的杂文，在许多反对国民党政府黑暗统治的宣言上签名，表现出了鲜明的态度和立场。但是春蚕丝尽，蜡炬泪干，父亲最终还是没有来得及看到社会主义新中国的诞生。在北平解放前几个月，丢下他的妻子儿女走了。毛泽东同志十分赞赏父亲的气节，他在《别了，司徒雷登！》一文中说："我们中国人是有骨气的……朱自清一身重病，宁可饿死，不领美国的'救济粮'……我们应当写闻一多颂，写朱自清颂，他表现了我们民族的英雄气概。"

父亲去世后，各方人士纷纷致挽，有许多是很好的。其中，许德珩先生所作挽联，词意贴切，颇能概括父亲的为人。挽联为：教书三十年，一面教，一面学，向时代学，向青年学，生能如斯，君诚健者；存留五十载，愈艰苦，愈奋斗，与丑恶斗，与暴力斗，死而后已，我哭斯人。

一个名牌大学系主任，供不起儿女们上大学，甚至有的上不了中学，这似乎无法想象，但在国民党统治下的旧中国，这是事实。我的大哥朱迈先只读高中就辍学了，后来就投身于抗日洪流之中。20世纪50年代初，不幸误死于"左"的政策之下，1983年平反。我的大嫂作为"反革命家属"度过了屈辱、困苦的几十年。随着政策的落实，她方在政治上获得解放。她原在南宁一所医院工作，后来由于大哥问题，被下放到一个小镇的中学当校医。1983年大哥平反后落实了政策仍调回原单位，现已退休。大姐采芷是我们同胞兄弟姊妹中唯一读了大学的一个。她毕业于四川大学教育系，但也是在继母亲友帮助下读完的。她先在昆明女青年会工作，后随姐夫王永良（石油工程师）到上海，在松江一所高中当老师。1948年底，我们失去联系。1980年通信后才知道姐夫后到美国留学，毕业后在美国一家石油公司工作，大姐后来也去了美国。姐夫现已退休。生有二子三女，都已工作。

我到扬州以后大姐和我就分别了，但1946年夏，她和姐夫从昆明到南京时那一次会面使我终生难忘。那天，她与姐夫到南京后专程到报馆看我。那是我们分别20多年后第一次见面。过去我从父亲寄来的照片中见过她。她个头不高，胖胖的。那天穿着短袖旗袍，见到我后神情非常激动，看来早就盼着这次见面。她对我的工作、生活、身体健康情况问得很细，并不断提醒我需要注意的地方，显现出对小弟弟的深切关怀。多年的姐弟之情好像刚刚打开了闸门，喷涌而出。长姐如母，当时真使年轻的我感到慈母般的关怀。分手时她把手腕上戴的手表摘下给我，虽然这只是一只很普通的女表，但大姐的深情却赋予这只表以很大的纪念意义。这一次见面时的激动神情，那情意殷殷的关切话语，至今仍历历如在眼前和耳畔。40多年的风雨岁月，这一姐弟之情的美好回忆，不仅没有消失，而且更深地镌刻在我的心扉。

二姐朱逖先只读完高中就当了教师。她天资聪慧，性情好，学习刻苦，待人以诚。对法语、日语都学有所成，可惜天不永年，在22岁就因暴病去世。多少年后，听到新闻，可能为日寇一文化特务毒害，究竟如何，事无佐证，也很难查清了。因为她待人好，出殡那天，有许多她的学生、同学、好友都自动前来参加。我与二姐相处很好，她对我也很关心。她曾几次劝我继续上学，她愿意帮助。我为了不增加她的负担，始终没有同意。我们小时候也曾常吵架，吃东西时有时也争抢，长大了却很友爱。她去世我十分悲痛，每到全家人吃饭时，我总在饭桌上她常坐的地方摆上碗筷，犹如她生前一样，吃饭时想起她我就哭了，惹得爷爷、奶奶（庶祖母）也流下了老泪。我还给她写了一篇长长的祭文表示我的心曲，在灵前焚化，那诚挚的思念至今如在眼前。二姐的坟地在大虹桥畔，1958年"大跃进"中被平了，但我后来每次去扬州，都要到大虹桥一带流连，献上我默默的哀思。

我大妹朱效武只小学毕业，当时因家里经济困难，读不起初中。1948年后就随妹夫迁居上海。在二叔二婶帮助下，妹夫也找到工作，当了工人。妹夫性情淳厚，夫妻感情很好。妹妹于新中国成立后长期搞里弄工作，早几年也退休了。

对于这个妹妹，在我记忆中有着特殊的分量。有一年我患了伤寒，最严重时曾有数日昏迷，效武妹着了急，想起古人"割股疗亲"之说，竟然忍着剧痛，从手臂上生生剪下一块肉煮了汤给我喝。那次是二婶请了名医把我治好的，但效武妹"割股疗兄"是否起了作用，我说不清，但这份浓浓的兄妹之情，值得我永远铭记！

新中国成立后，生活条件好转，我的二弟与小妹都先后大学毕业。二弟朱思俞毕业于西安航空学院，因成绩优异，留校做老师。"文革"中大概因对江青有看法，写了些什么，被视为"反革命"，下放农场劳动。打倒"四人帮"后才平反，后调天津南开大学任教，现为教授。二弟性格内向，为人木讷，不善交际，但天资聪颖，肯钻研，在新技术研究上颇有前途。小妹朱蓉隽就读于北京师范学院，毕业后留校任教，后调清华大学为讲师。1949年夏天，我从南京回北京家里时她才9岁，还在家门口水洼里耍纸船哩，如今也50多了。她个子不高，身材纤巧，她是我们弟兄姊妹中最小的一个，却少"娇""骄"二气，而且性格开朗，思想缜密，处事甚是公允。她长期与继母生活在一起。继母去世后，她即到美国与妹夫团聚了。

我的大弟朱乔森，1949年高中快毕业时，服从组织安排，参加了工作。后去北京市委党校从事哲学与党史教学，并与一些同事合作，经过调查研究，编写出版了《李大钊传》。"文革"中也因此有些坎坷，被下放到大兴县，后又被调入中央党校，现为教授。他为了实现与出版《朱自清全集》这一全家人和父亲生前友好的心愿，不顾辛劳，做了长期的准备工作。在他的努力和江苏出版社积极支持与合作下，《朱自清全集》已出版至第六卷（共10卷），第七卷已在排印中，估计最迟到1994年可全部出齐。在出版全集的过程中，我大弟是最辛劳的一个。在他与出版社多方努力下，找到父亲生前未公开发表的几十篇佚文，然后，审稿、核对与订正资料、校对等等都由他负担。在做这些工作时，他本身的教学工作还不能耽误。因此，工作极为忙碌，常常为全集通宵加班，辛苦备尝。我作为父亲的儿子，实在是感激他的。

我和大弟、二弟、小妹虽非一母所生，但我们之间相处亲密，可谓不是同胞，胜似同胞。

我由于当时家庭经济困难，只读到高二就辍学了。尽管父亲的信中没有讲过他们的生活困窘，但那时我已懂事，知道家里经济力量已无法供我读大学，于是就想着出去工作，以减轻父亲的负担。我曾先后在镇江农村一小学和南京一家报馆里工作。在南京，我有幸接触到一些思想进步的朋友，他们给了我很大的影响。南京的一些国民党镇压民主、镇压群众的事件（如下关事件、"五二○"事件等），特别是父亲逝世后许多纪念他的文章，使我进一步认识到国民党统治的反动本质。艾思奇同志的《大众哲学》等进步书籍在理论方面给我打开了新的天地，使我在树立新的人生观方面得益良多。我终于辞去报馆工作，投身于人民革命，与武乾等同志一道回扬州，由华中二地委社会部蒋建同志介绍到华中社会部，随后被派回南京做地下工作。南京解放后，我有机会到北京一个学校学习，结业后分配在山西。我从1929年起在扬州生活十几年，是扬州的人民、扬州的土地抚育我成长。在山西40多年，三晋大地已成为我的第二故乡。扬州这座绿杨城郭却永远烙印在我的脑海里、记忆中。

父亲在生前对扬州有着特殊的亲情，写了《我是扬州人》《说扬州》《扬州的夏日》《看花》等怀念扬州的文章。抗战胜利后，他虽然因经济困难一时未能回扬州，但扬州始终萦回于他的魂梦之中。"我是扬州人"，父亲曾这样表示对扬州的感情。如今，古城经过40多年的建设，出落得更加绚丽，我可以更加自豪地说："我是扬州人。"

我对爸爸的怀念

朱冷梅[*]

　　我是朱自清的女儿朱冷梅。民国十六年冬天，母亲武钟谦在北京生下了我。因排行第五，乳名"小五"，后为纪念我的母亲，便改称作"效武"。

　　在我虚龄3岁的那年，母亲得了重病，医生说她肺里烂了个洞，但她仍然操持着家务，不让爸爸分心。爸爸要送她去北京西山养病，她考虑家中的经济负担重，如果去疗养，更将撂上一笔不小的债务。随爸爸怎样劝解，她始终不肯去疗养。最后，在征得爸爸的同意后，妈妈带着四个孩子——闰生二哥、采芷大姐、我，还有一个比我小一岁的弟弟，从北京回到了扬州，让爷爷、奶奶帮同照看我们这群孩子。从此，我便离开了我的爸爸。当时，留在祖父母身边的还有迈先大哥和逷先二姐，连同祖父、祖母、妈妈、三叔国华，还有一位胖奶奶——是我的庶祖母，真可算是一个大家庭哩！

　　妈妈回到扬州，不到两个月的光景，便因病情加重而去世了。她仅虚龄32岁，我那时还没有记事，便过早地失去了妈妈。对她的音容笑貌，连一丝儿印象也没有。仅在后来，看到她的照片，才知道那是我亲爱的妈妈。

---

　　* 朱冷梅：朱自清五女。

妈妈去世后不到两年，我的小弟弟由于先天不足和后天失调，在我虚龄5岁的那年，他便夭折了。

约在我虚龄6岁的那年夏天，爸爸从欧洲回国，偕同新结婚的继母，回到扬州探望祖父、祖母。在此期间，他们带着我们一群孩子去逛了瘦西湖和平山堂。可是没有多久，他们便回北京去了。

以上这些都不是我记忆中的印象，仅是在我记事以后，从祖父、胖奶奶以及哥哥、姐姐们在日常零零星星的谈话里所得的一鳞半爪。

我真正记得的事情是在我7岁时，爸爸接走了迈先大哥和采芷大姐。为的是减轻祖父母的精神负担，同时也为了让他们在北京接受良好的教育。

我还记得当我家住在安乐巷27号的时候，曾经有土匪来抢过。外界以为祖父曾经做过小官，而爸爸又是位大学教授，家中一定很有钱。其实，内囊子早就空虚了。匪徒们逼着祖父，问他愿意"吃红烧"还是"吃白煮"，"红烧"是用香烟头子烫，"白煮"是用滚开水浇。当时，我躲在胖奶奶怀里，真是可怕极了。

给我印象最深的，是我虚龄10岁的那年，祖母不幸去世了。三叔国华写信通知了爸爸，这年夏天他从北京回到扬州家里，可以说，这是我记忆中第一次见到爸爸，真正地听到他的声音，见到他的笑貌。因为妈妈带我回扬州，离开爸爸时，我还是一个茫昧无知的幼儿，其后，他虽和继母来过一趟，可在我的脑海里仍没有留下清晰的印象。而这次总算是记得清清楚楚的了，至今在我的记忆中留下的爸爸形象，就是这次唯一的聚晤。他的模样、身材和我的二叔物华很相像。不同的是，爸爸总是笑容可掬，和蔼可亲。

爸爸这趟回来，带给我们一些玩具。分给我的是一只小兔子，也许因为我是属兔的缘故吧！那只小兔子长着一身白茸茸的毛，瞪着一对红眼睛，很好玩，至今我还记忆犹新哩！

爸爸很关心孩子们的学习，虽然他蹲在家里的时间很短暂，还给闻生二哥和逯先二姐讲古文，教他们打算盘，什么"斤求两""两求斤"，我在旁听了很是感到新鲜好玩。我小时候开蒙是从祖父教我识"字块"开始的，后来又教我念唐诗，虽然我那时并不完全懂得诗里的含义，但却能背诵得琅琅上口。爸爸常逗着我背给他听，那时我可真得意哩！当时，我听说迈先大哥和采芷大姐在北京上中学，爸爸亲自教他们在课余读古文。此后，爸爸在写给扬州的家信里，也经常问起孩子们的学习情况。

这年暑假结束后，爸爸便回到北京。谁知这次分别以后，我就再也没有机会见过爸爸的面了！第二年，抗日战争爆发，北平沦陷，爸爸随学校转迁往西南，我时常想念着那一段为期不长的"天伦之乐"。

扬州沦陷后，祖父带领着我们一群孩子。那时，我在达德小学上学，逯先二姐在震旦女中读书。她很聪明，又很用功，她的英文、法文和拉丁文都学得很好。为了减轻家庭负担，她在中学毕业后，就当上了教师。不幸的是，她在民国三十三年八月里的一天，忽然得了急病，发病仅一天半时间就死去。她只度过22个年华，她的死，为我们全家带来了极大的悲恸。后来爸爸在昆明得到她的死讯，也为之感伤和悼念不已。

我从达德小学毕业后，因为爸爸远在大后方，汇兑不通，家庭生活日趋困难，我便辍学在家。在二姐去世后的第八个月，祖父又去世了。爸爸远在昆明，抗日战争正在进行，没有能够回来奔丧。当时，家中的生活日趋困难，而二姐和祖父又相继去世，所有丧事的料理以及家庭的经济接济，全靠二婶陶芹的资助，不然真不知会成什么样呢？

不久，我经安乐巷的邻居陈双清介绍和崔振华结婚。他是河北武安人，因其父在扬州经营粮食生意，和我家同住在安乐巷，彼此相互了解。

好容易盼到了抗战胜利，爸爸从昆明回到北平的清华，二叔物华到上海的交大。承二叔和二婶的照顾，把我们夫妇接到上海，和他们同住在交大宿舍里。振华在中技学校毕业后，进入上海的建业电机厂工作。新中国成立后，我也参加了工作。1952年我们才搬出交大的宿舍单住。

我现得了小脑萎缩的病症，下肢瘫痪，讲话也不清楚，许多往事仅有一个模糊的概念。我只知道爸爸是一位学者和文学家，也是一位正直无私的人，他有许多著作。我最熟悉的是他写的《背影》，我在小学时，国文课本里就选有这篇作品，老师和同学们都知道这篇文章的作者就是我的爸爸，我常常引为自豪。几十年来，我一直怀念他。

（汤　杰　整理）

对父亲的片断回忆

朱思俞[*]

　　父亲朱自清在1948年去世时，我只有13岁。在这之前的几年中，因为年幼，有关父亲的一些事情大多不太了解，难以作出恰当的描述。这里仅提供在生活中的一些片断回忆，极不全面，只是反映他和家庭生活的一个侧面。

　　首先一个总的印象就是：自我能记事直到父亲去世，家境就一直处于贫困状况。抗战前的情况我是全无印象了。听母亲说，因为爷爷是借钱供父亲和二叔朱物华上学的，所以从父亲工作后，一直要拿出相当一部分工资给扬州老家还债并维持生计。因此，在抗战前虽然清华教授的工资是较高的，但家中的生计一直仍是量入为出，并不富裕。抗战开始后，父亲先离开北平辗转到云南，母亲带着我们随后经河内从滇越铁路也到云南。开始在蒙自待了些天，再转到昆明。那时的生活就相当困难了。在昆明住了约两年，因为母亲是成都人，接成都亲友来信说成都的物价较低，还可以找工作挣钱（以前清华规定夫妻中只许一人在校工作，所以母亲结婚后就不工作了，家中只靠父亲挣钱养家）。和父亲商量后，决定母亲带我们兄弟二人去成都生活，父

　　*　朱思俞：朱自清儿子，天津南开大学计算机系副教授。

61

亲则一人留昆明。这样，为了生计，家庭就分居了。到成都后，不出数月，物价也涨上去了。虽然母亲在四川大学图书馆找了份工作，家庭生计仍相当困难。父亲只身一人在昆明，也非常艰苦。那时最困难的事情就是孩子生病。有一年，哥哥和我先后得了麻疹，后来我转猩红热，接着年幼的妹妹也得了猩红热和肺炎，家中大人是顾此失彼，简直照顾不过来。多亏母亲的老友刘云波大夫（新中国成立后连任多届全国人大代表）的全力帮助，才渡过了难关。事后父母都说，要不是刘大夫，妹妹恐怕活不下来了。

1946年夏，父亲又回到成都。这次是准备复员回北平。他到后不久，就传来了闻一多先生被刺的消息。这事对他的震动很大，在家中也屡次谈及此事，所以连我这对政治一无所知的孩子，也了解这件事。8月我们从成都到重庆，10月全家回到北平。

回到北平后，先暂住在宣武门内靠城墙的一个院子里。那时，一项重要的任务就是在旧货店买家具。因为抗战前的东西基本上都没有了，一切都要重新购置。而新的又买不起，只好都买旧货。据我记忆，像书桌、床、书架、五屉橱等都是那时购的，后来用了多年。有张书桌，买来时就是有虫蛀过的，父亲愈用发现虫蛀愈严重，只好让三哥用DDT加水后，在虫孔处涂抹，果然见效。后来这书桌父亲一直用着，父亲去世后仍保留着，直到今年初，清华要建校史馆，征集文物，我们把这书桌和父亲一些别的遗物赠给清华了。

还有一件事印象较深。那时，一个晚上全家去西单逛街，走回宣内时，父亲和哥哥在前面，母亲、妹妹和我走得慢，在后面。等我们三人进了一个小胡同不久，突然蹿出来一个拿刀的人喝叫站住。母亲抱起妹妹回头就跑，我也跟着跑，没跑多远母亲就摔倒了，那个路劫的人却也跑了。这次只是母亲摔了一跤，我们受些惊吓，还算幸运的。过些天，我见父亲写一篇回平杂感的文章中，还提到这件事。

10月中旬回到清华。本想家庭团圆了，生活能改善些。哪知实际情况与预期的相反，物价飞涨，生活十分拮据。那时为了生计，父亲工作很辛苦。晚上，我们早已入睡，他仍一人在书房中伏案工作到深夜，给各种刊物写文章，靠微薄的稿酬贴补家用。在国事、家事的煎熬中，父亲的身体状况急剧恶化，胃病频发，体重有时竟降到90斤以下。同时，精神方面也受到压力，在家中的脾气变得较为急躁，发脾气的时候也多了起来。那时，家中的生活是维持三餐还勉强可以，但如有例外开支，例如我们交学费或其他费用等，就经常要借债解决。记得有一次为了要交中学的什么费，没有钱，父亲急得大骂"王八蛋"。

到了1948年，父亲终于胃病大发作，只好进北大医院开刀。当时全家人都进城在朋友家暂住。记得开刀后，母亲带着我们到医院去探望过一次。当时父亲神志清醒，对我们还说了几句话，我还以为没有什么问题。哪知没过多久，母亲突然叫我们立即再去，到医院后看到的就只是遗体了。

父亲在生前对孩子们的成长是较关心的。抗战期间回成都时就曾抽暇教哥哥和我认英文字母，并叫我们抄些古诗。后来，又开始让我们练习刻图章，回来叫我们磨平了再刻。刻完后他予以评论，觉得不好的就磨掉重来。父亲有两个图章是闻一多先生给刻的，一个是名章，另一个是"佩弦藏书之印"的藏传章。这两方印是故友的纪念，所以他是最为珍爱的。母亲是齐白石、徐悲鸿在20世纪20年代北平艺术学院的学生，父亲就也常给我们讲齐白石，并告诉我们白石老人的图章刻得遒劲有力，要学这个风格。有一次白石老人还到清华来看望过父母亲，但我们去上学了，没碰见，回来时听说起，真遗憾得不得了。当时，我们刻的图章都通不过父亲的评论。一次，父亲叫我刻一个印，是"邂逅斋"三个字，准备作为藏书印。来回刻了好几次，最后一次终于得到父亲的认可，以后就作为他的一个藏书章了。1948年初，父亲把全家人的照片，包括不在北平的哥哥姐姐及家人的照片集到一起，放在书桌的玻璃板下，只缺我没照片。于是父亲就在上面题了一首诗："今年五十岁，照相看一家，少了朱思俞，刻印代表他"，旁边盖了一个章，就是"邂逅斋"。

最后，介绍一个有关父亲藏书的小故事。事情虽小，但前后经历时间很长，牵涉到不少人，也可算是一个巧遇。

朱维之教授，多年来一直在南开大学中文系任教，是父亲1923年在温州中学教书时的学生。朱先生自称在中学时受父亲影响最大，也许与此有关，以后就一直从事中国文学的教学和研究。1935年，朱先生写了一本书《李卓吾评传》，出版后赠给父亲一本，并在扉页上题词"佩弦吾师教正"。抗战军兴，父亲离开北平，藏书不能都带走，有一部分书籍托俞平伯先生代为保管，这本书也在其中。我的岳父韩文佑先生30年代初期在清华读书，也曾受教于父亲。抗战期间他留在北平，有一次听一位友人说起俞平伯先生因生活窘困愿意出让部分书籍，就由那位友人带领去俞先生家挑选了一些书籍，其中也就包括了这本书。新中国成立后，岳父先在北师大中文系任教，1952年院系调整时调往天津，在河北大学中文系任教授。这本书就一直由他保存着。

我爱人韩珊晨，1967年和我结婚。婚后分居多年，1978年底我才从西安调回南开大学。以后，我才知道这本书的经历，觉得是个巧合。1989年，我认识了同校的朱维之先生，并告诉他这本书的事情，他听后也说难得。1990年，朱先生表示，事隔多年，这本书他那里已没有存本了。有位日本友人来问及这本著作，可他手中却没有，希望能够再得到这本书。岳父知道此事后表示愿意再赠还给朱先生。耽搁了一段时间，到1991年7月，岳父病逝后，我便把这本书送给了朱维之先生。这本书，自出版之日，经作者送给父亲，再经俞平伯先生和我岳父之手，历经56年，最后又回到作者手中。这本书得而复失、失而复得的不平凡的经历，倒是自然表露了师生之间、亲友之间对我父亲的那种真挚情意。不久前，朱维之先生送给我一篇1948年父亲去世时他写的纪念文章，其中回忆了父亲在温州中学任教时的情况，现在恐怕是相当难以见到的了。

父亲永远活在我心中

——朱自清的一生

朱乔森[*]

父亲是"五四"以来我国著名的文学家、诗人，尤其是散文作家，也是学者和爱国民主战士。1898年11月22日，他生于江苏东海；1948年8月12日，在贫病交加中逝世于北平。当时，他还不满50岁。

1903年父亲同全家一起搬到扬州。正像他自己所说的："浙江绍兴是我的祖籍或原籍"；但"我家跟扬州的关系，大概够得上古人说的'生于斯，死于斯，歌哭于斯'了"，"扬州可以算是我的故乡"，因此，"我是扬州人"。[①]

---

[*] 朱乔森：朱自清儿子，中共中央党校教授，党史教研部副主任。

[①] 见朱自清的《我是扬州人》一文。

民族危机中的求学时代

　　父亲的青少年时代，是我国民族危机极其严重的年代。亡国灭种的沉重威胁，摆在每个中国人的面前。他十二三岁的时候，有一年多，由于陪父亲养病，住在扬州的"史公祠"内，多次听到过史可法英勇地领导扬州人民据守孤城、城陷身殉、宁死不屈的历史故事。父亲对这位民族英雄十分景仰，直到在中学读书那几年，还常到扬州城外的梅花岭去凭吊史可法的衣冠冢，写过多首凭吊的诗歌，可惜都已经散失了。他认为在列强蚕食、外寇侵入的危急存亡之秋，史可法的民族气节，是特别应当成为楷模的。他青少年时就酷爱吟诵诗歌，尤其酷爱文天祥的《正气歌》《过零丁洋》等，"人生自古谁无死，留取丹心照汗青"，这些格调铿锵的诗句，由于他时时背诵，连身旁幼小的弟妹，都耳熟能详了。

　　父亲自幼沉默好学，读书极为刻苦。他4岁就由父母启蒙课读，高小就很有兴趣地学习英文，13岁就做通了文言文。那是辛亥革命后在一位老先生家里上夜塾的时候，"跟着他老人家学着做通了的"。[①]中学毕业，"校中给与品学兼优状"[②]。在北京大学，他感于家庭经济困难，仅用三年时间就学完了哲学门（后改为哲学系）四年的课程而提前毕业。从求学时代起，他就养成了一种认真的习性和老实的做人态度。这种态度，贯穿于他一生的作品和为人，也是后来他的文学创作和学术研究所以取得成功的重要原因

[①]　见朱自清的《我是扬州人》一文。

[②]　见李方谟：《我记忆中的朱自清》。

之一。

我祖父在清末民初做过小官，但不喜积蓄。辛亥革命次年，又被一个假革命的军阀逼得几乎家破人亡，不得不卖去房产。1917年丢官后，家境便很快衰落下来。这年，在"烦忧着就将降临的败家的凶惨"和"骨肉间的仇视（互以血眼看着）的时候"，[1]父亲投考北京大学本科。他本名自华，号实秋，为了勉励自己在困境中不丧志、不灰心、不随同流俗不合污，就改名自清；又为了勉励自己积极进取，奋发图强，就借用《韩非子》中"性缓，故佩弦以自急"的典故，改字佩弦。他始终保持了这次改名的初衷。在北京大学读书那几年，"实在太苦了"；[2]冬天，只有一床破棉被，晚上睡觉，要用绳子把被子下面束起来；但他却更加勤奋地学习着。在尔后的日子里，他多次拒绝了旧社会那种虽然报酬丰厚却要出卖灵魂的职位，一直到去世，都过着极其清苦的生活。

五四运动中的普通一兵

1919年，轰轰烈烈的五四运动爆发了，父亲积极投入了这场反帝反封建的革命运动。他参加了反封建的新文化运动和文学革命，在这年开始创作白话新诗，并于次年春加入"新潮社"；[3]也参加了反帝国主义的爱国运动，自愿地接受当时一些先驱者的领导，在学生联合会中做过一段具体工作。据《北京大学日刊》所载文件本科学生请假旷课表载：1919年1月前，他绝

① 见朱自清：《毁灭》。

② 见朱自清1925年给俞平伯的信。

③ 见1920年4月11日出版的《新潮》二卷一号扉页："本刊特别启事二"。

少请假，更无旷课；而在2月间，北京学生联合会筹议抵抗列强分赃的所谓"巴黎和会"后，连续几个月，他不但请假急剧增多，而且月月出现了旷课。这说明了他对"五四"爱国运动的热情。

父亲还参加了在"五四"爱国运动和我国早期马克思主义宣传中起过重要作用的"平民教育讲演团"，在讲演团分成四个组进行活动后，担任过它的第四组书记，直到毕业；并带领第四组在北京城内和通县等地向工农群众做过成功的演讲，亲自讲过"我们为什么要纪念五一劳动节？""靠自己"等不少题目。[①]

在此期间，他和担任"平民教育讲演团"总务干事的邓中夏建立了很好的友谊。他虽然不能像他们那样把全副身心投入革命活动，终于成为职业革命家；但绝不排斥他们，嫉视他们，而是尊敬和爱护他们。1920年1月的一首诗里，他含蓄地把这些革命的先驱者比作"北河沿的路灯"：

> 他们怎样微弱！
> 但却是我们唯一的慧眼！
> 他们帮着我们了解自然；
> 让我们看出前途坦坦。
> 他们是好朋友，
> 给我们希望和慰安。
> 祝福你灯光们，
> 愿你们永久而无限！

---

① 见1919年10月至1920年5月的《北京大学日刊》。

坚持"五四"新文学的方向

1920年5月，父亲从北京大学毕业。同年11月，"文学研究会"正式成立于北京，他是这个研究会的早期成员之一，并长期参加了它的活动。

这年暑假后，他开始了教书生涯。当时，军阀混战，教育事业凋敝不堪，不少学校竟一连多少个月发不出工资来，教师也备受蔑视。父亲遍尝了"漠视的滋味，感到莫名的孤寂"；[①]他为生活和战乱所迫，有时是由于太认真而同校方意见不合，不得不辗转于江浙一带的扬州、杭州、吴淞、台州、温州、宁波和上虞白马湖之间，在许多学校教过书。虽然如此，他教课却从不马虎凑合，始终"亲切而严格，别致而善诱"，每每讲得满头大汗，并且坚持鼓励学生"多读多作白话文"，因而和同学们建立了十分良好的关系，到处受到学生的挽留。在很多学校，"或是凉风吹拂着的清晨，或是夕阳斜睨着的傍晚，或是灯光萤萤的良夜"，同学们时常找到父亲宿舍里来求教和谈心。正像一位当时的学生回忆的："他把自己的生命全献给了教育青年的工作。"

就这样，父亲"过了五六年转徙无常的生活"。"转徙无常，诚然算不到好日子，但要说到人生味，怕倒比平平常常时候容易深切地感着"。这"感着"的结果便是诗文。他的绝大多数新诗都是这个期间写的，其中包括著名的长诗《毁灭》《赠A. S. 》《送韩伯画往俄国》等。散文《匆匆》《桨声灯影里的秦淮河》《温州的踪迹》等，也在这些年里写成。这些诗

---

① 见《朱自清全集》第四卷33页。

文，为"五四"前后开始的我国新文学增添了新的内容，并以其"漂亮和缜密"的文字与结构，尽了对封建的旧文学示威的任务，表明了"旧文学之自以为特长者，白话文学也并非做不到"。[①]

在此期间，父亲曾主张一种"刹那主义"，并表现在他的文学作品中。这不是那种"只求刹那的享乐"的颓废主义，对于当时曾经流行过的这种人生观，他是很不以为然的；他倒是"深感时日匆匆的可惜"，自觉从前只看到了大处、远处，"却忽略了近处、小处"，而"不曾作正经的功夫"，因而主张"第一要使生活的各个过程都有它独立的意义和价值——每一刹那有每一刹那的意义和价值"。"丢去玄言，专崇实际，这便是我所企图的生活。""我的刹那主义，实在即是平凡主义。"[②]他的散文诗《匆匆》和长诗《毁灭》，都体现了这种思想。也就是《毁灭》最后所说的：

> 从此我不再仰眼看青天，
> 不再低头看白水，
> 只谨慎着我双双的脚步；
> 我要一步步踏在泥土上，
> 打上深深的脚印！
> ……
> 别耽搁吧，
> 走！走！走！

这是不是针对宣传革命理想的先行者呢？当然不是。同一时期，他在南

---

① 鲁迅：《小品文的危机》。

② 朱自清1922年11月7日和1923年1月13日给俞平伯的信。

京见到邓中夏后，写了有名的《赠A．S．》，其中热烈地歌颂中夏同志"要建红色的天国在地上"；并且说："你的血加倍的熏灼着，在灰泥里辗转的我，仿佛被焙炙着一般！"对于那种不得不为小家庭奋斗的生活，他是感到羞愧的。但是，在反对说空话、唱高调和主张一种脚踏实地的人生态度时，却忽略了理想的意义和作用，因而，他又"在行为上主张一种日常生活的中和主义"。

1925年，清华学校开始从留美预备班改革成一所大学，设立大学部，特别是增设了学习、研究中国传统文化的课程。这年8月，父亲来北京，开始在清华国文系任教，从此，把研究中国古典文学作了他毕生的事业之一，终于成为有名的学者和教授。

父亲的文学创作也从这时起，进一步转向散文；1928年出版了第一本散文集《背影》，开始成为文坛上著名的散文作家。在他写过的诗歌、小说和散文中，散文的成就最高，影响也最大。他的散文，富有一种"至情和风趣"，[①]"风华从朴素出来，幽默从忠厚出来，腴厚从平淡出来"。[②]而这一切，又是和他的人格分不开的。当我们阅读这些作品时，就仿佛感到一个诚恳、正直、老实、谦虚而又认真的作者站在面前，就仿佛看到他由"狷者"而斗士的坦荡历程。他的作品所以使人感到极其优美，也正是这种不矫饰、不撒谎的朴素自然的美，和经过认真提炼的群众口语谨严质朴的美。他的散文一直保持和发扬了这种特色，因而长期受到广大群众的喜爱。正如李广田同志所说："在当时的作家中，有的从旧垒中来，往往有陈腐气；有的从外国来，往往有太多的洋气，尤其是往往带来了西欧中世纪末的颓废气息。朱

---

① 李广田：《朱自清先生传略》。

② 杨振声：《朱自清先生与现代散文》。

先生则不然，他的作品一开始就建立了一种纯正朴实的新鲜作风。"①正是这种"纯正朴实的新鲜作风"，使他的散文在创建我国民族风格的全新的白话文学的过程中，做出了重要的贡献。

同情人民革命

1925年到1927年，是我国无产阶级领导的第一次大革命的年代。父亲同情和支持这场人民革命。五卅运动开始不久，他就写了《血歌》《白种人——上帝的骄子》等重要诗文。1926年3月18日，他又和学生一道进城，参加了在天安门举行的群众大会，抗议帝国主义对我国的野蛮侵略和对我国内政的干涉。会后，同游行队伍一起到当时的执政府请愿。反动的段祺瑞军阀政府竟下令对爱国请愿的群众开枪射击，死47人，伤200余人。这天，被鲁迅称作"民国以来最黑暗的一天"，也就是"三一八惨案"。父亲目睹了这场惨剧，他愤慨极了，强烈的正义感使他不能沉默。他接连写了两篇文章：一篇以满腔的悲愤悼念清华被害学生韦杰三烈士；另一篇就是向卖国政府进行血泪控诉的《执政府大屠杀记》。这篇文章忠实地记录了惨案的经过，淋漓尽致地揭露了反动派的凶残和暴行，"请大家看看这阴惨的二十世纪二十六年三月十八日的中国！"最后说："在首都的堂堂执政府之前，光天化日之下，屠杀之不足，继之以抢劫、剥尸，这种种兽行，段祺瑞等固可行之而不恤，但我们国民有此无脸的政府，又何以自容于世界！"我们也想想吧："死了这么多人，我们该怎么办？"

值得指出的是，在表达了对学生英勇行为的"永远敬佩"之后，他毫不

---

① 李广田：《〈朱自清选集〉序》。

掩饰地公开承认："我呢，这回是由怕而归于木木然，实是很可耻的！"他没有为自己的这种"怕"寻找开脱的理由，涂抹慰安的脂粉，只是说："我想人处这种境地，若能从怕的心情转为兴奋的心情，才真是能救人的人。若只一味的怕，'斯亦不足畏也已！'……我希望我的经验能使我的胆力逐渐增大！"又一次表现了他的作品和为人那种一贯诚朴和正直。父亲一贯注重文学作品的真实性，反对撒谎和矫饰，像这样老实解剖自己的文字在他的散文中经常可以读到。严肃诚恳地向读者交心，这大概是李广田同志认为他作品里所富有的那种"至情"吧！也正因为如此，他的许多散文才具有一种感人至深的力量。

走进了书斋

1927年，蒋介石叛变了革命，大革命失败了，国民党新军阀代替了旧军阀，全国又陷入黑暗之中。父亲"觉得心上的阴影越来越大"。"衰颓与骚动使得大家惶惶然"，自己也"正感着这种被追逼，被围困的心情"。他明白"只有参加革命或反革命，才能解决这惶惶然"，但又摆脱不了小资产阶级的"情调、嗜好、思想、伦理与行为的方式"；"况且妻子儿女一大家都指着我活，也不忍丢下了走自己的路"，于是痛苦地喊出了"那里走？"[①]1927年5月31日写的一首和李白的《菩萨蛮》，也表述了这种心情：

烟笼远树浑如幂，青山一桁无颜色。

日暮倚楼头，暗惊天下秋！

---

① 见朱自清：《那里走》。

半庭黄叶积，阵阵鸦啼急。踯躅计征程，嘶骢何处行？

父亲无法"解决这惶惶然"，"便只有暂时逃避的一法"，想着"这是暂时超然的好"。由于"国学比文学更远于现实……是个更安全的逃避所"，他决定就以国学作为自己的职业。爱国知识分子的良心和同情人民革命的立场使他觉得走上了一条"真的'死路'，实在也说不上什么路不路！"但他却只好走下去。同时，依旧要考虑到'哪里走？''哪里走！'"这个摆脱不开的问题。①这便是他当时的心情。

此后若干年，父亲到书斋里专心致志地做学问去了。但是，即便在反革命气焰嚣张的那些年代，他也同他们保持了距离。当有人吹嘘那时的国民党时，他在日记里表示不同意；甚至表示对某人的谈话唯一有保留的，就是把希望寄托在国民党身上。后来，又有人拉他和一位同事加入国民党，送来了登记表，也被他断然拒绝了。他始终保持了一个爱国知识分子高度的正义感和鲜明的气节。

留学英伦

1929年，母亲武钟谦病逝于扬州家中，父亲后来写了著名散文《给亡妇》，来悼念这位善良的妻子。1931年8月，他从北平启程横越苏联去欧洲，留学于英国伦敦，读语言学和英国文学；并于次年回国前漫游了法、德、荷兰、瑞士、意大利等五国。父亲虽然是中文系教授，长期研究中国古典文学，却不对外国文化抱门户之见，一直认为应当把研究中国传统文化和

---

① 见朱自清：《那里走》。

研究世界的进步文化结合起来，而目的在于发展中国的新文化。他还和杨振声先生一道，为清华中文系制定了"古今结合，中西结合"的方针，要求培养"学贯中西，融汇古今"的人才。旅欧一年间，他"早上念生字、读报，下午上课"，阅读了大量文艺复兴以来的西方文艺书籍，并广泛接触了欧洲的戏剧、美术、音乐和建筑艺术等；后来，写了《欧游杂记》和《伦敦杂记》两本散文集。前者于1934年出版，其中的《西行通讯》对当时革命后的苏联，从一个匆匆过境的旅客的角度作了点滴的客观的介绍。这本来不是全书的主要内容，但在白色恐怖的高潮和当时反动势力的造谣诽谤中，这些报道仍然受到了进步学生的欢迎。

1932年7月，父亲自意大利乘船经海路返国。8月，与母亲陈竹隐在上海结婚。之后，回清华大学任中国文学系主任。同时，闻一多先生也从青岛来清华任教，这是他们两人同事论学的开始。

积极支持抗战

1931年"九一八"事变后，日本帝国主义对中国的侵略步步深入，国民党则步步退让，民族危机又一次笼罩了全国。父亲在伦敦的时候，就和北大校友等在一起多次讨论和交谈过"九一八"事变后的国内形势，对日本的野蛮侵略和国民党的不抵抗政策深表愤慨。"九一八"后的第三天，他在给母亲陈竹隐的信中说："阅报知东省事日急，在外国时时想到国家的事，但有什么法子呢？"

民族危机的严重，使中国革命又开始高涨起来。1935年12月9日，北平万余学生游行示威，反对日本帝国主义侵略华北，抗议设立变相的伪政权冀察政务委员会，要求"停止一切内战，共同对外"，爆发了震动全国的爱国示威运动。16日，3万多学生举行了更大规模的游行示威，"反对华北自治，争取民族解放"，国民党当局竟下令军警"自由行动"，游行队伍和大刀、水龙进行了英勇的搏争。这天，父亲又一次跟学生们一道进城参加了游行。他认定学生的行动是爱国的、正义的，虽然很担心他们流血，仍然真诚地支持他们的行动。

不久，国民党的军警特务到清华进行搜捕，6名同学一整天躲避在他家中。他热爱这些学生，热爱这些爱国青年；并愤于反动当局"对爱国学生之手段，殊过残酷"；①抗日战争前和抗战胜利后，曾在自己家里多次掩护过进步学生。

1936年10月，伟大的文学家、思想家和革命家鲁迅先生在上海逝世。清华学生举行追悼会，父亲出席演讲，并于11月16日"进城拜访鲁迅夫人"，②进行慰问。次日，他到绥远百灵庙去慰问抗日部队，"对前线抗敌官兵致吾人之赞扬与敬意"；③途中，结识了不久成为共产党员的范长江同志。回来后，对母亲说："看来，这个青年人可能是共产党，他很有见解。中国要强起来，还得靠这样的青年；要这样，才是真有作为的青年！"

12月12日，发生了西安事变。15日，清华举行教授会要求"明令讨伐张学良"。父亲由于不明了事情的真相，曾被推举为通电起草委员会的召集人。当时，他还不了解这个事变是由我党领导的，和它对扭转时局、形成全国抗战局面的伟大意义。

这年，散文集《你我》出版。同时，父亲开始讲授"中国文学批评"课，在他的散文里也出现了文学评论的文章，开始表现了他对文学作品的深

---

① 见朱自清日记。

② 见朱自清日记。

③ 见朱自清日记。

邃眼光和分析能力。如论《子夜》，就对茅盾这部名著作了公正、简明而又中肯的评论和介绍，认为它是当时"真能代表时代的"一部长篇文学作品。

1937年7月7日，抗日战争爆发。9月，父亲只身南下，经天津、青岛、济南、武汉，于10月4日到达清华、北大、南开合并组成的长沙临时大学，任临大中文系主任。11月，到临大文学院所在的南岳，1938年春，又迁至云南蒙自；临大改为西南联合大学后，才与不久前赶来的夫人、孩子一同移居昆明。这期间，他辗转万里，颠沛流离，生活极不安定，但却非常兴奋，因为中国终于抗战了。"七七"抗战两周年的时候，他写了短文《这一天》，热烈地歌颂抗战。其中说："东亚病夫居然奋起了，睡狮果然醒了。从前只是一大块沃土，一大盘散沙的死中国，现在是有血有肉的活中国了。从前中国在若有若无之间，现在确乎是有了。……我们不但有光荣的古代，而且有光荣的现代；不但有光荣的现代，而且有光荣的将来无穷的世代，新中国在血火中成长了。"在人民的奋起中，他看到了力量！他对祖国的前途，抗战的前途，充满了信心。

事实在教育着他

国民党的统治越来越腐败，以蒋介石为代表的官僚资产阶级乘抗日之机大发国难财，横征暴敛，囤积居奇，滥发钞票，弄得物价飞涨，民不聊生。父亲家庭负担重，生活越发困苦。为生活所迫，母亲不得不带着我们几个孩子去物价相对便宜些的成都。父亲也在这年到成都休假，一家人住在一所尼庵三间极为简陋的草屋内，食米都经常要靠亲友接济或借贷，我们几个孩子又连续得了重病。这就是他在《近怀示圣陶》一诗中所说的：

累迁来锦城，萧然始环堵。索米米如珠，敝衣余几缕。老父沦陷中，残烛风前舞。儿女七八辈，东西不相睹。众口争嗷嗷，娇婴犹在乳。百物价如狂，距躅孰能主？不忧食无肉，亦有菜园肚。不忧出无车，亦有健步武。只恐无米炊，万念日旁午。况复三间屋，嬖如口鼻聚。有声岂能聋，有影岂能替？妇稚逐鸡狗，攫人如网罟。况复地有毛，卑湿丛病蛊。终岁闻呻吟，心裂脑为鹾……

1941年父亲一个人回到昆明，第二年就赶上了昆明许久以来最寒冷的冬天。但是，他穷得连御寒的棉衣也添置不起，只好在集市上买了一件赶马人用的披风，披着从乡下步行约20里进城去上课，加之营养不足，又得了严重的胃病，他的身体日渐憔悴，头发像多了一层霜，四十出头的他，简直像个老人了。

父亲默默地忍受着这一切痛苦。他认为抗战第一，为了抗战，个人和家庭总要作出些牺牲。然而，事实在教育着他，他的高度的正义感也促使他认识事实的真相。1941年天旱，米粮又大涨价，成都也和一切国民党统治区一样，大批贫苦人民被逼到了没有饭吃、走投无路的境地，不得不一群群地起来"吃大户"，抢米仓。国民党以"共产党煽动"的罪名，残酷镇压了这次人民运动。父亲在返回昆明之前，目睹了这幅饥民求食图，受到了强烈的震动。后来，他在《论吃饭》这篇文章里，描绘了当时的情景，字里行间，表示了对于"吃大户"的贫民的深切同情。

抗日战争后期，国民党为了欺骗社会舆论，维持其摇摇欲坠的反动统治，曾经对少数上层知识分子实行笼络政策。他们想利用父亲的声望，几次请他到重庆的"国民政府"中去做官。国民党在昆明的"司令""委员"等，有的也几次表示要来拜访他。父亲却宁肯继续过一个穷教授的生活，

——拒绝了这种高官厚禄的收买和特殊的"关怀"，"闭门拼自守穷悭，车马街头任往还。"①坚决表明了自己不与他们同流合污的严正立场。

在困苦中著述

生活的困苦和极不安定非但没有阻滞父亲的学术研究和文学创作，20世纪40年代以后到抗日战争胜利的那几年，倒是他将多年的研究心得加以整理并取得丰硕成果的时候。

父亲一贯对人对事非常认真，对学术研究更是如此，他要求自己不断有新的研究成果，在此基础上，每隔两三年甚至每年都要开设新的课程。他初到清华时讲授李杜诗和国文基础课，1929年就开设了"中国新文学研究"和"中国歌谣"两门崭新的课程，"在当时保守的中国文学系课程表上，很显得突出而新鲜，引起学生浓厚的兴趣。"②以后又陆续开设了"古今诗选""陶诗""李贺诗""中国文学批评""宋诗""文辞研究""谢灵运诗"等许多新课。"文辞研究"这门课是1942年开设的，当时听课的只有两名学生，但父亲仍按时上讲堂，在黑板上认真写笔记，如同对着许多听众一样，使学生深为感动。③

为了教好中国古典诗词，父亲认为自己必须要能写好旧体诗词。作为了解、研究古代诗词的一种方法，他从逐句换字的模拟入手，逐渐在这方面取得了很深的功力和造诣；特别是抗日战争以后，写了许多清新朴素、自成

---

① 《朱自清全集》第5卷第253页。

② 浦江清：《〈朱自清文集〉题跋》。

③ 见朱镇淮：《朱自清先生年谱》。

一格的旧体诗。这些诗词，收入他后来自题的《敝帚集》和《犹贤博弈斋诗钞》中。40年代初，他又写完了《诗言志辨》一书。这是他多年来研究我国古代诗歌的结晶，其中，对有关古代诗歌的一些基本概念作出了新的、正确的解释，廓清了过去许多错误的观念。

同时，父亲将他多年来研究我国古代典籍的心得加以综合整理，写成了《经典常谈》一书。这是概括而又比较系统地介绍我国传统文化的一个尝试。它力求采择新的观点，又力求通俗化，为青年和一般读者了解我国传统文化提供了便利。

他又与老友叶圣陶合作，将他们多年从事中国语文教学的经验加以整理，写成了《精读指导举隅》《略读指导举隅》和《国文教学》等3本书。1941年以后，他重新研究新诗，1944年又写成了《新诗杂话》一书。

父亲这个时期的散文，不但在艺术风格上继续发扬了过去的特色，在内容上，在反映时代上，较之过去也前进了一步。如同他在《语文影及其他》一书自序中所讲的："这个世纪的20年代，承接着第一次世界大战，正是玩世主义盛行的时候，也正是作者的青年时代，作者大概很受了些《语丝》的影响。但是30年代渐渐的变了，40年代更大变了，时代越来越沉重，简直压得人喘不过气，哪里还会再有什么闲情逸致呢！"他一直是爱国的，热烈期望着"一个理想的完美的中国"。"可是理想上虽然完美，事实上不免破烂；所以作者彷徨自问，怎样爱它呢？真的，国民革命以来，特别是'九一八'以来，我们都在这般彷徨的自问着——我们终于抗战了？"[①]这是说闻一多先生的，也是说他自己。是的，在抗战中，他们进一步认识了时代，发现了"大众的力量的强大"，因而使自己的作品采取了更严肃的态度，并开始自觉地"诉诸大众"，面向大众。他们前进了！

---

① 朱自清：《爱国诗》。

在李、闻被害的日子里

1945年8月15日，父亲在成都听到了日本投降的消息。他兴奋地走上大街，和老百姓一起狂欢了一整夜，回到家里，却心情沉重地对母亲说："胜利了，可千万不能起内战。不起内战，国家的经济可以恢复得快点，老百姓可以少受些罪。"

但是，美国政府帮助蒋介石发动内战，很快就把这点希望也打碎了。几个月之后，国民党军警特务就在昆明惨杀了要求民主、反对内战的学生，制造了震惊全国的"一二·一惨案"，父亲"悲愤不已"，"肃穆静坐二小时余"，深自谴责过去的错误的认识和习惯；①并亲往西南联大图书馆灵堂，向死难的四烈士表示诚挚的哀悼和敬意。

1946年6月，父亲最后一次到成都，准备举家迁回北平。这时候，又传来了李公朴、闻一多相继被国民党特务暗杀的消息。闻一多和他虽然说不上是挚友，但他了解闻先生是一个爱国诗人、学者和勇猛的民主战士。闻先生的死，特别使他悲愤和激动。他在日记中写道，"此诚惨绝人寰之事。自李公朴被刺后，余即时时为一多之安全担心，但绝未想到发生如此之突然与手段如此之卑鄙！此成何世界！"他接连写了两篇悼念文章，介绍了闻一多在学术上的成就，指出"他要的是热情，是力量，是火一样的生命"，可是竟在不满48岁的年纪，"惨死在那卑鄙恶毒的枪下！""唉！他是不甘心的，

---

① 见朱自清日记。

我们也是不甘心的！"①最后这句话一再被写进父亲当时和后来的文章，说明他已经下了同反动法西斯统治作斗争的决心。

他已经20年不写新诗了，强烈的愤慨使他又拿起笔来写了一首。这首诗歌颂闻先生是"一团火"，"照彻了深渊""照见了魔鬼"的火；相信在这火的"遗烬里"，必将"爆出个新中国"！

8月18日，成都各界人士举行李、闻惨案追悼大会。事先就传闻特务要捣乱会场，许多人不敢参加了。父亲毅然出席大会做报告，介绍闻先生的生平业绩，正面向国民党提出抗议。这个悲愤、真挚的报告，深深地打动了听众，全场多次鼓掌，许多人都被感动得落泪了。

进一步转向人民

1946年10月，父亲和我们一家回到阔别多年的北平；不到两三天，就看到美国军车在天安门撞死一名中国妇女后扬长而去；又看到警察"不问三七二十一，抓住三轮车夫一顿拳打脚踢"。②他深切地感到："北平是不一样了！""穷得没办法的人似乎也更多了"，"手头不宽心头也不宽了"。当时的北平，"物价像潮水一般涨，整个的北平也像在潮水里晃荡着"。加上被群众称之为"劫搜"的国民党大小官僚的"接收"，军警宪特的横行，普通老百姓确实苦不堪言。父亲把这一切看在眼里，严峻的事实和强烈的正义感使他难以平静。他大声地喊出："今天一般人民真是不得了，再也忍不住了！"他热烈地为人民"起来行动"辩护，深信"这集体的行

---

① 朱自清：《中国学术的大损失——悼闻一多先生》。

② 朱自清：《回来杂记》。

动是压不下也打不散的"！他的心进一步转向了在压迫下挣扎和反抗着的人民。

父亲一回到清华园，就抓《闻一多全集》的编辑和出版，把这看作是对亡友的悼念和对法西斯屠杀的抗议。11月，以他为召集人的"整理闻一多先生遗著委员会"组成。此后一年间，他收集遗文，编辑校正，拟定目录，发表了许多篇未刊的遗著，花费了许多精力，并亲自为编定的《闻一多全集》写了序和编后记。在他的主持下，整个清华中文系的工作人员都动员起来参加了这项工作。正如吴晗所说："没有佩弦先生的劳力和主持，这集子是不可能编集的。"①《闻一多全集》终于在1948年父亲逝世前的一个月出版了。他可以告慰亡友于地下了！

在反动派面前站起来了

1947年初，国民党反动当局以清查户口为名，在北平逮捕了2000多人。父亲痛恨反动派大规模迫害人民的法西斯暴行，签名于抗议北平当局任意逮捕人民宣言。由于公开发表时，他的名字是第一个，宣言在当时的报纸上曾被称作朱自清等"十三教授宣言"。这在严重的白色恐怖下立刻招来了反动舆论对他的"围剿"。国民党发动了各家反动报纸拼命地诽谤他，攻击他和其他签名的教授；国民党特务也三次到我们家寻衅。然而，父亲并没有退却，他在反动派面前坚定地站起来了！

父亲真的站起来了。国民党多年的黑暗统治使他毅然决然同当时的学生运动，和中国共产党领导的人民解放斗争站在一起了。从1947年到他逝世

---

① 吴晗：《〈闻一多全集〉跋》。

这一年半时间，他写了40多篇文章，并多次在学生的集会上发表演讲。这些文章和演讲，正如他在《论雅俗共赏》一书自序中所说的，都是在朝着"近于人民的立场"这个方向说话。父亲主张使新的民主尺度成为文学的新标准；认为"新文学运动以斗争的姿态出现，它必然是严肃的"；批判了玩世派为幽默而幽默，无意义的幽默和闲情逸致使"文坛上一片空虚"；指出抗战胜利后，文学紧缩了那严肃的尺度而强调人民性，是"势有必至，理有固然"，并高度评价了解放区作家和人民共同生活、打成一片，成为"与人民大众站在一起的号手"这种新的文艺方向。另外他又指出：不过太紧缩了那严肃的尺度，"只顾人民性，不管艺术性，死板板的长面孔教人亲近不得"，读者们恐怕更会躲向那些黄色、粉红色的书刊里去。"这是运用'严肃'的尺度的时候值得平心静气算计算计的。"①在《论标语口号》一文里，他认为当时的标语口号是要唤醒人民起来行动，而且要帮助他们组织起来，往往就是集体行动的纲领，颂扬了革命的标语口号的作用；但同时也指出，标语口号要避免落套子、公式化，那些装点门面、口是心非的标语口号，"终于是不会有人去看去听的，看了听了也只是讨厌。古人说'修辞立其诚'，标语口号要发挥领导群众的作用，众目所视，众手所指，有一丝一毫的不诚都是遮掩不住的。"他真诚支持党所领导的人民的正义斗争，但不说过头话，并根据自己的经验和专长，积极提出了有益的建议。这些议论，至今读起来还使我们感到亲切。

在《论气节》这篇文章里，父亲还充分肯定了"五四"以来青年知识分子用正义的斗争行动代替消极的"气节"这种"新的做人的尺度"。这也是他对自己大半生在坚持应有气节这个问题上的新的认识。他说到做到，不但继续在许多抗议国民党反动政策的宣言上签名，例如抗议国民

① 朱自清：《论严肃》。

党北平市党部负责人谈话宣言，抗议国民党北平当局枪杀东北学生等；对有的宣言，他还亲访各教授征求签名，并亲自为清华教授"反饥饿，反迫害"罢教一天起草了宣言。

在《标准与尺度》一书的自序中，父亲说："复员以后，事情忙了，心情也变了，我得多写些，写得快些，随便些，容易懂些。"这个时期，确实是他在创作上、学术上的丰收时节；不到两年，就接连出版了好几本书。他感到人民需要他写，需要他这支笔为他们服务，需要他为新时代的来临多作些催生的呐喊。他这个时期的散文，不仅更加精练、明达，而且根据时代的需要、斗争的需要从内容上转向说理。他用历史的方法来说理，仍旧是那么诚恳谦虚、平易质朴，使人们在作者亲切的引导下，自然而然地、心悦诚服地接受了新时代的精神，却不感到有半点说教气。这说明他的散文不仅保持了过去的风格和特色，而且在思想上、艺术上已经更加成熟了。

向新时代学习

父亲强烈地感到了向新时代学习的必要，并且认认真真地学起来。他向自己的学生借了艾思奇的《大众哲学》来看，一个学生对他说："朱先生可以看更深一些的马克思主义哲学书。"他却老实地说："我过去对这方面了解很不够，要从头学起，从初步的东西学起。"他还向自己的孩子借了通俗的革命宣传小册子来看，并在日记中写道：这本小册子"观点鲜明，给人以清新的思想"。他从不故作高深，鄙薄这些通俗的革命读物，而是努力从中汲取营养。他和进步同学谈话，是那样认真地倾听、提问，仿佛自己倒是在虚心求教的学生。他的进步和他的治学同样是一步一个脚印，脚踏实地地往前走，绝不做那种虚有其表的事情，也没有当时一些知识分子的那种浮夸气。

当解放区流行的具有广泛群众性的秧歌舞传到了清华园的时候，一辈子不苟言笑而又身患重病的他，竟和自己的学生在一起学起扭秧歌来了。有人听了曾大不以为然，认为这对一个德高望重的大学教授来说，是可笑的、无法明了的事。而在斗争趋于白热化和国民党法西斯统治日趋疯狂的情况下，像他那样的人参加这种文艺活动，是有再次成为被攻击对象的危险的。然而，在1948年中文系的元旦晚会上，父亲却又一次带着病，愉快地、兴奋地和大家扭在一个行列里；而且扭得最认真。这种放下架子，诚挚地向新时代学习的精神，曾经使得许多进步师生为之感动，并在以后多次被他的学生们带着亲切的怀念在回忆中提起。

1948年，父亲快50岁了。在生命的最后那些日子里，他的身体更加衰弱不堪，但他的思想、感情却更年轻了！他将唐人李商隐的两句诗："夕阳无限好，只是近黄昏"，反其意而用之，集成一副联语，压在书桌的玻璃板下，借以言志，并作为对自己的勉励：

但得夕阳无限好，

何须惆怅近黄昏！

这年春天，蒋介石和国民党当局不顾全国人民的反对，悍然召开了所谓"国民大会"。清华竟有个别教授积极"竞选"所谓"国大代表"，跑来要父亲投他一票，父亲断然告诉他："胡适是我的老师，我都不投他的票，别人的我也不投！"表现了对国民党伪"国大"及其所谓"代表"的极大蔑视。也是在这一年，父亲还拒绝了一些老朋友要他参加一个中间路线的班物——《新路》的邀请。他已经明确地认识到，在那个时代，知识分子的道路只有两条：一条是向上爬，做人民头上统治者的帮闲、帮凶，一条是向下去，同人民在一起争取解放，"中间道路是没有的"。

表现了我们民族的英雄气概

1948年6月18日，父亲为了反对美国当时积极推行的扶植日本，使日本东山再起的政策，签名于《抗议美国扶日政策并拒绝领取美援面粉宣言》。宣言说："为抗议美国政府的扶日政策，为抗议上海美国总领事卡宝德和美国驻华大使司徒雷登对中国人民的诬蔑和侮辱，为表示中国人民的尊严和气节，我们断然拒绝美国具有收买灵魂性质的一切施舍物资，无论是购买的或给予的。下列同人拒绝购买美援平价面粉，一致退还配给证，特此声明。"这一天，他在日记里写道：此事"意味着每月生活费要减少六百万法币。下午认真想了一下，坚信我的签名是正确的。因为我们既然反对美国的扶日政策，就要采取直接的行动，就不应逃避个人的责任"。父亲虽是当时薪水最高的教授之一，但在那个时候，每月所得也只能买3袋多面粉；家庭人口又多，全家精打细算过日子，每天吃两顿粗粮，还得他带着一身重病，拼着命多写文章，才能够勉强维持下去。而他的胃病已经发展到极其严重的地步，签名的前几天，体重已减轻到38.8公斤，迫切需要营养和治疗。他虽然穷到不能治病，终于在贫病交加中死去，还是毅然决然地在宣言上签了名，并且立刻让我把配给证退回去，拒绝了这种"收买灵魂性质"的施舍，表现了我们民族的尊严和气节！

直到弥留之际，他还谆谆嘱咐说："有件事要记住：我是在拒绝美援面粉的宣言上签过名的，我们家以后不买国民党配给的美国面粉！"

1948年8月6日，父亲的胃病终于发展到胃穿孔。12日，还不满50岁的他，在他所渴望的新中国诞生前夕与世长辞了！像群星中闪烁着的一颗，当自己光华最盛的时候，却在黎明前的黑夜中陨落了。

父亲的生命虽然结束了，但是，他的高尚人格至今仍然活在并将永远活在我心中！他的散文，他对我国新文学以及古典文学研究的贡献将永在。他为我们提供了一个有骨气、有操守、表现了我们民族英雄气概的爱国知识分子的榜样，在改革开放、振兴中华的今天，这个榜样不仅没有失去其光彩，而且仍将给我们以教益和力量！

关于父亲的创作

朱乔森

父亲的文学创作是从写新诗开始的，那是五四运动的时候。五四运动既是伟大的爱国运动，也是伟大的文化运动。它反对旧道德，提倡新道德；反对旧文学，提倡新文学，要求打破几千年来束缚着中国人民的封建精神枷锁。它举起了"文学革命"的旗帜，要求推倒陈腐的、被封建士大夫阶级当作游戏或消遣的贵族文学和山林文学，建设新鲜的、立诚的、平易抒情与明了通俗的写实文学和平民文学，还大力提倡白话文学。父亲当时是北京大学的学生，北大是当时新思想、新文化的发祥地。他积极地参加了五四运动，并在"五四"文学革命的旗帜下开始拿起笔来写作。

父亲始终坚持"五四"新文学的这个方向。从早年写新诗的时候起，他就坚持写实，写人生，坚持用白话进行写作；以后转向散文，这些特点就表现得更为突出。到了抗日战争时期，特别是抗战胜利以后，他的散文或杂文进一步明确地采取了"偏重于俗人或常人的立场，也可以说是近于人民的立场"，来"表现时代，批评时代，促进时代"。这固然是他的思想的跃进，也是在新的时代条件下，继续坚持了"五四"文学的传统。他的诗文属于"五四"新文学，是"五四"新文学的一个组成部分。

父亲的新诗

父亲写新诗，主要是1919年到1924年，1925年写了两首，以后就很少写了。这些诗，有写景写物以抒情的，有揭露悲惨黑暗的社会现象的，有写给朋友的。写得最好的恐怕还是叙述自己的思想感情和经验的作品，把这些实感的生活经验"剥开来细细地看"，因而也教育和感染了读者。不管写什么，他认真地对待人生、切实地感受生活、深入地观察现实的精神是一贯的，他的现实主义创作态度也是一贯的。这正是他的有些诗——如长诗《毁灭》和散文诗《匆匆》所以取得了很大成功的重要原因。

我以为这些新诗可大体分为两个阶段。1920年上半年以前，他的许多诗表达了五四运动的热情，对新事物的追求和向往，对这场革命运动的先驱者们的尊敬，反映了人们通过这场革命运动所激起的希望。在他的笔下，出现了"一阵阵透出赤和热"，给人间带来了美丽和光明的煤；出现了在春天里苏醒的，"笑眯眯地彼此向着"的小草；出现了"口中含着黄澄澄的金粒——未来的种子"的新年；还出现了象征着革命先驱者们的"北河沿的路灯"：

> 他们怎样微弱！
>
> 但却是我们唯一的慧眼！
>
> 他们帮着我们了解自然；
>
> 让我们看出前途坦坦。
>
> 他们是好朋友，

给我们希望和慰安。

祝福你灯光们，

愿你们永久而无限！

父亲感到当时确是"风雨沉沉的夜"，"前面一片荒郊"。但他相信"走尽荒郊，便是人们的道"。因此，"你要光明，你自己去造！"这是他早期诗歌创作的基调。他当时不仅要积极创造新的人生，而且是满怀着希望的。

1921年下半年以后，父亲离开了北京大学，辗转江浙一带的杭州、扬州、吴淞、台州、温州、宁波和上虞白马湖之间，在许多学校教书，"过了五六年转徙无常的生活"。"转徙无常，诚然算不得好日子，但要说到人生味，怕倒比平平常常时候容易深切地感着。"这"感着"的结果便是诗文，特别是新诗，他的绝大多数新诗都是这时候写的。

当时，军阀混战，教育也凋敝不堪。有时，战乱就在江浙一带；有时，学校一连好多个月发不出工资来。父亲进一步尝到了人生的酸辛，也更加感到了社会的黑暗和人民的痛苦。再加上祖父丢官后，家境很快地衰落；"烦忧着就将降临的败家的凶惨"和"互以血眼看着"的"骨肉间的仇视"，诗人的笔调不能不低沉起来。他感到："听——点点滴滴的江南；看——俨俨懑懑的天色；是处找不着一个笑呵。"他想到：像在"黑漆漆的晚上"，"满街是诅咒呵！"在他的笔下，开始出现了旧中国的悲惨和黑暗，也开始出现了小人物的痛苦和辛酸。

父亲仍然尊敬那些革命的先驱者，尊敬他们的理想和事业，这从《送韩伯画往俄国》和《赠A. S. 》等诗中都不难看出来。比起他们，他恳挚地承认："在灰泥里辗转的我，仿佛被焙炙着一般！"但是，"妻子儿女一大家，都指我生活"，他不得不挑起家庭生活的重担。"担子渐渐将我压扁"，于是，他只有"在歧路中彷徨"了。

他感到了"幻灭"："风沙卷了，先驱者远了！"他感到了徜徉山水之间，朋友互相夸耀、天花乱坠的玄言和抽烟喝酒看女人等各种诱惑，甚至于死的诱惑："仿佛像白衣的小姑娘，提着灯笼在前面等我，又仿佛像黑衣的力士，擎着铁锤在后面逼我。"这就是他的长诗《毁灭》里忠实地表述的思想斗争过程。然而，斗争的结果却不是人生的毁灭，而是"丢去玄言，专崇实际"，使生活的"每一刹那有每一刹那的意义和价值"。他在《毁灭》一诗最后感叹地说：

> 只有在生之原上，
> 我是熟悉的；
> ……
> 从此我不再仰眼看青天，
> 不再低头看白水，
> 只谨慎着我双双的脚步；
> 我要一步步踏在土泥上，
> 打上深深的脚印！
> ……
> 别耽搁吧，
> 走！走！走！

这首长诗由于真实地描绘了当时知识分子的苦闷，并提出了积极对待人生的一种解决办法；又由于它是利用了我国传统诗歌技巧的第一首白话长诗，立刻引起了诗坛的广泛注意。这首诗所表达的基本思想，也贯穿在他的《睁眼》《匆匆》等诗或散文诗中。

我国初期的新诗，虽然取得了不小的成就；但确有很多没能摆脱旧诗词的影响，成为一种半文半白的作品，也有的过分模仿西洋诗而丧失了自己的独创性。父亲的新诗则较多地摆脱了旧诗词的束缚，同时也注意了利用我国传统的诗歌技巧，使新诗向民族风格的白话诗跨进了一步。

父亲在江南的流离转徙，使他得以进一步体会和观察祖国的自然风光。他的新诗已经表现了这种对自然美的描写能力。

父亲的散文

父亲在文学上成就最高的当然还是散文。他的散文如《桨声灯影里的秦淮河》《温州的踪迹》《背影》《荷塘月色》等，从20世纪20年代起，就成为我国早期散文的代表作。有的曾被时人评为"白话美术文的模范"。上述几篇文章，都曾经多次被选入中学语文教材。特别是《背影》，虽然只有1500字，却历久传诵，有感人至深的力量。在广大中学生的心目中，"'朱自清'三个字已经和《背影》成为不可分的一体了"。

父亲这个时期的散文，以它们漂亮的文字和缜密的结构，尽了对旧文学示威的任务，表明了"旧文学之自以为特长者，白话文学也并非做不到"（鲁迅：《小品文的危机》），为坚持"五四"文学的方向做出了自己的贡献。

30年代以后，父亲在散文中进一步采用了以我国普通话为基础的现代口语，使自己散文的艺术特色又有了进一步的发展。他这时的散文更富有一种口语所包含的生气。正像朱晦庵先生说的："逐句念来，有一种逼人的风采，使你觉得这确是佩弦的话，确是佩弦的口气，那么亲切，那么诚恳。只要你肯听，便叫满怀愤愤，也不会不慢慢心平气和，乃至倾耳入神，为他一句一点头呢！这是佩弦先生文字的魔力。"在《给亡妇》《沉默》《春》等篇和《欧游杂记》《伦敦杂记》所收文章中，这个特点表现得十分明显。

40年代后期，正是新中国和旧中国进行决战的时候，形势发展得更加严峻了，它要求每个人鲜明地表示自己的立场和态度。父亲也进入了自己生命的最后几个年头。他说："复员以来，事情忙了，心情也变了，我得多写些，写得快些，随便些，容易懂些。"他这时的散文更近于杂文，内容偏重说理，文风也更为明达、精练了。

父亲多年来热烈地憧憬和渴望着一个强大与民主的新中国。我们在他抗日时期的散文《这一天》《新中国在望中》和《爱国诗》等篇中，就不难看到这一点。他的晚年，更自觉地用说理的散文为新中国的来临作催生的呐喊。不过这种呐喊，并不是脱离文学的喊叫和口号；他继续发扬了自己散文平易、亲切的特色，娓娓而谈，特别是用历史的方法来谈，使人自然而然地跟着作者的思路得到应有的结论。在《论严肃》这篇文章里，父亲肯定了文学强调"人民性"，是时代紧缩了那"严肃"的尺度，是势有必至，理有固然。他又说："太紧缩了那尺度……只顾人民性，不顾艺术性，死板板的长面孔教人亲近不得，……这是运用'严肃'的尺度的时候值得平心静气计算计算的。"他的说理散文或杂文由于十分注意这一点，因而至今读起来仍然不乏风趣。

父亲的散文所以长期受到广大群众的喜爱，所以至今还使许多读者受到感动和产生共鸣，最根本的，是由于它们具有一种诚朴和恳挚的文风；或者说，富有一种"至情"。正如杨振声先生所说，他的散文"风华是从朴素出来，幽默是从忠厚出来，腴厚是从平淡出来。他的散文确实给我们开出一条平坦大道"，这条道路，将引导我们"自迩以至远，自卑以升高"。而这一切，又是和父亲的人格分不开的。阅读他的散文，我们将时时感到一个老实谦虚、诚恳正直、温厚朴素的作者的存在，也将不难看到他的由"狷者"而斗士的坦荡历程。

早在1923年，在《文艺的真实性》这篇文章里，父亲就强调文艺必须写实，必须立诚。他说："我们所要求的文艺，是作者真实的话"；我们所要求的作家，要有"求诚之心"。他坚决反对"模拟"和"撒谎"，因为"模拟只有低等的真实性，而撒谎全然没有真实性"。我们只要看看《桨声灯影里的秦淮河》中，他怎样公开老实地解剖自己面对歌妓时的张皇；看看《执政府大屠杀》中，他怎样公开承认自己"由怕而归于木木然，实在是很可耻的"；再看看《背影》中，他怎样公开谴责自己的"聪明过分"，就不难知道，他是在怎样认真践着这个主张了。他的散文所以使人感到极其优美，正是这种不矫饰、不撒谎的诚朴真挚的美；也是对客观事物描写的真实自然的美；和经过认真提炼的群众口语的严谨质朴的美！

李广田先生在《朱自清选集》序中说："在当时的作家中，有的从旧垒中来，往往有陈腐气；有的从外国来，往往有太多的洋气，尤其是西欧世纪末的颓废气息。朱先生则不然，他的作品一开始就建立了一种纯正朴实的新鲜作风。"正是这种"纯正朴实的新鲜作风"，使父亲的散文为建设簇新的民族风格的白话文学，做出了宝贵的贡献。

父亲的旧体诗词

父亲的旧诗词，生前很少发表过。他把这些诗词抄在两本集子里，一本题为《敝帚集》，是敝帚自珍的意思；一本题为《犹贤博弈斋诗抄》，是稍强于博弈之玩的意思。1976年，多次同父亲唱和的叶圣陶伯伯将这两本诗集从母亲那里借去，亲手誊录，并题"七绝"二首。其一云：

犹贤博弈谦辞耳，刻意吟诗岛贺俦。

长记攒眉消瘦影，凝思时仰望江楼。

可见父亲作诗时的认真和对旧诗的造诣了。

"犹贤博弈"确实是谦辞。由于旧诗这种形式更便于直抒胸臆，又是不供发表的，可以多多少少地畅所欲言；父亲的许多旧诗词，倒是更直接地写出了他的思想感情和对时局的看法，也更直接地反映了社会现象。如和李白的《菩萨蛮》，就表达了他对蒋介石发动"四一二"反革命政变的看法；《有感》一首则表达了他对军阀混战的愤慨。特别是抗日战争中写的许多诗，淋漓尽致地表达了父亲作为一名爱国知识分子抗敌救国的热情，也淋漓尽致地描绘了一个著名的学者和教授，在国民党统治区竟然贫穷困苦到了何等地步！揭露、控诉了社会的腐败和黑暗。

父亲的旧诗中也有写劳动人民的，例如《漓江绝句》中的《上水船》：

龟行蜗步百丈长，蒲伏压篙黄头郎。

上滩哀响动山谷，不是猿声也断肠！

就是描写纤夫和船夫并对他们寄予了深切同情的一首好诗。

我记忆中的父亲

朱蓉隽[*]

我7岁多，父亲就去世了，只有点滴的记忆，但这记忆却是难忘的。

在我的记忆中，父亲是个既亲切又很严格的人。

那时，我们家生活很困难，每天要吃两顿窝头。我生在成都，年纪又小，开始时吃棒子面窝头很不习惯，父亲总是用既慈爱又忧伤的目光看着我。这充满了歉疚之情的目光我永不会忘记。父亲爱我们，想使我们生活得更好些，但那时，他也没有办法啊！

有一次，清华北院16号我们家门口，学校用马车拉来了一些黄土，我和哥哥有时就去玩。父亲见了，立即阻止。他不让我们动公家一点东西，真是公私分明。我长大后，常听母亲谈起，说父亲是一个走四方步的人，绝不做一点点不规矩的事。她说，抗日战争时期，我三叔要找工作，父亲都不愿托人情，好像大家都知道朱自清绝不会托人情为自己亲戚介绍工作似的。但他却满腔热情地帮助自己的学生，我记得那时每逢当局要抓人，就会有学生来我们家暂时躲避。尽管他本身的安全也受到威胁，却不怕冒这种风险。他就

---

* 朱蓉隽：朱自清小女，旅居美国。

是这样一个人。

父亲已经逝世多年了，但他却永远活在我心中！

我的伯父朱自清

朱 韵[*]

遗物尽焚

伯父留下来的遗物虽然不多，但对我来说，真是太熟悉了：一叠手稿，用玻璃纸包着，放在案头，第一页是他工工整整的墨迹《过零丁洋》，还有一根旧榆木手杖，柄上刻着"佩弦"两字，十几年来，一直挂在墙上，父亲常常擦拭，没有一丝灰尘……14年前一个深秋的夜晚，一个没有星斗的夜晚，这些珍藏了几十年的珍贵遗物，顷刻之间却被一群闯入家门的"造反者"毁烧了，连一片烧焦的纸角都没能侥幸留下。我们全家在冒着余烟的灰烬旁边沉默了许久；就在那一天，父亲给我们讲述着伯父的生平，一直到天明……

---

[*] 朱韵：朱国华长女，朱自清侄女，现在松江县中国银行工作。

瘦西湖畔

我们的家乡在扬州美丽的瘦西湖畔，梅花岭旁，伯父就在那里度过了童年和少年时代。

19世纪初叶的中国，风雨如磐、满目疮痍。伯父亲眼看到洋人在祖国的大地上为非作歹，亲眼看着绿杨城郭的琼花观里，成群的难民等候施粥……一颗爱国救国的种子在他幼小的心灵中萌发。林则徐、史可法成了他最崇拜的民族英雄。在小学念书的时候，每年春天，他总是独自登上高高的梅花岭，凭吊史可法；每天晚上，他总在湖边高声吟诵着唐诗宋词。他最爱读的是文天祥的《过零丁洋》——"人生自古谁无死，留取丹心照汗青"。

1926年，血腥的3月18日，伯父已在清华任教，他带领学生参加了北京各界驱逐八国公使的示威游行。在段祺瑞政府的机枪扫射下，他身旁的一位学生突然中弹，伯父搀扶他只前进了几步，他就牺牲了。伯父的身上溅满了热血，他强抑着悲愤，紧追上被激怒的队伍，坚毅地向前、向前……几天后他写下了著名的通讯《执政府大屠杀记》："请大家看看这阴惨惨的20世纪二十六年三月十八日的中国！……"他坚定地走上了中国人民反对帝国主义及其走狗的斗争道路。

"谣言止于智者"

抗日战争的爆发，是中国近代史上的一个转折点。"七七"事变以后，国难当头，兵荒马乱，伯父的生活也发生了剧烈变化。祖父失业，伯父的刚刚成年的二女儿病死，家中借了2000元高利贷，利上滚利，债主时时催逼，苦于无力偿还，生活艰苦得竟置不起一件冬衣。伯父曾在诗中写道："老父沦陷中，残烛风前舞。儿女七八辈，东西不能睹。众口争嗷嗷，娇婴犹在乳……"伯父一个人艰难地挑起了生活的重担。

有一天，父亲突然从报上看到一则新闻：朱自清教授将出任（伪）武汉大学校长。如果是事实的话，意味着伯父将平步青云，意味着他将从此跟"贫穷"告别，更意味着一个中国人将被天下人唾骂耻辱。要知道，这是日伪统治下的武汉大学啊！父亲很着急，马上跑去问他，伯父淡然一笑，只说了一句："谣言止于智者！"确实，国民党反动派想利用他的声望，几次请他到蒋介石政府做官，他断然拒绝了这种收买和拉拢。谣言不攻自破，这年秋天，他拖着病弱的身体，穿着单薄的衣衫，带着北大、清华的学生，跋涉千里，来到昆明，参加了后方的抗日救亡运动。

榆木手杖的来历

伯父走出了清华园，踏进了现实社会，深切地体会到国民党反动派的腐朽，但是，他对抗战充满了信心。在纪念"七七"抗战二周年时，他写了短文《这一天》。他肯定地说："'七七'是我们新中国诞生的日子。"他抱着抗战到底的信念，默默地忍受着病痛和饥寒，赶到城里上课。一天早晨，雾大路滑，伯父终于摔倒在泥泞的山间小道上。一位老农民把他扶进茅舍，替他揩去满身泥水，端出一碗热茶，关切地问："先生，摔坏了吗？哎，您先生到城里买根手杖吧。"打那以后，伯父真的买了根榆木手杖，就是后来留给我父亲的那一根。当时，伯父就是拄着这根手杖，天天走在云贵高原崎岖的小路上，走在昆明市区宽阔的大街上，他走得坦然，走得坚定。

狂欢后的清醒

　　1945年，终于盼来了抗战胜利的一天。伯父欢欣鼓舞，竟跑到大街上和春城的老百姓一起狂欢了一夜。但是，蒋介石悍然发动全面内战、血腥镇压人民的事实，使他幡然觉醒。李公朴、闻一多相继被害，白色恐怖笼罩着昆明城，伯父也上了特务的黑名单。他不顾特务的恫吓，冒着生命危险，在"李闻惨案追悼大会"上致悼词。伯父的悼词教人激愤，催人泪下，博得了全场多次掌声，性格温柔的伯父像雄狮一样怒吼："他是不会甘心的，我们也是不会甘心的！"

　　闻一多先生死后，他的病更严重了，吐黄水、吃不下东西，体重只剩下37公斤。但他仍然夜以继日地整理着亡友的遗著。一些遗稿装在箱子里被水渍过，他请人一张一张地揭开，从收集、整理、编排、校对、付印，他一刻不停，一丝不苟。为了核准一字一句，他常常四处奔波，不肯马虎。

　　7月15日下午，在清华园召开了闻一多遇害两周年纪念会。那一天，电灯关了，两支烛光映着台上长髯飘拂的闻一多画像，伯父站在台下，用低沉的声音报告了《闻一多全集》编纂和出版的经过……28天以后，伯父就溘然长逝了。

永存的纪念

多么遗憾啊！伯父要是能多等3个月，就将迎接古老的北京城的新生；再多等10个月，就将看到向往已久的新中国的诞生——一切是那样的遗憾，连伯父的遗物也早已荡然无存。

"赤条条地来，赤条条地去。"他远去了，在黎明前远去了！他似乎什么也没有给我们留下。但是，他留下了珍贵的遗产，他留下了一笔最珍贵的精神遗产——热爱祖国，热爱人民和崇高的民族气节。

情深谊长

朱 韵 朱 韶[*]

朱自清和他的弟妹

大伯父朱自清先生，是饮誉文坛的名人，在短暂的人生旅程中，留下了不朽的著作，然而，在我们心目中，他更是一位真诚质朴的普通人，他和二伯父物华、家父国华、姑母玉华是同胞兄妹。这平凡的四兄妹在瘦西湖畔度过了难忘的童年，又同赴云贵高原，经历了国破家亡的苦难岁月。1943年秋，家父在重庆为大伯父送行，他俩各提一书篓，并肩行进在山城漫长的石阶上。夕阳把两个矮矮的身影拉得很长很长。家父何曾料到，此行竟成诀别！

"常棣之华，鄂不韡韡。"历史的尘烟，使父辈兄妹生离死别，天各一方。

大伯父自清，原名自华。"腹有诗书气自华"——祖父小坡公斡旋于官场，看透其间的狡诈，不想让儿子再步入仕途，他对儿辈寄托了新的期望。

---

* 朱韶：朱国华次女，现在松江县一中工作。

父辈兄妹好学强记，颇得祖父遗风，然憨厚朴实，又不似祖父精明强干。这种性格，酷似祖母。这也决定了他们的命运。

大伯父一生清贫，饥寒交迫，债务沉重，却多次拒绝出任国民党政府官员，拒绝为右翼杂志撰稿，以至穷得置不起一件冬装，身披赶马人的挡雨披毡，行进在通往高等学府的道路上，以至举家食粥，幼子营养不良而夭亡。在生命的最后时刻，还谆谆嘱咐家人，勿领美国救济粮。关于这些往事，可能已是尽人皆知的了。

二伯父物华，现已九旬高龄，是中国科学院学部委员、上海交通大学教授、著名水声学家，老人家处世为人颇为独特，常令我感叹不已。

十多年前，高校在"文革"后恢复招生，我舅父望子成龙，心情甚切，为打听招生情况，造访二伯父寓所。伯母请客稍候，并进屋告知老先生。不一会儿，她为难地转告来客："先生怕热，泡在澡盆里，概不见人。"舅父悻悻而归，从此领教了伯父的规矩。

前几年，校方考虑他年事已高，好意派小车接送，他推辞再三，拗不过众人将其拉上车。一到家门口，立即返身回校——重走一遍！以示下不为例之决心。"能走，何必坐车！"便是他的逻辑。

家父自1954年失业，家累沉重。当时，二伯父又任交大副校长，为兄弟安排工作，诸如图书馆之类，是举手之劳。然而，他绝不开此门。他未作解释，只是按月负担父亲的生活费，整整32年，直到1988年父亲平反为止。

旁人看来，物华先生冷漠；亲友认为，二伯父无情。然而，作为侄女，我们从老人家严厉、冷峻的表象背后，体会了一个知识分子对祖国和人民的赤子之心。凝视着他的炯炯目光和苍苍头颅，加深了我们对父辈的理解，常有高山仰止之感。

物华伯父早年以全国电机工程专业第一名的成绩，得以公费留美，取得麻省理工硕士、哈佛大学博士学位，并著书立说，卓有建树。1922年，他谢绝了校方聘约，毅然回国，先后出任广州中山大学、西南联大、哈工大、上海交大教授、副校长、校长。耕耘杏坛六十春秋。在20世纪60年代，他谢绝了国家为他配置的花园住宅，多次谢绝增加工资，谢绝了小汽车接送的待遇，看病求医不出示公费卡，默默地为国家承担困难。三个子女大学毕业后，全部赴内蒙古、青海等地参加了国家建设。

前年秋，老人家下班途中，被一骑车人撞倒，头部血流如注，被急送医院。交通警扣下了违章车辆，骑车青年知闯下大祸，带着礼品来探望。二伯父向来不善言辞，只说："不收。"随即挣扎着起床，颤巍巍赶到交通队，为青年说情："他该上班去，把车还给他吧，以后小心就得了。"伯父让这冒失鬼将礼品挂上车头，道一声："去吧！"年轻人望着头缠绷带的老者，恍然如梦。

桃李不言，下自成蹊。二伯父的品德为人和他对祖国科学事业做出的贡献赢得了人们的理解和尊重。杨振宁博士曾来到伯父简陋的居室，带来天涯游子对尊师的问候和祝愿；江泽民同志曾为他庆贺执教生涯六十春秋，并与他一同回顾江、朱两家的友情，使伯父感受了一种被人理解的欣慰。在上海期间，伯父每次去市府开会，江泽民都亲自送他回家，一直将他搀进三楼居室，年迈的二伯父内心充满了融融暖意。

父亲国华，早年毕业于厦门大学法律系，并留校任教，后事法曹，为人清廉正直。新中国成立前夕，拒绝友人赴台之约，于1949年5月参加革命工作。由于海外关系的牵连，后被辞退，"文革"中又备受磨难。三十年失业，他不改初衷，时时教导我们热爱祖国，自强不息，1988年底，他终于彻底平反，安度晚年。

姑母玉华于前年秋病逝于台湾，生前常思念家乡与亲人，终于未圆回乡探亲之梦。

"同生四兄弟"，学业有专攻，建树各不同。大伯父登上文坛，二伯父卓然成家，而父亲和姑母则默默无闻。然而他们手足情深，并曾相依为命。他们之间并没有一道沟壑。他们都始终不渝地跋涉在自己选定的人生之路上。

俞平伯先生和伯父朱自清的情谊

俞平伯先生经历了近一个世纪的风雨，以九一高龄回归自然。父亲闻之，面北伫立，怅然良久，嘱我记下一段文苑旧事——为数十年来平伯师一家对我伯父朱自清先生的深情。

1920年，瘦西湖畔绽开了第一枝红梅。伯父朱自清还远在北大读书，距毕业尚有整整一年。然而祖父却早已心急如焚地盼望儿子即刻归来，分担家累。因为，他老人家失业已久，加上高祖母仙逝，子女就学，竟债台高筑，几陷绝境。

一辈子不信鬼神的祖父走进天宁寺扶乩，老道胡诌了四句诗："三径犹荒芜，渊明尚未归，故乡风景好，雁影送斜晖。"并解释说："故乡"，您儿子要回乡做官了，且有一伴相随，"雁影"，雁不单行呀！祖父摇摇头苦笑着离开了寺院。

想不到当年初夏，伯父朱自清和同学俞平伯提前完成学业，果真双双回乡，至杭州一师执教。这便是"明圣湖边两少年"相交相知的开始。

当时，正值"五四"新文化运动，他们努力倡导白话文，创作新诗，伯父认为，平伯资格比他老，根基比他深，常将诗稿送与平伯先生推敲。俞先生工于律吕，直抒己见，伯父有此良友，得益匪浅。

半年后，俞先生便离开一师，在此后的五年中，伯父迫于生计，辛勤辗转于江浙各中学之间，但他与平伯的友情却日益加深了。这五年间，他们同游秦淮，广结文友，共创诗社，探讨人生。友人相聚，困窘的伯父呼唤着郑振铎、叶绍钧、俞平伯的名字，眼睛里闪现出孩子般的快活光辉。

　　1925年春，感于漂泊不定的坎坷的执教生涯，伯父在给俞师的信中流露了一种不成熟的想法："弟实觉教育事业，徒受气而不能实益……颇想在商务觅一事，也想到北京去。"暑假后，在俞平伯的力荐之下，伯父这个"乡下土佬"来到北京，任清华大学中文系教授。平伯君深知，伯父诚笃之辈，此生此世与商务无缘，便为他做出了人生的这一选择。至此，伯父告别了南方，确立了终身服务清华、服务教育的信心，他在《语丝》上表白了心迹：

　　　我的南方

　　　我的南方

　　　那儿是山乡水乡

　　　那儿是醉乡梦乡

　　　五年来的彷徨

　　　羽毛般地飞扬

　　在北京的日子是令人难忘的。他们漫步在清华的工字厅，夜读于冬日的古槐屋，切磋文章，交流思想，俞宅老君堂庭院深深，"古槐书屋"坐落其中，那是令伯父神往的地方，他经常研读于此，直至天明。俞氏上下都将他视为家人，都为平伯有如此勤奋的学友而欣慰。若干年后，伯父和父亲谈起这段往事，感慨地吟诵着："古槐书屋久徜徉，夜语昏灯意絮长……"

　　1929年，武钟谦伯母病重，被送回家乡，当年11月不治而逝，贤妻之亡，是对伯父身心的沉重一击。在此期间，平伯先生等清华同人给了他极大的帮助和慰藉。自伯母回南方，俞宅每天将饭菜送至伯父家，风雨无阻。伯父受之不安，执意付伙食费，俞家再三推辞，终拗不过倔强的伯父。但伯父却不知道，平伯夫人已将这笔钱全部作为加菜费用，专为他设了小灶，因此，饭菜十分丰盛，烹调格外精心。

平伯先生和他一家的深情，使伯父终生难以忘怀。抗战时期，伯父在重庆时曾对家严说道："平生爱我数俞君，深情此生难回报。"

伯父一生坎坷，贫病相交，英年早逝，这是他的不幸。而伯父拥有意气相投的朋友，领略了人世间的真挚情爱，这是他的幸运。

朱自清嫡孙忆祖父

朱小涛[*]

古运河畔，文昌阁旁。一条青石铺就的小巷深处，便是我家老屋——现在已成为朱自清故居纪念馆了。

几年前的一个秋日，我从北方回到故乡扬州工作。从此，我有机会常常回到这个"家"看看。几十年来，朱家人早已散落各地，但我总觉着老屋就是我的"家"。正是黄昏时分，晚风徐徐，夕阳西下，余晖脉脉，洒在老旧的青砖黛瓦的院墙上，平添了几分苍凉与感慨。

祖父朱自清一生短暂，只活了50个年头，其中一大半时间在外奔波忙碌。但他是在扬州长大的。扬州是其祖宗庐墓之地。在这里，他念私塾，读小学、中学，考大学，结婚生子。因此，他自称"我是扬州人"，并以此为题著文。我家在扬州的生活也成了他日后文学创作的库藏之一。包括《背影》在内的许多篇什都与扬州有关。无论走到何处，祖父都怀念着自己的故乡。

老屋不大，只一进院子，几间厢房。另有一处小别院。老屋陈设简单，

---

* 朱小涛：朱自清嫡孙，朱闰生之子。扬州市文化研究所所长。

甚至有些简陋。每间厢房除了墙上挂着的老照片外，便是早已褪了色的老式家具了。这种清冷凄凉正是当年祖父病逝前后朱家生活的写照。唯别院小屋里有一张稍为像样点的桌子，桌上也只有一笔筒、一笔架和一支毛笔。

那是祖父用过的一支毛笔。虽不是什么上品，却勾勒着祖父最初的人生，也许这支笔曾述说过青灯黄卷的漫长艰辛与孤寂，抑或书写过晚风斜阳的片刻宁静与惬意。

"青灯有味是儿时。"在十三四岁时，祖父已经做通了国文。他喜欢读书，考入两淮中学（今扬州中学）后，陆陆续续阅读了《四书五经》《史记》《汉书》《韩昌黎集》《柳河东集》《文心雕龙》等国学经典。从那时起，他就开始做自己的文学梦了。最使他醉心的是《聊斋志异》和林译小说。英雄豪杰的金戈铁马，才子佳人的悲欢离合，书生与狐仙的缠绵悱恻，多彩斑斓的异域风情，都使他沉醉着迷。那时起，他开始了最初的创作。第一次，他模仿林译小说的文笔和结构，写了一个山大王的故事，8000多字。小说写好后，他兴冲冲地投寄到《小说月报》，可不久稿子就被退回来了。他不服气，集合了几个同学，干脆办了个《小说日报》，用文言写作。他又写了一篇从大人那里听来的侠客的故事，题目叫《龙钟人语》，登在"日报"上。当然，三天之后，"日报"便办不下去了。

年少轻狂之举不能成事，但追逐梦想的脚步却未曾停歇。后来，祖父终于圆了文学家的梦。他是幸运的。

文学家大都是至情至性之人，祖父也是这样。唯其如此，他的散文才会贮满情义。在他的散文创作中，有写父子之爱的《背影》，有写夫妻之情的《给亡妇》。当然，也有写儿女之乐的《儿女》。在老屋后面的展览区里，我看到了"闰儿"的照片。在散文《荷塘月色》中，"闰儿"还在妈妈的怀抱中。那是我父亲——朱自清的次子。在祖父的心中，小时候的父亲如此可爱："闰儿上个月刚过了三岁，笨得很，话还没学好呢。……他说

'好'字，总变成'小'字，问他'好不好'？他便说'小'或'不小'，我们常常逗着他说这个字玩儿。……他有一只搪瓷碗，是一毛钱买的，买来时，老妈子教给他'这是一毛钱'，他便记住'一毛'两个字，管那碗叫'一毛'。……他是个小胖子，短短的腿，走起路来，蹒跚可笑"（朱自清《儿女》）。1929年，我父亲刚刚5岁，那一年祖母得了很严重的肺病，不得不带着父亲从北京回到扬州。不久，祖母就去世了。从此父亲、祖父天各一方。"平生六男女，昼夜别情牵"（朱自清诗《忆诸儿》）。祖父越发惦记自己的孩子，但父子俩只在清华大学放寒暑假时才能见到一面。父亲很遗憾地对我说："我和你爷爷见面的次数并不多。"抗战开始后，祖父在西南联大所得薪水已无力支撑扬州老家的生活费用。不得已，父亲上到高二年级就中途辍学了。另一个姑姑小学毕业后再无力升学。父亲先在镇江做小学教员，后又在南京一报馆谋得差事。父亲知道祖父生活清贫，营养贫乏，身体不好，就经常从自己微薄的薪俸中挤出一部分给祖父寄去。这样一来，祖父又担心儿子的生活，给父亲回信说："屡次承你寄款，希望不致影响你自己的需要才好！"

可以告慰祖父的是，父亲温厚良善，清白一生，颇得祖父遗风，极受人们的尊敬。2011年5月，父亲以86岁的高龄走完了自己的人生。想来，他老人家九泉之下也会高兴的，因为他和祖父终于结束聚少离多的日子了。

在展览区的玻璃橱窗下，有几页微微有些泛黄的纸张，上面写满了不同国别的文字，那是祖父的日记。这些日记本是用来记事和备忘的，祖父生前并没有公开发表的打算。翻阅这些日记，更能近距离地了解祖父真诚、朴实、单纯的内心世界。1931年到1936年的日记里，有三则都是写他夜里做梦的，奇怪的是，这三则日记所记的三个梦竟然是同一个内容：

1931年12月5日："……梦里，我被清华大学解聘，并取消了教授资格，因为我的学识不足……"

1932年1月11日："梦见我因研究精神不够而被解聘……"

1936年3月19日："昨夜得梦，大学内起骚动。我们躲进一座大钟寺的寺庙，在厕所偶一露面，即为冲入的学生发现。他们缚住我的手，谴责我从不读书，并且研究毫无系统。我承认这两点并愿一旦获释即提出辞职。"

三则日记分别写于不同年份，前两则是在英国游学时所写，后一则写于清华大学，这期间，他也由中文系代理主任正式担任主任职。不同的时间，不同的地点，不同的境遇，而竟做着同一个内容的梦。日有所思，夜有所梦，他内心承受着巨大的压力。祖父做事做人本就极其认真严谨，从日记中可看出他永远觉着自己资质一般，不够聪敏，也不够勤奋努力。他不时地自我反省，自我审视。到清华大学后，心理压力就更大了。一来教非所学。他是学哲学的，但教的却是国学。二来他只是个本科生，而清华大学却是名流荟萃、大师云集之地。三是清华大学严格的用人机制和学术竞争环境。再加上他自己由中学教师升格为教授，由教授又任系主任，他自觉"盛名之下，其实难副"，因而压力越来越大。他担心自己在学术研究上落伍，曾几次提出辞职，想专心治学。他不断地自我要求，自我完善，大量阅读各种书籍，每隔一段时间就制订一个读书计划。他虚心向语言学家王力，诗词专家黄节、俞平伯等人请教，借来他们的著作阅读学习。自己的日记，他也用中、英、日三种文字书写，以此来巩固和提高自己的外语水平。

巨大的压力，清贫的生活，繁重的工作，使得祖父的健康状况越来越差。1948年夏天，他的体重越来越轻，最轻时只有38.8公斤。也就是这个时候，他在拒绝领取美援面粉的声明上签下了自己的名字，以区区不足80斤的身躯托举起国家和民族的尊严。

祖父去世后，继祖母陈竹隐在整理祖父的遗物时看到，他的钱包里，整齐地放着6万元法币，这点钱连一块小烧饼都买不到……清华大学破天荒地降半旗致哀；追悼会上，校长梅贻琦致辞时哽咽得说不出话来；数月之内，社会各界纪念诗文多达160余篇，形成一个影响一时的文化事件。

人们凭吊朱自清，寄托哀思，是在尊崇一种气节，一种风骨，一种精神。

走出老屋，已是月挂当空，繁星点点。出得小巷，往东百十来步，便是东关古渡。渡口下古运河水静静地流淌着，不远处的文昌阁默默地伫立着。

老屋里有许多名人留下的题词。作家柯蓝这样写道："匆匆而去，背影长留。"愿祖父的背影永远徜徉在古运河边、文昌阁旁……

第二辑

故旧怀念：死而后已，我哭斯人

朱自清的足迹

陈孝全

一、"腹有诗书气自华"

江苏北部有一座小城——东海，古时称为海州，城市虽然不大，历史却颇悠久，乃"古少皞代遗墟"。物换星移，沧海桑田，城址几经变迁，辛亥革命后，海州乃改为东海县，属徐海道。始建于光绪年间的陇海铁路，终点就在于此。公元1898年11月22日（清光绪二十四年戊戌十月初九日），东海县承审官朱则余的宅邸里，红烛高烧，香烟缭绕，全家上下，笑逐颜开，喜气洋洋。

原来，一个宁馨儿诞生了。

这个小孩上头原有两个哥哥，叫大贵和小贵，不幸相继夭亡，因此他的出生，给全家带来了无比的欢愉，备受宠爱。祖父朱则余，号菊坡，原籍浙江绍兴，本姓余，因承继朱氏，遂姓朱。祖母吴氏。父亲名鸿钧，字小坡，是个读书人，娶妻周氏。他对儿子有很大的期望。苏东坡有诗云："腹有诗书气自华"，他乃为儿子取名"自华"，由于算命先生说孩子五行缺火，便给他起号曰"实秋"。这一面因为"秋"字有半边"火"，一面是取"春华秋实"之意，希望儿子长大后能诗书传家、学有所成。家里人迷信，怕他不易长大，还特地给他戴上钟形耳环。小自华没有辜负父亲的期望，自幼稳重安静，聪明好学。1901年，父亲朱鸿钧从东海到高邮的邵伯镇当小官，把他和母亲接到任所，住在万寿宫里。在那里，他先从父母启蒙识字，后到一家私塾里读书。

万寿宫的院子很大，也很静，出了门就是举世闻名的大运河，滚滚河水，向北流泻，昼夜不息。邵伯镇很小，没有什么地方好玩，小自华读完书，无聊时独自在河边蹓蹓，看着流淌的河水，向河里扔瓦片子。有时父亲的当差把他带到铁牛湾去玩，那就是他最开心的日子。那儿有一条铁牛坐镇着，很是威武，小自华喜欢爬上牛背骑着，轻轻地抚摸它，享受到无限的乐趣。小镇上没有儿伴，他幼小的心灵难免寂寞，幸好在私塾里结识了一个长得十分瘦弱的，叫作江家振的小男孩，闲时常到他家里玩。傍晚，当流霞布满天宇、暮色开始四合时，在江家荒园里，他和小家振并排坐在一根横倒的枯树干上，亲切地交谈着，依依不舍，流连忘返。对这个童年伴侣，自华有一种深切的感情，不幸江家振身体衰弱，未成年就病逝。40年后当他回忆起孩童生活时，还对这个生平"第一个好朋友"，寄予深深的怀念。

光阴荏苒，在枯寂的邵伯镇度过了两年，1903年小自华6岁时光，朱小坡将家搬到扬州。

二、"我是扬州人"

朱小坡把家安置在扬州天宁门街，继又迁居弥陀巷内中段西面小巷内。房子虽不宽敞，倒也够住，祖父菊坡公退休后也来这里定居。几个弟妹都在这儿出生，家庭越来越大了。

朱小坡对儿女教育甚严，一到扬州便将自华送到私塾读经籍、古文和诗词。小自华放学回来，晚饭过后，父亲一面吃着花生、豆腐干下烧酒，一面低诵着儿子写的作文，看到文章尾后有好评，字句边上有肥圈评点，就点头称是，欣然饮酒，且给坐在旁边的儿子几粒花生米。若是文章字句圈去太多，尾后有责备的评语，便要埋怨儿子，甚至动起气来，把文章投到火炉里烧掉，小自华这时就忍不住哭了起来。这几年的古文教育给他的古典文学打下了扎实的基础。15岁那年，朱自华考入安徽旅扬公学高等小学，毕业后进入江苏两淮中学。他学习认真，由于品行与学业俱优，毕业时校方授予他品学兼优的奖状。

扬州在历史上曾享有"淮左名都"的盛誉。山灵水秀，风物佳丽。朱自华对扬州明媚山水自有说不出的喜爱。扬州也是一个英雄城，在抵抗异族侵略战争的历史上，曾谱写下无数辉煌篇章，留下许多可歌可泣的文物古迹。朱自华最喜欢到梅花岭瞻仰史可法衣冠冢，登史公祠凭吊他所钦仰的民族英雄。古城的绮丽风光和浓郁的崇尚文化的风气，于无形中陶冶着少年朱自华的情性，养成他和平中正的品格，和向往自然与爱美的情怀。

朱自华是朱家的长子长孙，在封建家庭里，他肩负有传宗接代的重任。因此，还不满11岁，长辈们便为他张罗亲事，很快就说上了，是曾祖母的娘家人，姑娘比自华大4岁，个儿高，裹小脚。那时他还小，根本不理会这事儿，不料过了年，姑娘害痨病死了，母亲又为他的亲事着急了。她托裁缝做媒，物色了一个钱家的大小姐。一天，母亲给自华穿上枣泥绸袍子、黑泥绸马褂，戴上红绢结儿的黑缎瓜皮小帽，让裁缝带到一家茶馆里，给人家相亲。对方是个方面大耳的先生，看得很仔细，还问念了什么书，总算被相中了。母亲也派亲信老妈子，去看人家的小姐，却不料回来报告说，大小姐比自华大得多，很胖，坐下去满满一圈椅，二小姐倒是苗条的。母亲以为胖了不能生育，想和二小姐结亲，对方生了气，事情就这样吹了。隔了一年，母亲在牌桌上结识一个太太，她有个女儿和自华同年，很是聪明伶俐，派人去说合，对方爽快答允了。事情进行得颇为顺利，谁知半路又出了岔子，原来熟知内情的人说小姐不是亲生的而是抱来的，母亲一听心又冷了。转眼间又过了一年，朱小坡得了伤寒病，请扬州名医武威三医治，母亲探得武家有一个姑娘和自华同庚，便请人说媒，并让老妈子去相看，武家答应了亲事，可是相亲时，却让女儿躲开了，老妈子看到的是另一姑娘。

朱自华的婚姻命运就这样地在父母之命媒妁之言的操纵下确定了，这时他才14岁。

扬州与朱自华的关系太密切了。他的人生旅程是从这个站头出发的，他在这儿长大，在这儿受教育，在这儿定终身，他的祖茔也在这儿。因此，他后来公然宣称："我是扬州人！"

三、考进北大

1916年夏天，朱自华考入全国著名学府北京大学。这时他家已搬至琼花观街东首，一户姓张的大宅内。8月，他辞别家人，登上旅途。

新的环境，新的气氛，新的人物，新的思潮，开启了朱自华的心灵。他听到了闻所未闻的言论，看到了见所未见的事物。他像永远饥渴的沙漠，贪婪地吸吮着新文化的甘泉，终日泡在马神庙公会楼的图书馆里，翻阅新书刊。

寒假将至之时，他突然接到促他回去完婚的家信，原来他幼年在扬州订下的武家姑娘年已及笄了。由是，假期一开始，他便急匆匆地背起行囊赶回扬州。朱自华是幸运的，新妇端庄秀媚，温婉柔顺，新婚燕尔，两人感情很好。那时，家庭经济较宽裕，婚事办得还颇体面。可没多久，朱小坡的差事交卸了，家庭经济逐渐拮据，自华觉察到这一点，心中十分焦虑。北大规定，学生应先读两年预科，然后才能考读本科，朱自华感到以眼下经济状况，很难按部就班读下去，乃改名"自清"，又自感性情迟缓，《韩非子》有云："性缓，故佩弦以自急"，遂号曰"佩弦"，提前一年投考本科，进入哲学系。

这年冬天，71岁的祖母在扬州病故。他到徐州和父亲会合，回家奔丧。朱小坡典卖了部分家产，又借了一笔高利贷，才勉强办完丧事。朱自清看到家中景况十分惨淡，厅里只剩下几幅字画和一张竹帘，原来摆在案上的古钟、朱红掸瓶、碧玉如意，都已送进当铺，满院枯枝败叶，萧索非常。他看到年迈父母和未成年弟妹，心情十分沉重，便暗下决心，争取早一年毕业，尽早挑起养活家庭的重担。

丧事完毕，父亲送儿子北上，朱小坡经济状况虽然不好，但爱子情切，恐怕儿子抵不住北国的风寒，特地为他制了一件紫毛大衣。到了浦口，他亲自送儿子进车站，还艰难地穿过铁道，爬上月台为儿子买来橘子。朱自清在车厢里，望见他穿着青色布棉袍的背影，泪水不禁夺眶而出。

回到北大，在激烈的政治热浪冲击下，他开始留心并参加校内外的政治活动。北大部分学生，在陈独秀的支持下，成立新潮社，出版《新潮》杂志，提倡革新文词，发扬批评精神，从事理论革命，他踊跃参加了。

中文系学生邓康（即邓中夏）发起组织"平民教育讲演团"，朱自清得知后非常兴奋，立即报名参加。1919年过去不久，正当他忙于准备考试之时，"平民教育讲演团"加紧了活动，他被选为该团第四组书记，4月间随团到通县演讲，他的讲题是"平民教育是什么？"和"靠自己"，听众有500余人。5月2日，他又在北京街头讲演"我们为什么要纪念劳动节"，向人们介绍了"五一"节的由来和意义。

就在这红色的5月里，他顺利地通过了毕业考试，提前一年毕业了。

6月，他恋恋不舍地告别了哺育他多年的北京大学，束装南归了。

四、毕业执教

朱自清在北大提前毕业的消息传到扬州，家里人自是无限欣喜。原来三年前朱小坡和儿子分手之后，在徐州谋到差事，却病倒外乡，后被人送回扬州，从此贫病交加，家道日衰，因此心情郁愤，脾气暴躁。现在听到儿子不负重望，心中不禁大喜，日夜盼他回来。

没多久，朱自清风尘仆仆地和同学俞平伯回到扬州，旋即到杭州浙江第一师范教书。这是该校校长函请北大校长蒋梦麟为其物色教员，蒋梦麟遂将本校高材生朱、俞二位推荐给他。一师前身是浙江两级师范学堂，辛亥革命后才改为第一师范学校。这所学校气氛比较活跃，师资力量也较充实，就是学生年龄差距很大，小的只有十五六岁，大的竟有二十七八。朱自清是暑假过后带着妻儿去的，教的是高级班，学生年龄比较大。他那时才23岁，矮矮胖胖的身子，方方正正的脸庞，配上一件青布大褂，一个平顶头，给人印象完全像个乡下土佬。他说一口扬州官话，不甚好懂，但教学认真，备课充分，一上讲台便滔滔不绝，唯恐荒废了时间。由于第一次上讲堂，心情难免紧张，因此讲话有点结巴，有时竟急得满头大汗。学生们倒是比较喜欢听他的课，都称他为"小先生"。课余，"老学生"们也常到"小先生"家里求教，朱自清夫妇总是谦虚让座，热情招待。

晚间无事，他就努力写诗，和同事俞平伯切磋诗艺，把自己偷偷写下的新诗《不可集》送给他看，希望得到批评指正。所谓"不可"者，乃出自《论语》"是知其不可为而为之者与"，系勉强尝试的意思。可惜不到半年，俞平伯就辞职到北京去了。

时间一久，矛盾发生了。初出茅庐的"小先生"，在颇有世故的"老学生"面前，有时不免感到困惑，一经学生发问，就慌张起来。不久就"小有误会了"，他终于尝到了人生的苦味，被"弥天漫地的愁"团团地围住了。于是向学校提出了辞呈，虽然学生们热情挽留，但他还是决意离开一师。

暑假里，他经人介绍，到扬州江苏省立第八中学任教育主任。扬州是他"长于斯"的地方，八中系他母校，照理说是惬意的，谁知竟不如浙江一师。开头他颇想有所作为，一来便为学校写了一首校歌，"浩浩乎，长江之涛，蜀冈之云，佳气蔚八中。人格齐全，学术健全，相期自治与自动。欲求身手试豪雄，体育需兼重。人才教育今发煌，努力我八中"。但八中风气并不见"佳"，人格似乎也不怎么"健全"，使他无法得以小试"豪雄"。朱自清为人谦和，秉性耿直，遇见他认为不合理的事，有时会发"憨气"。到校不久，便和人发生争执，起因是招考时有人手续不全要求通融，朱自清执意不允，弄得彼此不欢而散。没多久，又和校长意见不合，因而决意离开这个令人厌恶的地方。

五、结识叶圣陶

秋天，朱自清经老友刘延陵介绍，到上海公学中学部教书。学校坐落在吴淞炮台湾，朱自清一到那里，刘延陵便告诉他"叶圣陶也在这儿"。朱自清大喜，在一个阴天日子里，刘延陵带他去拜访，叶、朱都是见了生人说不出话来的，所以只是泛泛寒暄几句，随着交往慢慢密切，两人的友谊也与日俱增了。朱自清喜欢叶圣陶的寡言，喜欢他的平和，更喜欢他的率真。

在上海，朱自清更深地投进了文艺新潮。北京崛起一个最大的文艺社团——文学研究会，朱自清踊跃参加，入会号59。为了迎击反对新文学的复古派，他和叶圣陶、刘延陵、俞平伯创办了《诗》专刊。正在这时，中国公学起了风潮，一些旧派教员煽动部分学生驱赶校长并攻击叶圣陶、朱自清等新派教员。中国公学请胡适出来调停，虽然胡适同情新派，认为叶圣陶和朱自清"都是很好的人"，但也毫无办法，结果是新派斗不过旧派，"很好的人"被解雇了。

在残蝉声断枯叶萧索的深秋季节里，朱自清接到浙江第一师范学校的聘书，由是，他怀着离索的心情，行色匆匆地从上海赶到杭州。一师对他很热情，请他代邀叶圣陶来任教。11月的一天，叶圣陶乘车南来杭州，朱自清到车站迎接。在叶圣陶建议下，两人共住一室，从此联床共灯，或各据一桌备课，或相对品茗话旧，有时也不免下馆子小饮几杯。阴历十一月十日晚上，两人共泛西湖，月色很好，月光照着软软的水波，一溜反光，像新轧的银子。远山只见淡淡的影子，山下偶有一星灯火，湖上很静，只有他们一只划子在慢慢地荡着，大家都不说话，只有均匀的桨声打破湖面的空寂。很晚了才回到校里，躺在床上尚上下古今谈论不已。

朱自清和叶圣陶极为相得，他们之间随意如闲云之自在，印证如呼吸之相通，随随便便，坦坦荡荡，任意倾吐，各无戒心，难怪叶圣陶感到和朱自清晤谈，有"一缕愉悦的心情同时涌起，其滋味如初泡的碧螺春"。

在这段日子里，朱自清生活得很有兴味，一来有挚友相伴，二来是学生中文艺活动十分红火。一师是当时全国有名的中学，与北京大学南北呼应，最早受过新思潮的洗礼。1921年10月间，潘漠华、魏金枝、汪静之、赵平复（柔石）、冯雪峰等爱好文艺的青年共20多人，集会于西湖，宣告了"晨光社"的成立。"晨光"就是"曙光"的意思，表示他们对光明和美好事物的热切企求。朱自清和叶圣陶都被聘为顾问。晨光社是浙江最早的新文学团体，沈雁冰对它十分关注。晨光社常在星期天活动，社员们一起到西湖西泠社或三潭印月等处聚会，一边喝茶，一边互相观摩习作，讨论国内外名著。

朱自清和叶圣陶常参与其间，热情指导。后来冯雪峰曾怀着感激心情说："尤其是朱先生，是我们从事文艺习作的热情的鼓舞者，同时也是'晨光社'的领导者。"

1922年初春，朱自清将家眷接到杭州。但没多久，他又为生计所迫，答允了浙江第六师范学校的聘请，准备赴台州教书。

六、台州灯火

9月间，朱自清带着家眷乘轮船如约来到台州。一时找不到住处，暂住在旅馆里。六师学生闻讯连夜赶来探望。天气闷热，灯光昏暗，但师生都很兴奋，他们挥扇长谈，竞说彼此近况。朱自清从行李袋中取出一卷稿子，对同学们说："这是我在杭州游湖后的感想，才开了个头，没有写完。"同学们接过一看，却是一首诗，名曰《毁灭》，只有两节，读后心中不禁涌出一阵悲感，十分感动，都盼望他赶快写完。

风也依然，云也依然。

台州还是那样荒凉冷漠，全城只有一条二里长的大街，行人很少，到了晚上更是漆黑一片，只有人家窗口透出一点灯光。朱自清家在山脚下，更是寂寞。山上松涛阵阵，天上飞鸟一只两只。他们是外地人，不喜欢交际，没有什么朋友，家里只四个人厮守着，但这个小家庭给朱自清带来极大温暖。到了冬天，北风怒号，天气寒冷，但在朱自清感觉中，家里老是春天，"似乎台州空空的，只有我们四人，天地空空的，也只有我们四人"。

寂静的环境更适于深思反省，检讨过去，计算未来。11月7日，他给俞平伯写了一封信，明确今后的生活态度："丢去玄言，专崇实际，这便是我所企图的生活。"随后他又给俞平伯去信，进一步阐明自己的主张：

"我现在是只管一步步走，最主要的是眼前的一步。"他把这称作平凡的"刹那主义"，也即"日常生活中的中和主义"，其实只是意图不务空想地向前走去。

寂静的家庭也有热闹的时候，那便是学生来访。12月的一个晚上，当学生们又来时，朱自清拿出长诗《毁灭》的原稿，对他们说，因功课忙没有时间抄，同学们立即表示愿意效劳，乃于课余帮他将稿子誊清。

当《毁灭》于1923年3月在《小说月报》发表时，朱自清接受了浙江省立第十四中学的聘请，离开亲爱的台州六师同学，到温州去了。

在春花烂漫的三月，朱自清带着家小来到了温州。在朔门西营堂找了一所老式平房安了家。房子虽小，但自成院落，种了些花草，环境倒也幽静。

学校分中学部和师范部，朱自清教学任务相当重，在中学部教国文，在师范部教公民和科学概论。经过一番思想整理，朱自清心境略趋平定。4月间，他给俞平伯去信说："我们不必谈生之苦闷，只本本分分地做一个寻常人吧。"又不胜感慨地说："我们无论如何不能不寻一安心立命的乡土，使心情有所寄托。"

暑假时，朱自清带着又已怀孕的妻子和儿女回扬州探望父母。这时，朱小坡又搬了两次家，先是南门街禾稼巷，不久即迁往东关街仁丰里。朱自清一家就住在楼下东边正房里。8月初，他和俞平伯到了南京，两人思想都比较苦闷。为了舒畅一下心怀，一个晚上，两人一起去秦淮河划船。两人都以这次夜话为题材，写了同名散文《桨声灯影里的秦淮河》，一起发表于《东方杂志》，成为中国散文史上的一桩佳话。

暑假一结束，朱自清立即赶回温州十中上课。

七、温州踪迹

温州山水颇佳，名胜古迹很多，罗浮雪影，沙汀渔火，翠微夕照，孟楼潮韵，吸引了历代无数文人墨客探胜寻幽。在东南十多里处有座仙岩山，有三条瀑布：龙须瀑、雷潭、梅雨潭。10月的一天，朱自清在十中教员马公愚陪伴下去仙岩山游逛。先到仙岩寺，再到梅雨亭。朱自清攀乱石，穿石穹，来到一碧汪汪的潭边。那绿色的潭水像一张极大的荷叶铺着，他站在水边为那潭水的绿而惊诧了，他的心随着绿水而摇荡，激发成散文名作《绿》。

永嘉山水虽然秀丽，但社会现实却相当丑恶，它时时给朱自清以强烈的刺激。一天，朱自清正和孩子们在吃饭，妻子武钟谦叫他看一件奇事，原来房东家里有人只花了7毛钱，就买来了一个5岁的女孩。朱自清看那女孩面孔黄黑，衣帽还整齐，看不出她的生命如此低贱的印记，心中十分纳闷。妻子告诉他，这孩子没有父母，是她哥嫂将她卖给人家的。唉，人相卖原是人类处于蒙昧状态时产生的罪恶，理应随着人类文明的进程而灭绝，谁知在20世纪的今天，居然堂而皇之地存在着。面对这一罪恶事实，他不由沉入了对现实社会和民族文明的反思。

朱自清家庭负担较重，一家五口要维持，还要赡养父母，偿还宿债，而学校时常欠薪，因此，经济十分拮据。为了生计，他不得不于1924年2月下旬到宁波浙江省立二中任教。为节省开支，只得把家眷留在温州，将老母自扬州接来帮同照顾子女。

四中教师夏丏尊为人正直，学问渊博，朱自清和他在上海公学任教时相识。为了给学生创造写作机会，两人合力倡导印行校内刊物，又指导学生组织文学社团，还邀请校内外名师学者来校做学术报告，朱自清就亲自作了《我们对于文学的态度》的讲演。

1924年的9月，实为浙江多难之秋。是月3日，直系的江苏军阀和皖系的浙江军阀火并，福建的军阀出兵浙江平阳，企图取道温州，袭击皖系军阀的后方，以声援江苏的直系军阀。风云突变，大祸将临，温州全城为之震动。朱自清在宁波从报纸上得知战事消息，家中又无来信，心中十分烦躁不安。13日是传统中秋佳节，可是浓云四合，风雨交加，气候恶劣。夜里，他面对屋里昏昏孤灯，屋外淅淅苦雨，想起国事、家人和自身，心绪不佳，一种凄苦之情悄悄爬上心头。风声、雨声、心声杂糅一起，万般无奈，乃口占一绝云：

> 万千风雨逼人来，世事都成劫里灰。秋老干戈人老病，中天皓月几时回？

八、白马湖春秋

在杭州湾东岸的杭甬线中段，有一片群山环抱、风景秀丽的平原，其间碧水潋滟的白马湖逶迤数里。春晖中学坐落在波光明媚的湖畔，校舍半西式，简洁整齐，设备精良，校风朴实，一时誉满全国，有"北有南开，南有春晖"之称。

9月16日，朱自清忽然接着夏丏尊来信，要他立刻到白马湖春晖中学去。在宁波四中时，夏丏尊曾兼任春晖教员，并介绍朱自清去那儿兼课一个月，以增加收入。这次，夏丏尊信中说，要和他"计划吃饭方法"，并且"已稍有把握"，朱自清估计是春晖有专聘之意。遂于23日乘车赶往白马湖，火车上尽是逃难之人，扶老携幼，拥挤不堪，朱自清见状愈发挂念家中老小，心中万分不安。到了春晖中学，受到夏丏尊的热情欢迎，于家中便宴款待。校方果然要正式聘用，朱自清答应担任一班国文。第二天，他接到武钟谦寄来快信，诉说温州风声甚紧，她害怕一旦兵临城下，家中无人，而且近日身体欠佳，日渐消瘦。朱自清看完信，想到家中三个孩子和一个老母，都要她一人照拂，十分为难，情动于衷，无限凄恻，心中喊道："我对不起你，钟呀！"于是，和夏丏尊商量，请他代课，决定于下午先回宁波打听消息。

温州这时已是乱成一片，居民一夕数惊，四处奔逃。朱自清一家五口全是妇孺老幼，举目无亲，身无分文，真是寸步难行。正当此时，十中教员马公愚伸出支援双手，他全家要到临江北岸的山里避难，邀朱自清家属一道前去。武钟谦和母亲乃草草收拾行李，跟着马家坐一只小船，到永嘉楠溪一个叫枫林的地方栖身。过了几天，听说时局有了缓和，温州可能没事，武钟谦怕朱自清已到家中，决定回去。马公愚劝阻无效，乃借给她10元大洋，并托一佣人护送他们去温州。其实这时朱自清还未回来，而县城已是十室九空。十中同事怕不安全，遂接朱自清家眷到校中暂住。

朱自清于25日发电报至温州，到晚上接到回电，知道全家住在十中。27日他从宁波乘永宁轮回温州，船至海门，突然停驶，说是有战事不敢开。朱自清不得已改道温岭，步行了一百多里路，在江厦搭上一只船，至30日才抵温州，进城只见满街游荡着穿各种服装的士兵，鸦片烟味扑鼻而来，盖军中多瘾君子。来到十中，见家人平安无事，甚为宽慰。为了筹借搬家费用和归还马家欠款，他把一些衣服抵押在小南门"长生库"当铺里。

朱自清携家眷到学校，心绪稍宁，便被那美丽的湖光山色所迷恋了。站在小巧的黑色木拱桥上望去，只见湖在山的脚边，山在湖的唇口，湖将山全吞下去了，青山与绿水悠悠揉成一片碧波。粼粼的湖水绕着校舍缓缓地流着，楼上教室都有栏杆长廊，凭栏远眺，山光水色，排空送翠，令人心旷神怡。

九、风云迭起

在白马湖更令朱自清高兴的是，那里有许多为人正直、富有雅趣的朋友，夏丏尊率真朴直，爱好自然，他依山傍水修建了几间瓦房，号曰"平屋"。丰子恺多才多艺，也于湖畔结庐，在门前栽一株柳树，名曰"小杨柳屋"，与"平屋"相映成趣。朱自清和夏丏尊毗邻，两家的前院只隔一垛矮墙。夏丏尊爱种花木，讲究摆设，朱自清闲时常到他家院子里观花，在他屋里品画。夏家有一株紫薇花很好，夏丏尊也常于黄昏时刻邀他在花下饮酒。两人望着湖山笼着一层青色的薄雾，看天上飞过归鸟一只两只，喝到微有醉意，方在暗里摸索着回去。朱自清也常到丰子恺"小杨柳屋"的小客厅里，看他的漫画，就如一首首诗，有咀嚼不尽的韵味。有一天，丰子恺看朱自清刚满4岁的小女儿阿菜好玩，便为她画了一张画，夏丏尊凑趣提笔写道："丫头四岁时，子恺写，丏尊题。"画美，字也好，朱自清爱不释手。

在朋友中，还有一个湖南人匡互生，教数学兼任训育主任，曾参加过辛亥革命，艰苦朴素，为人诚挚热忱，朱自清对他十分敬佩。还有一个教英文的朱光潜，身材和朱自清大小相若，性格兴趣大体相似，仅小朱自清一岁，朱自清和他也很相得。学校范围不大，几个朋友朝夕相处，宛如一家人。

青山绿水为伴，良朋益友为邻，其乐也融融。春晖富有革新精神，积极推行新学制，采用新教材，朱自清任课多，教学作风民主，常常启发学生独立思考，共同讨论。其教材多选自《新青年》《新潮》《响导》和《创造周报》等杂志，但也不排斥古文，常从《虞初新志》和《白香词谱笺》两书中选些诗文让学生读。

白马湖虽然波平如镜，宁静非常，而内底里却也充满着矛盾，新旧思想的冲突已在暗里酝酿多时了。果然，到了年底，平静的白马湖掀起了风暴。起因是一个同学早操时戴了一顶大毡帽，遭到体育教员的训斥，要他除下，引起了冲突。匡互生和丰子恺等支持学生，一些守旧的教员本来就看不惯学校的民主作风，乃乘机压抑学生活动，并攻击思想先进的教师，结果学校提前放假，开除学生28人。匡互生与丰子恺等乃集体辞职，在一个大雪纷飞的早上，打着雨伞走了。后来，匡互生等在上海创办了立达学园，丰子恺到上海艺术师范大学任教，夏丏尊先到宁波，后亦到立达学园教书。

朱自清家累太重，11月又答应了宁波四中，在那里兼十点钟的课。他对春晖也感失望，但又无法离开。如今良朋尽散，兴味索然了。这时唯一使他高兴的，是他的第一个创作集子《踪迹》由上海亚东书局出版了。这是他多年劳动血汗的结晶，那里刻印着他过去生命的游踪，人生旅路上的青春足迹。

5月，震惊中外的"五卅"惨案在上海发生了！消息很快传到白马湖，这时朱自清正住在山坳一所房子里写一篇书评《山野掇拾》，6月1日才回到校里。当他得知这一惊天动地的血腥消息时，不禁怒愤填膺，心潮难平。他拿起笔来，伏案疾书，写出有名的诗篇《血歌》。

十、重返北京

朱自清对白马湖腻透了，他的心情冷漠而孤寂，这五年来奔波各地的教书生活，他也受够了，他决意要走，要离开这令人厌弃的地方。他伸手向俞平伯求援，接连给他去信，要他设法介绍到商务印书馆做事，或是到北京去。

学校毕业考试后的一天，有几个学生来看朱自清。他正在写东西，见到学生们便放下笔说道：

"你们要离开这里了，我也要走了。"

"你到哪里去呢？"学生问。

"我还想好好读几本书，找一个能自学的地方。"

"这里图书馆不是有很多书吗？"学生又问。他们实在不愿意他离开。朱自清苦笑笑，答道：

"但我想读的书很少。"

"那你想到哪里去呢？"学生又问。

"我想到商务印书馆去！"朱自清语气很坚定。

商务印书馆的工作没有联系上，俞平伯介绍他到清华大学国文系任教授。

暑期过后，他又把一家五口留在白马湖，一个人匆匆地赶往北京。

朱自清离开北京整整5年，想不到如今又回来。举目无亲，只好先住在朝阳门边一个朋友的家里。

清华大学设在北平西北部的清华园，环境幽静，风景优美。它的前身为"清华留美预备学校"，于1911年正式开办，它的任务就是培养留美学生。1924年清华进行改革，增设大学部，朱自清就是因此被聘的。

过了几天，朱自清带着简便的行李，从朝阳门朋友家搬出，住进清华园古月堂。他只身一人，初来乍到，没有什么朋友，十分寂寞。在江南时，他晚上睡眠极好，照例是一觉到天明。北来之后，却睡不安稳，夜夜有梦，而且从来没有一个是清清楚楚的，醒来不知所云，恍然若失。纷乱的梦境，反映的是他不宁的心绪。说实在的，朱自清到北京之后，一直强烈地怀念着南方那段生活。他感到那五六年的生活虽然转徙无常，算不得好日子，却亲切有味。

一天，朱自清实在闷得慌，乃决意进城，拣了临街一张桌子，坐在长凳上，要了一碟木须肉，两张家常饼，二两白玫瑰，自斟自酌，不由又想起了江南的生活。情动于衷，从袋里掏出纸笔，在桌子上写了一首《我的南方》：

　　　我的南方，我的南方，那儿是山乡水乡！那儿是醉乡梦乡！
　　五年来的彷徨，羽毛般的飞扬！

11月的一天，他接到南方来的一封信，是父亲寄来的，其中写道："我身体平安，唯膀子疼痛厉害，举箸提笔，诸多不便，大约大去之期不远矣。"看毕，不禁泪如泉涌。他想到父亲待自己的种种好处，特别是8年前祖母丧事完毕，父子同车北上，在浦口车站分别的情形，犹如电影镜头历历在目。他仿佛还看到父亲给自己买橘子，蹒跚地走过铁道，两手上攀，两脚上缩，肥胖身子显出努力的背影。想起当时的一切，他十分后悔自己那时年轻无知，不能体谅父亲的爱子深情，心中还老觉得老人家说话不漂亮，暗地里笑他的迂。

"我与父亲不相见已二年余了，我最不能忘记的是他的背影"，他含着泪水，以朴实的笔触细致地叙写那次和父亲别离的情形。透过父亲的一言一动，透显了他对儿子无限体贴的深情。心灵在纸上疾走，他对父亲的无限思念，如涓涓流水，倾泻于字里行间，溶注于父亲的背影之中。

恰在此时，起于青萍之末，掠于秀木之梢的政治风暴，正迅速地席卷这个古老的都城。"三一八"惨案爆发了，朱自清参加了这一爱国示威运动，并以亲身经历写了一篇《执政府大屠杀记》，愤怒地暴露了段祺瑞政府的血腥罪行。

十一、"只为家贫成聚散"

朱自清来北京已一年多了，眷属不在身边，生活诸多不便。1927年1月，他乃决意回白马湖把家小接来。这时他已有四个儿女，由于经济窘迫，势必不能都把他们带到北京，因此和妻子商量，将大孩子阿九和小女孩转儿由母亲带回扬州去。全家从白马湖来到上海小作逗留，朱自清让母亲和转儿住到亲戚家里，自己和妻子带着阿九与阿菜在二洋泾桥找了一家小旅馆住下。

上海这时正是工人运动走向高潮时期，为配合北伐军的进攻，去年10月上海工人发动了第一次武装起义，失败后又积极准备第二次武装起义。一天，朱自清要到亲戚家去，他从宝山路口向天后宫桥走，看见街上挤挤挨挨满是人，和平常不一样，感到很奇怪，一打听原来是电车工人罢工。

一天，有一个朋友来访，他们在四马路上走着，从上海情况谈到了文学，他为朱自清分析了当前文坛情况，主张"说自己的话"。他对朱自清说："我们要尽量表现或暴露自己的各方面：为图一个新世界早日实现，我们这样促进自己的灭亡，也未尝没有意义的。"

"促进自己的灭亡"，这句话使朱自清竦然良久。在很长的时间里，他都在咀嚼这句话的含义。

在上海几天，和很多朋友相会，朱自清十分愉快。他们听说他要携眷北上，都赶来为他饯行。临走的那天晚上，叶圣陶拉他到小馆子去，喝酒聊天。酒后到处乱走，快到半夜了，走过爱多亚路，叶圣陶口诵周美成词："酒已都醒，如何消夜永！"朱自清无言以对，于是两人又拐进一品香，消磨了半夜。朱自清知道，叶圣陶生活极有规律，早上7点起床，晚上9点睡觉，这天为陪老友破例了，心中很是感激。

第二天要坐船北上，要和两个孩子告别，使他十分难过。阿九10岁，是个喜欢读书的孩子，十分懂事。朱自清一大早便领着他到母亲和转儿住着的亲戚家去，武钟谦嘱咐要为孩子买点吃的东西。他们走到四马路一家茶食铺里，阿九说要熏鱼，也给买了，又给转儿买了饼干。乘车到海宁路，下车时看到阿九可怜的样子，心中很难受，他知道孩子心里有委屈，曾偷偷地和妈妈说："我知道爸爸欢喜小妹，不带我上北京去。"其实这是冤枉的。在亲戚家待了一会儿，临别时，阿九说："暑假一定来接我啊！"转儿太小，不懂事，只张着大眼睛对父亲望望，没说什么。

唉，"只为家贫成聚散"，朱自清蓦地想起这一句不知谁写的诗，心中有点凄楚。他回头看了孩子们一眼，硬着头皮走了。

回到北京没有多久，蒋介石在南京发动了"四一二"反革命政变。消息传来，朱自清十分震惊，惶急非常，心绪不宁，日夜沉溺于"哪里走？"的苦闷之中，最后选择"国学"为自己的"安全逃避所"。

十二、耕耘清华园

1928年8月，南京政府决议改清华学校为国立清华大学。也就在这一月，朱自清第一本散文集《背影》由上海开明书局出版了。《背影》犹如一鸣惊人的云雀，在文坛上激起了强烈的反响，获得良好的评价。它的成功，大大地提高了朱自清的声誉。

朱自清讲课时特别严肃，甚至有点拘谨，他总爱一手拿着讲稿，一手拿着手帕，一面讲，一面用手帕擦鼻子上的汗珠。他极其尊重别人的观点，力避个人的好恶和门户之见。虽然他也是当时知名的作家，但绝口不谈自己的创作。有一天，学生提出这个问题，朱自清脸红耳赤，非常慌张，半晌才镇静下来，不好意思地说："这很不重要，我们没时间谈。"同学们不答应，他看推辞不了，才想了一想风趣地说："我写的都是些个人的情感，早年的作品多是无愁之愁，那是活该，就让他自个儿愁去罢。"他十分重视新人新作，一有发现，立即补充在讲义里，张天翼的《鬼土日记》和臧克家的《烙印》一出版，他就在课堂上讲开了。他又很顶真，若发现有讲错之处，下一堂课必须要慎重地提出更正。

和其他教师不同的是，朱自清课堂纪律特别严，经常点名，记忆力又好，只要点过两三次名，名字就记住了。有一次，一个学生没来上课，第二天走廊上看到他的背影，便叫他的名字，问为什么要缺席，吓得那同学连忙道歉，从此再不敢逃课了。他改作业和在中学时一样十分认真，他和俞平伯曾有过一次关于作业应否改得详细的问题的有趣讨论。俞平伯不赞成多改，理由是学生只注重分数，从不看教师的修改和评语。朱自清则相反，以为学生是珍视老师评改的。俞平伯立即掏钱请人到街头买一包花生米，结果发现那包花生米的纸张正是一篇作文。俞平伯抓住这个证据，乐得哈哈大笑。朱自清却不认账，以为这仅是特殊现象，仍坚持自己的主张。

但谁能料到，正当朱自清辛勤地在文学园地上耕耘时刻，不幸的阴影正偷偷地向他袭来。

武钟谦本来患有肺疾，1928年1月，她又生了一个女儿，没有奶，只好喂奶粉。不料年底又生了一个男孩，过于劳累，开春病情愈益严重了，小女儿多病，她总是放心不下，整天忙着小生命的汤药冷暖，毫不关心自己的身体。看孩子好点，干枯的脸上才露出笑容。同时她又惦记在扬州的迈儿和转儿，又关心丈夫的健康。日夜不停地操心，她的身体愈来愈坏了。日子一久，终被朱自清察觉了，立刻陪她到医院检查，发现病情十分不妙。大夫劝她到西山疗养，她丢不下孩子，又怕花钱，在家里休养，又丢不下家务，身体因此越来越不行了。10月间，朱自清乃决定送她和孩子一起回扬州养病。她想到回家可以看到两年不见的迈儿和转儿便答应了。

朱自清送她到车站时，她忍不住哭了，说："还不知能不能再见？"谁知此去竟是永别！回到扬州一个多月，才31岁的她，竟一病不起，抛下丈夫和6个孩子与世长辞了。

噩耗传来，朱自清痛不欲生。他和武钟谦结婚12年，伉俪甚笃，现在竟中途永诀，怎不令他肝肠寸断？

这时，朱自清的生活发生困难，饮食无法自理。笃于情义的俞平伯出来帮忙，一日三餐均由俞家送来。朱自清要算伙食费，俞平伯坚持不收，朱自清执意不从。最后，俞平伯只好每月收他15元搭伙费，而暗中却又把它全部用于他的伙食，因此朱自清感到俞家的吃菜总是特别丰盛可口，这个秘密多年之后才知道。

十三、初出国门

1930年8月，杨振声到青岛大学任校长，所遗中国文学系主任一职，校方请朱自清代理。清华大学对教授很优待，在校园南面建立一幢幢精致而宽敞的住宅，薪金也颇优厚，到一定时期还让出国休养。这年，朱自清获得了公费出国游历的机会，过去他曾向往远涉重洋，饱览异国风光，现在终于如愿以偿了。

8月22日，朱自清从北平起程赴欧洲旅游。满天浮云，凉风阵阵，气候凉爽，朱自清心情愉快，满脸笑容。来车站送行者有胡秋原、林庚及妹妹玉华等十余人，朱自清和大家合影留念。

27日到满洲里，傍晚时分，明霞如海，景物之佳，为其向所未睹。晚过黑龙江，2时许抵赤塔。从此，展现在他眼前的，是西伯利亚茫茫的平原，沿路千里青绿，到处点缀着木屋，在牛毛细雨中，有一种特别的韵致。遇到晴天，落日特别好看，平原渐渐苍茫起来，边际无穷无尽地伸展开去，只有西方一大片深深浅浅的金光，像是一个海。金光炫丽极了，像熊熊的火焰，又像色彩斑斓的版画。

28日晚，车过举世闻名的贝加尔湖。朱自清极想看看这个名湖，在他的想象中，那是一个美丽而荒凉的世界，当年苏武就牧羊在这个湖畔。可是黯淡的暮色中，他只看到渺渺一片无穷的白水，十分平整，十分寂寥，没有一个帆影，也没有一只鸟影。他坐在窗前足足有两个钟头，贝加尔湖的水仍在窗外流淌着。

在车上，朱自清悠闲地抽着香烟，品着香茗，细细地观赏着外面绵绵不断的青山和悠然流着的绿水，经常把它和国内的山水意境相评比，他发现在欧亚两洲交界处的有些地方景色近乎中国的山水诗或山水画。河中一条狭狭的小舟，一个人缓缓地划着，那船和人都是灰蒙蒙的，暗淡的，简直就是一幅中国古画。

列车向西南飞驰。3日，过波兰，越莱茵河，4日经柏林，5日晨到巴黎，和朋友一起游览数日。8日早上登车，往目的地伦敦驰去。

十四、欧洲之旅

9月8日下午到达伦敦后，朱自清就忙于联系大学，寻找住所，购买衣物，并和友人游览名胜。

正当他刚在英伦漫游时刻，他的祖国河山遭到外敌铁骑的蹂躏。

震惊世界的"九一八"事变爆发了。朱自清在《泰晤士报》上得知这一消息，心中焦急非常。

10月8日，朱自清在一所大学办了上课手续，修语言学及英国文学，每星期二、四、五下午都有课，星期一下午还要听讲演。他对自己的每天活动做了安排，早上念英文生字，读报，下午上课；晚上写信或访问朋友。还制订了每阶段读书计划，涉及极广，有各种类型的现代作家作品，如莎士比亚、哈代、劳伦斯等的创作，还要研究音乐和艺术。他决心要在这次欧游中充实自己。

10月10日上午，他在查林路口散步，忽然迎面走来一个中国青年，觉得十分面熟。停步谛视，原来是清华大学学生柳无忌，听过自己的课。他在美国耶鲁大学得到学位，这次特地来英国图书馆探访馆存的中国旧小说。他乡遇故知，两人都十分高兴，均希望能找一个好地方同住，彼此有个照应。不久，柳无忌在伦敦西北部芬乞来路找到一个老大房子，房东歌卜士太太是个善良的妇人，于是两人搬去住在一起。在雾霭重重的伦敦，朱自清除了学习外，大部时间用于游览，有时和柳无忌结伴到旷野散步，有时到公园划船。伦敦对名人住宅保护很好。李健吾从巴黎到伦敦来，朱自清便和他一起去参观约翰生的住宅，在古气盎然的会客室里，看他所编的著名大字典。还去凭吊济慈故居，拜读他的名诗《夜莺》的复制件。还去访问了狄更斯等人的故宅，增长了不少知识。

在伦敦，朱自清时刻挂念国内时局变化，他和柳无忌参加了北大同学聚餐会，研讨国事，还被选为书记。当他从收音机里得知日军疯狂地向上海进攻时，忧心如焚，担心东方图书馆遭劫。

光阴荏苒，在伦敦不觉已半年多，假期将至，该作归计了。于是和柳无忌夫妇商量同去欧洲旅行。5月，他们先到巴黎，沿着塞纳河两岸游览了刚果广场、凯旋门、卢森堡公园，还登上铁塔眺望。在柏林游逛了梯尔园和许多博物院，在那里遇到冯至，在他陪伴下到波茨坦游览了无忧宫。

在有"欧洲公园"之称的瑞士，他主要看湖，还登上少妇峰，看在阳光下亮晶晶的冰川和厚厚堆积着的白雪，听雪崩沙沙的奔泻声，感到"很好玩儿"。

在意大利玩得比较匆促，多半走马观花，在庞贝古城的遗址上，流连了一个下午。看到了遍布各处的酒店、住宅、剧场和店铺的遗迹，从中领略到当时庞贝人民的生活习俗。

最后，他们到达在意大利东北角的威尼斯。在温和的阳光下，那里水天相接，一切都像透明似的。他感到威尼斯有点像中国江南的水乡，水是那么绿，那么酽，简直要把人带到梦中去。

7月7日，朱自清告别了如梦般的威尼斯，和柳无忌夫妇乘意大利罗索伯爵号轮船，经红海印度洋返国。

十五、重结良缘

武钟谦去世之后，一些好心的朋友，感到朱自清孤身一人生活不便，应该及早续弦。大家为他物色介绍，选定的对象便是陈竹隐女士。

陈竹隐原籍广东，但从高祖起便迁往四川。1903年生，小朱自清7岁，16岁时父母相继去世，生活清苦。后考入四川省第一师范学校，不久，又考入北京艺术学院，学工笔画，曾受教于齐白石等人，又从浦熙元学习昆曲。浦熙元看她年龄已大，北京也无亲人，便关心她的婚姻大事，与清华大学教授叶公超谈及此事，请其作伐。

1931年4月的一天，浦熙元带陈竹隐等几个女学生到一个馆子吃饭，在座作陪的有两位清华大学的教授，其中一人身材不高，白皙的脸上戴着一副眼镜，身穿一件朱黄色的绸大褂，颇为秀气文雅，但脚上却穿着一双老式的

"双梁鞋"，显得有些土气。这人便是朱自清。两人就这样见面了，但席间很少说话。

饭局散后，陈竹隐回到宿舍，同去的同学便笑着嚷开："哎呀，穿一双'双梁鞋'，土气得很，要我才不要呢！"陈竹隐却有自己的见解，认为朱自清是个朴实、正派、可靠的人，她也读过他的文章，觉得他的感情深沉细腻，心中很钦佩。

从此两人开始通信，感情不断发展。有时同往瀛台、居仁堂、怀仁堂等处游览，有时漫步在波光潋滟的北海。在交往中陈竹隐深深地感到朱自清话虽不多，但为人诚恳，真心待人，心中很感动；也有顾虑，即他老家尚有六个孩子。可她一想到六个孩子失去母亲十分不幸，自己做些牺牲是值得的。

于是在六七月间，两人订婚了。爱情的柔丝，把朱自清破碎的心重新缝补，幸福的阳光又照临他的身上。

1932年7月，朱自清从欧洲旅游回来后，立即着手建设新家庭。北京风俗守旧，礼节烦琐，花钱很多。上海比较开明脱俗，他和陈竹隐商量，决定用新式简便的办法，在上海举行婚礼。

8月4日，他们发帖邀请了茅盾、叶圣陶、丰子恺等朋友在一家广东饭馆聚会，宴罢回旅馆。6日，两人同往素有"海天佛国"之称的普陀山度蜜月。几天后，双双转回扬州探望父母和子女。

这时朱家已从东关街仁丰里迁至安乐巷54号，这是一所四合院式的住宅，外面有客座两间。朱自清夫妇就住在客座间里。

朱自清已有六七年没有回家了，这次带着新妇回来，家里自是欢喜非常。朱自清带着陈竹隐和孩子们游逛了瘦西湖、平山堂等名胜，还津津有味地进行讲解。一天，陈竹隐看他说得头头是道，便开玩笑说："我看过一篇叫《桨声灯影里的秦淮河》的文章，把那儿写得那么美，其实不过是一湾臭水，真是文人哪，死人都说得活！"

"嘿，不要当面骂人呀！"朱自清说。

两人都开心地笑了。

一天清早，朱自清去祭扫坟墓。空山寂寂，荒草萋萋，触景生情，不禁想起武钟谦生前对自己的深邃恩情，十分悲恸。他向被乱草掩没的坟头默告：自己和陈竹隐一定尽心教养孩子们，让他们对得起你！

转眼间不觉暑假将过，清华要开学了，两人遂匆匆北上，9月3日返校，换了书居，住在北院9号。

十六、山雨骤至

朱自清的家庭生活充满了欢乐。1933年8月，陈竹隐生了一个男孩，也在这一月份里，他们把在扬州的迈先和采芷接到北平。迈先进崇德中学，采芷进一所教会学校。孩子们极争气，尤其迈先在崇德中学成绩优良，才华出众，对文学特别有兴趣，主编《崇德学生》大型刊物，还用辛不留笔名写了《北平的一日》，向茅盾主编的《中国的一日》投稿。孩子们好学上进，使朱自清夫妇感到无限欣慰。

朱自清对陈竹隐很体贴。春天时清华中文系师生结伴在潭柘寺和戒台寺春游两天，朱自清带陈竹隐一起去。半个月后，他和陈竹隐又偕陈寅恪、俞平伯同游大觉寺，骑驴上管家岭看杏花。不久，两人又和石荪夫妇去西山松堂游玩了三天，欣赏走廊下四围布置得恰到好处的白皮松灵秀的风姿，晚上在黑暗里等月亮上来，胡乱闲谈，赌背诗词，极尽悠闲的乐趣。

从开春以来，夫妇俩饱赏了北平大好风光，十分欢悦。

这两年来，朱自清生活是宁静而称心的，事业顺利，学有所成。

书声琅琅，笑语盈盈，北院9号充溢着安谧和睦的气氛。但是，灾难的风暴已悄悄地降临祖国大地，北国高空不时闪现着侵略者炮火的凶光！

1935年开春之后，华北形势继续恶化。日军压境，平津垂危，朱自清忧心如焚。他在《日记》中写道："近日来河北局势愈严重。"他关注时局的变化，心像灌满了铅似的沉重。遂于12月6日给天津《立报》编辑写了一封信，对北平这一文化重镇行将沦亡感到悲哀，对当时黑暗现实表示气愤。他和许多正直知识分子一样，愿为民族的前途，去做宁为玉碎，不求瓦全的斗争。

信发出后第三天，北平爆发了反对成立"冀察政务委员会"的"一二·九"运动。

这一天，学生中有100多人受伤，30多人被捕。年轻人以血肉之躯，将中国历史推进到一个重要关头。

"一二·九"之后，学生们继续罢课，发表宣言，要求反对内战，一致抗日。14日，《立报》以《北平消息》为题，发表了朱自清给该报编辑的信，在知识界获得良好的反映。也就是在这一天，北平报纸披露"冀察政务委员会"将于16日宣布成立。

烈火重又燃烧。16日，万名爱国学生再次上街游行。朱自清一清早就跟着学生队伍游行，看到军警戒备森严，他很想劝说学生返校，避免无谓牺牲，但当看到他们奋不顾身冲进城时，便打消了这个念头。他对政府镇压学生十分不满，游行回到家里，心中气愤难平。他在《日记》中写道："最近二次游行中，地方政府对爱国学生之手段，殊过残酷。"

在斗争风雨中，他的灵魂又受到一次洗涤。

十七、卢沟烽火

随着学生抗日热情的高涨，反动势力也加紧活动，把黑手伸进校园。在一个初春的早晨，学生们刚起床不久，突然8辆满载军警的卡车，闯进校门停在宿舍前面，车上跳下手执步枪的士兵，以搜查为名，冲进校舍，扣住3个学生要把他们带走。学生们闻讯蜂拥而至，和军警展开斗争，砸坏他们的汽车，夺回自己的同学。下午，又来了一批警察和宪兵，要搜查宿舍，逮捕黑名单上有名的人。学生又迅疾赶来，把他们驱入校门口的警卫室中，不让他们进校。青年学生英勇斗争的精神，使朱自清十分感动。

晚上，天上云层密布，又刮起了风，阴沉沉，冷飕飕，整个清华园沉浸在一片黑暗之中。夜已深了，朱自清还未就寝，正和陈竹隐谈话。忽然听见外面有急促而轻轻的叩门声，连忙去开门。只见在黑暗中站着两个惊恐瑟缩的女学生，她们是来避难的。原来今夜士兵又闯进学校搜查宿舍，骚扰了一个多小时，捕走学生21人。朱自清夫妇热情地将两个女学生让进家中，为她们张罗了住宿，共同度过不安的夜晚。

7月7日夜里，朱自清坐在南窗下，吸着香烟，边想边写。夜风透过窗纱，拂弄着飘散在室里的蓝色烟雾，带来一丝恼人的凉意。夜深了，万籁俱寂，只有附近村落偶尔传来几声狗吠，墙上挂钟滴答声也分外地清晰……突然，远处传来一阵密集的枪声和炮声。宁静的清华园被这骤来的声响惊醒了，无数窗户都亮了起来，不少人伸出头来四处张望。朱自清熄灭香烟，掷笔而起，在室里烦躁地踱着。他预感到有什么非常的事情发生了。

晨曦间迸出一道血色的原始光明，一个令人气愤而又兴奋的消息传遍了清华园：日本侵略军于夜间在北平西南宛平县的卢沟桥附近，发出了妄图灭亡中国的罪恶炮声，中国驻军立即奋起抵抗。

卢沟桥的炮声粉碎了朱自清的"安全逃避所"，打破了他多年来迷恋的"国学"绮梦，他开始意识到只有起而抵抗别无他途了。一天，一个学生要投笔从戎，奔赴沙场，前来辞行。朱自清很激动，昂奋地说：

"一个大时代就要来临，文化人应该挺起身来，加入保卫祖国的阵营。"

学生请他在一本小册子上题几个字，他毫不推辞，拿起笔来在上面写了岳飞《满江红》中的一句："壮志饥餐胡虏肉，笑谈渴饮匈奴血！"沉吟了一下，又在署名的左边写道："时远处有炮声！"

29日，校内落下一枚炸弹。8月5日，日本侵略军开进清华园，荷枪实弹的日军立于校门口，美丽的"水木清华"终于陷入魔爪。

当局指定北京大学、清华大学和南开大学在长沙成立临时大学，由是清华师生在日寇刺刀胁迫下，纷纷整理行装准备南下。朱自清在陈竹隐帮助下匆忙地收拾行李，因动乱中携带家眷不便，遂决定单独前往长沙。

9月23日傍晚，他怀着无比眷恋的心情告别了妻儿，告别了那宁静的院落，匆匆地赶往天津。从1925年秋到北平，朱自清在清华园度过了整整12个春秋，谁知现在竟是这样凄惶地离去。但他坚信，他终将再度回来。

十八、衡山湘水

临时大学一切均是草创急就，筹备工作千头万绪，纷乱无章。本部设于长沙小东门外韭菜园圣经学校，朱自清就暂住这里。大学共设4个学院17个学系，朱自清任中国文学系主任，并推为该系教授会主席。

由于校舍不够用，校部决定文学院设于南岳衡山山麓圣经书院，称为长沙临时大学南岳分校。11月3日，下着大雨，朱自清和同人乘汽车往南岳，下午到达。教员住宅距教室有半里之遥，在一个小山坡上，系一所楼房，房间不多，乃决定两人一室，不挑人，也不挑房，用抽签方式决定。朱自清主持其事，但他却幸运地抽到一间单人住的小房间。

到南岳后立即上课。当时过的是避难生活，大家不分彼，此亲密无间，闲暇时，大伙儿集体上山，或游览寺庙古迹，或一起到山脚小镇购买日常用品。除了上课，教师们都埋首学术研究，闻一多考订《周易》，朱自清则钻进南岳图书馆，搜集资料，继续撰写《文选序〈事出于沉思，义归乎翰藻〉师说》。师生关系也极融洽，常在一起活动，或是进行学术讨论，或是开诗歌朗诵会，因此虽然怀有离乡背井之痛，生活过得还比较充实。

但不久，时局又有了很大的变动。日寇自攻陷南京后，即沿长江一线进逼，威胁武汉，危及长沙。为了将学校继续办下去，校方决定将学校迁往昆明，教职员与学生统限于3月15日以前到新校址报到。朱自清和冯友兰等十几位教师乘分程包租汽车从长沙南岳出发，经南宁、龙州出镇南关入安南，再乘火车至昆明。

2月17日上午，朱自清一行到达桂林。这是一座具有两千年历史的古城，风景秀逸，气候宜人。"桂林山水甲天下，阳朔堪称甲桂林"。从桂林到阳朔，漓江两岸青峰奇秀，千姿百态，碧流澄澈，如诗如画，真是"群峰倒影山浮水，无水无山不一神"。朱自清他们一路流连山水，饱览风光，但面对大好江山，联想到烽火连天的现状，不由得愁肠百结，悲从中来：

招携南渡乱烽催，碌碌湘衡小住才。

谁分漓江清浅水，征人又照鬓丝来。

龟行蜗步百丈长，蒲伏压篙黄头郎。

上滩哀响动山谷，不是猿声也断肠。

3月14日，他们抵达昆明，住在拓东路迤西会馆。昆明位于滇东高原中部的滇池盆地之北，风光明媚，四季如春，是一座有着悠久历史的文化名城。但没住多久，又要搬迁，原因是昆明难民齐集，人满为患，无法容纳一所千余人的大学校。临时大学决定文学院和法商学院设在蒙自，因为那里有许多空房子。4月2日，教育部下令改组长沙临时大学为西南联合大学，定于5月开学。由是朱自清又背起简单行囊于4月4日随分校师生前往蒙自。

十九、蒙自火把

蒙自在昆明南面至越南边境约四分之三处，是个弹丸小邑，只有三四条短街、几间店铺，不要多少时间就可以穿城而过。但朱自清却感到它"小得好"，很有意思，很静，不论在城区或是乡下，路上有时不见一个人影，整个天地仿佛是自个儿的，这叫他想起台州和白马湖。

分校的房子还颇漂亮，地方不大，很幽静，一路高大的由加利树，一片软绵绵的绿草，树上有好些白鹭，通体雪白，姿态伶俐，飞来飞去，极耐人看。学校在附近租了几间民房作宿舍，朱自清住一间只有10平方米的小房间，里头摆了一张床铺、一张书桌和几张方凳，颇为拥挤。室外是一个大院子，庭中枝藤丛绕，其间夹有许多不知名的鲜花，很有韵味。

学校附近有个南湖，一到5月雨季来临，湖水顿时溶溶滟滟，美丽非常，堤上桉树成行，杨柳依依，风景颇为旖旎。到了傍晚，朱自清常和学生在湖畔漫游，看村落炊烟袅袅，看倦鸟鸣噪归林，观赏落日晚霞在湖面上映出橙红色的光辉。目睹此情此景，他常常不期然地想到北京的什刹海，心中不由涌起一股莫名的思乡之情。

蒙自的缺点是比较偏僻，报纸要几天才到。朱自清十分关心抗战，他和学生相处极好，暇时常去他们宿舍走走，有时请同学到自己寝室闲聊，向他们探询家书中传来的消息，尤其是扬州方面的情况。他非常关心战局，常和同学们一起对照着仔细寻找一城一镇的位置。蒙自小城有个特色，即门对儿多，几乎家家有，且多是抗战的内容，这就造成一种气氛，让人不会忘记时代和国家。朱自清对这个极感兴趣，认为这是"利用旧形式宣传抗战建国，是值得鼓励的"，他建议旧历年时，"这种抗战春联，大可提倡一下"。

5月间，陈竹隐带着孩子们随北大、清华的一部分家属，历经千辛万苦，于6月初到达云南，朱自清亲自到海防迎接。一家遂在蒙自团聚了。恰在这时，他们迎来了云南特有的火把节。这是彝、白、哈尼、傈僳、拉祜、普米等族人民的传统节日，节期在农历六月二十四至二十六日之间。晚饭过后，夜幕下沉，家家门口烧起芦秆树枝，处处燃起熊熊火光，一声锣响，金角齐鸣，男女老幼抬着米酒、炒豆等食品，点燃火把，并用松香扑撒火上，顿时光焰冲天，扬起阵阵香味。孩子们手里捏着烂布浸油的火球晃来晃去，跳着叫着，欢呼声此起彼落。气氛浓烈、粗犷、强劲，富有生命力。朱自清十分喜欢这种充满生气的热闹场面，认为它具有时代的精神，他激动地说："这火是光，是力量，是青年"，它"暗示着生活力的伟大"。他觉得火把节"是个有意义的风俗，在这抗战时期，需要鼓舞精神的时期，它的意义是深远的"。

火把节过后不久，联大又决定蒙自分校迁回昆明上课，由是朱自清一家随校离开蒙自来到昆明。

二十、一载成都路

朱自清到昆明没有几天，即遇到日机空袭，联大教职员宿舍被炸，死伤甚多。他于当天下午赶往现场，只见尸体横卧，血肉模糊，状极凄惨。心中无比悲愤。

新学期一开始，朱自清就忙起来了，这学期他开讲"文学批评"。他对学生要求严格，对自己也毫不放松。一天，他饮食不慎闹肚子，但他还是连夜批改作业。陈竹隐劝他休息，他不肯，说是："我已答应明天发给学生。"陈竹隐没有办法，只好在他桌边放个马桶，让他边拉边改，一夜之间竟拉了十多次，天亮后脸色蜡黄，眼窝也凹陷了，人都变了样，但他却脸都没洗，提起书包上课去了。他批改作业很仔细，从不吝啬心血，有错必改，看到精彩的论点，则用红笔画上圈圈，还针对上面的缺点和错误，找出材料给同学参考，使他们对问题有较透彻的理解。到小考大考时，他就趁机为学生们校阅笔记，改正错误。他给学生改作业，都是字斟句酌，一丝不苟。有一回他在一个学生作业上改了一个字，过后他又把学生找来说："还是用你原来那个字吧！我想还是原来那个字好。"

自入滇以来，朱自清一直很苦恼，主要原因是行政事务缠身，无法潜心于学术研究。他常对人说："你看我什么学问也没有，什么也拿不出来，我实在非用功不可了。"学期结束时，他遂以健康为由，辞去了中国文学系主任的职务，制订了一个计划，准备集中精力从事国学研究。这时昆明物价飞涨，朱自清家庭大，生活十分困难。陈竹隐是成都人，那里东西比较便宜，刚好朱自清这年休假，夫妻商量决定举家迁赴成都，在那里完成研究计划。

可是盘缠不够，借贷又无门路，一点办法也没有。当年他从英国游历回来时，曾买一架留声机给陈竹隐，平时他把它当宝贝，工作累了听上一曲，是他生活中唯一的奢侈品。现在只好割爱，以300元代价卖掉，这样全家才得以成行。

在成都，朱自清把家安顿在东门外宋公桥极恩寺里。这是一座小庵堂，他住的是旁院三间没有地板的小瓦房，虽然简陋但收拾得颇为洁净。他就在这样艰苦的环境里，努力研究。功夫下得最深的是《经典常谈》，这是一部研究文学历史的入门书，涉及面极广，《说文解字》、《周易》、《尚书》、《诗经》、《春秋》、《战国策》、诸子、史传、诗辞、文赋，无所不谈。他写这本书的目的就在启发人们的兴趣，引导他们到经典的大海里去。

这时正是青黄不接时期，因久旱无雨，斗米千金，百物昂贵，民不聊生，一群群饥民拥进城里，一面抢米仓，一面"吃大户"。他们闯进有钱人家，要他们拿出饭来吃了才走。朱自清十分同情这些饥民，认为"吃饭要饭吃是人情"，是"基本的权利"。而此时此刻他自己也到了"基本权利"受到威胁的境地了。他的朋友李长之路过成都来报恩寺看他，一见面就感到十分惊讶！他虽然才四十出头，但头发像多了一层霜，简直是个老人了。友人潘伯恩目睹他住在陋室里过着困窘生活仍操劳不已，心中不忍，怀有不平，特赋两诗见赠，其中一首曰：

缩手危邦涕泪痕，起看八表亦同昏。

细思文字真何用，终有人如来报恩。

二十一、清苦司家营

成都的生活虽然困苦枯燥，但也有舒心畅意之时。11月间，陈竹隐生了一个女孩，小生命给家庭带来一点乐趣。一天，朱自清正为家务琐事繁忙着，忽听有人叩响院落的柴门，开门一望，不禁惊喜非常：原来是叶圣陶，他因事从乐山来。朱自清连忙准备菜肴招待，并让他看自己刚写好的《经典常谈》。老友重晤，真有说不尽的话，叙不完的情。不久，叶圣陶全家从乐山搬来，住在新西门外罗成碾王家冈，从此两人经常互访，或闲谈，或小饮，或漫游。一天，两人登上望江楼，凭栏远眺山峦秀色，数烟雾中白帆点点，看流水滔滔东逝。继而又同去凭吊了薛涛井。更多的时候，两人对坐书房研讨学问，乃合作编撰了《精读指导举隅》和《略读指导举隅》，都是四川教育科学馆委托他们编的，专供中学国文教师参考用的。在这期间，两人还经常赋诗唱和、互诉衷肠。朱自清通过诗作倾诉了自己忧国忧民的情怀。

雨蒙蒙、雾重重。不知不觉间，朱自清在成都一年假期行将结束，要立即赶回昆明上课了。为了节省开支，他考虑再三决定将家眷留在成都，只身从水路回昆明。叶圣陶闻讯赶来相送。叶圣陶特赋诗两首相赠，中有一联云："此日一为别，成都顿寂寥。独寻洪度井，怅望宋公桥。"朱自清搭木船顺岷江而下，心中默诵着叶圣陶的诗句，不由想起这一年来和他的交往，乃提笔和韵作诗两首，其一曰："论交略形迹，语默见君真。同作天涯客，长怀东海滨。贪吟诗句拙，酣饮酒筒醇。一载成都路，相偕意态新。"

夜里，明月满江，烟水苍茫，朱自清望着渺渺江月，又蓦地想起留在成都的一家数口，不禁黯然神伤。

为了避免日机轰炸，适应教学正常进行，清华大学于昆明东北郊龙泉镇司家营成立文科研究所，由冯友兰任所长，闻一多任主任，清华许多教师均搬到研究所住。朱自清一回昆明即雇一辆马车，至住处将行李运至司家营。研究所是一座古旧的院落，一色木结构建筑，有一方小小的天井，楼上可晒到阳光，楼下则很阴暗，但环境比较安静，没有空袭干扰，便于著作研究。闻一多全家住在一个侧楼里，朱自清单身一人，遂和浦江清等三人合住在另一侧楼上，中间大楼是图书室，也是公用的书房。

这时朱自清的身体已经不好，胃病时常发作。他收入不多，家用又大，经济十分拮据。家眷不在身边，无人照顾，只能随大伙儿吃大厨房的糙米饭。有时实在受不了，上课时自城里带回一块面包或两三个烧饼，不然就整天吃稀饭。胃病厉害时，连蔬菜也不能消化，只好在嘴里嚼嚼再吐出来。12月8日，他得知太平洋战争爆发，心中高兴，晚上和朋友饮酒庆祝，不料夜里胃病发作，倚在床上，听窗外淅沥雨声，彻夜未眠。又有一次，晚饭后即觉胃闷，睡下后辗转反侧胀痛不堪，只得到楼下呕吐。胃病日益加剧，朱自清很紧张，思想负担也重，痛苦异常。

二十二、"胜利在望中"

朱自清身体虽然不好，但他还是努力读书著作。这时他集中精力撰写《新诗杂话》、评论抗战诗歌，竭力主张文艺为抗战服务。他虽然穷，但极有骨气，认为"穷有穷干，苦有苦干"，"不要老是向人愁眉苦脸唉声叹气"。他平时总是衣冠整洁，出门穿一套西装，是抗战前做的旧衣服，平日经常刷洗及时补缀，所以还看得过去。一回所里，马上脱下，叠好放在棉被下压着，换上旧长衫或夹袍。冬天则穿弟弟送的旧皮袄。夹袍和皮袄的纽扣掉了，他自家动手，不会打扣结，就缝缀些破布条，长短不一，颜色不同，白的黑的蓝的都有。实在没有办法他就典卖衣物。一天，他挟着一张行军床，到城内一家商行寄售，想卖120元，但店伙计却说帆布已破，只答应50元。商量半天才增至60元，明知吃亏，但也无可奈何。

云南地处低纬地带，气候垂直变化显著，所谓四季无寒暑，一雨便成冬。1942年冬天，昆明天气格外冷，旧皮袍不管用，又无力量添置新棉袍。于是，只好趁赶街的日子，买了一件赶马人穿的制造粗糙的毡披风，出门时披在身上，人家都感到怪样，他却昂首阔步地在街上走着。遇到熟人，便高兴地告诉人家："太平洋战争已经爆发，中国的抗战已成了世界大战的一环，前途十分乐观！"

时光如驶，夏天又到。

四川地区麻疹流行，朱自清在成都的三个孩子一齐染上了。小女儿转为猩红热，住进医院，两个男孩转了肺炎。陈竹隐奔跑于医院住家之间，辛苦非常。朱自清得知消息，十分焦急，亟想往成都探视，但又缺盘费。他的忘年之交徐绍谷来访，对他说："你拿点东西我帮你卖去。"但家里哪有值钱的东西？结果是拿了一方砚台和碑帖换了点钱，再向朋友们借一些，才乘飞机到重庆，再乘车前往成都。孩子们情况还好，多亏陈竹隐同学刘云波医师特别照拂，把自己存着的特效药用上，连一个钱也未收。朱自清十分感激，拟了一副对联送她，曰："生死人而肉白骨，保赤子如拯斯民。"字是特地请叶圣陶写的。

9月下旬，他从成都回到昆明上课。这时他从司家营搬出，住进昆明北门街71号单身教员宿舍里。为了增加收入以济家用，他在私立五华中学兼课，教一班国文。住所离学校很远，他风雨无阻从未误过课。由于认真负责，深受同学爱戴。他对学校感情也很好，特意为她写了校歌，"还我大好河山，四千年祖国重光，责在吾人肩上"。一个星期六下午，五华中学召开诗歌朗诵会，进行到中间，台上忽然出现一位中年教师，脸庞白皙清瘦，身材不高，戴着一副黑色珐琅边眼镜，用略带江北口音朗声诵道："我的国呵，／对也罢，／不对也罢，／我的国呵。"

这中年教师就是朱自清，朗诵的是他刚翻译的一个美国诗人写的诗歌《我的国》。朱自清认为这首诗可以作这样的解释：我的国对也罢，不对也罢，我总不忍不爱它。他要以这种国家观念，来诱发学生们的爱国热情。

二十三、喜庆的爆竹

1945年6月，朱自清又决定回成都度假。

一天上午，他去登记往成都的飞机票，下午，住威远街39号文化沙龙，参加全国文艺界抗敌协会昆明分会庆祝茅盾50寿辰和创作活动25周年纪念会。他讲了话，会后与大家一齐吃了寿面，并发函向茅盾道贺。在会上他遇到了田汉、安娥和韩北屏等人。在闲聊中韩北屏告诉他，去年桂林战役中一○七师师长自杀，政治部主任被俘。你的长子迈先随江上青、陈素组织的"江都抗日救亡文化宣传团"南下宣传抗日，现在就在这个师的政治部里工作。原来抗战伊始，朱迈先遵从父命从北平返回扬州老家，不久就投笔从戎。听到这个不幸消息，朱自清大惊失色，托人四处打听，后得知朱迈先绝处逢生，平安无事，算是受了一场虚惊。

祝寿后两天，朱自清从昆明飞重庆，再往成都。刚巧丰子恺也从重庆来，两人久别重逢，欣喜异常。回首当年，感慨万千，乃写下七绝四首，其一云："执手相看太瘦生，少年意气比烟轻。教鞭画笔为糊口，能值几钱世上名？"想当年风华正茂何等欢娱，到如今流落异地，相对穷愁，不免执手唏嘘了。

这时，朱自清的健康状况愈来愈差了，时常胃疼，口吐酸水，身体衰弱。吴组缃路过成都，从叶圣陶那里问到朱自清住处，于7月22日特地前来拜访，一见面便吃了一惊："我看到他多么瘦乏，他的眼睛可怜地眨动着，黑珠作晦暗色，白珠黄黝黝的，眼角的红肉球球凸露了出来。"朱自清身体虽然困顿，但思想依然乐观，他把所有希望寄托在抗战胜利上，天真地认为，"只要抗战胜利，什么问题都可以解决"。

历史转折关头终于来临。

1945年8月14日，日本政府宣布无条件投降，中国人民艰苦抗战8年，终于取得了最后的胜利。

15日晚，胜利喜讯传到成都，鞭炮声锣鼓声响彻夜空，大街小巷人声喧腾，空中弥漫着鞭炮浓浓的硝烟。朱自清欣喜若狂，他披上衣衫，奔出家门，兴奋地和市民一起狂欢了一夜。

8月底，朱自清自成都飞回昆明，正赶上开学。9月2日，日本无条件投降签字。3日晚，为庆祝胜利，昆明学联和社会人士在联大举行"从胜利到和平"的联欢晚会，内容是胜利和反内战。朱自清出席了晚会，和大家尽了一夜之欢。

欢庆胜利不久，朱自清即敏锐地感到，战争乌云似乎又飞临中国上空。一天夜里，他忧心忡忡地对陈竹隐说道："胜利了，可是千万不能起内战呀。不起内战，国家经济可以恢复得快一些，老百姓可以少受一些罪。"

由于休息不够，胃病又严重发作。本想住成都四圣祠医院治疗，但这又要花费一笔费用，不是眼下力量所能办到。他心想，抗战既已胜利，还是等回到北平后再作根治罢。

二十四、"你是一团火"

朱自清到达成都之日，正是昆明政治形势极为严峻之时。

6月下旬，蒋介石向解放区发起全面进攻，狂妄宣称要在三个月内消灭中共力量。由蒋介石挑起的内战终于爆发了。昆明的空气突然紧张，斗争也更艰苦了。

7月11日夜，淫雨连绵，民盟滇支部负责人之一、社会教育学家李公朴和夫人往南屏大戏院看电影，散场后被特务跟踪至青云街学院坡，以无声手枪杀害。得到噩耗，闻一多拍案而起，毅然挺身而出，向社会控诉反动派的滔天罪行。15日下午他亲临云大主持李公朴丧仪，当场厉声斥责特务无耻行径。散会后，当他和儿子行至西仓坡联大宿舍处，突遭特务乱枪射击，身中数弹，壮烈牺牲。

7月17日，朱自清在成都报纸上得知闻一多遇害消息，大为震惊。他万万没有想到，自己为之日夜提心吊胆的事，竟然在几日之间发生了。在报恩寺破败的居室里，他无心茶饭，起坐不宁，无比悲痛。闻一多的血，似乎刹那间照亮了他的眼睛，照亮了他的灵魂。他在好友的鲜血面前，陷入了深深的思索。

21日，朱自清出席西南联大校友会召开的闻一多追悼会。他登台演讲，愤怒地指出闻一多的牺牲"是民主主义运动的大损失，又是中国学术界的大损失"。接着，他详尽叙说闻一多在学术上的巨大贡献，介绍他对新诗创作、神话、《楚辞》、《周易》、《诗经》等各方面研究的成就。以此告诉人们：国民党反动派残杀了一个多么有价值的学者，摧残了中国学术界不可多得的精英!

8月4日，他在清华校友会上，又起立演讲闻一多生平事迹，对闻一多表示深沉的哀悼。会后发起为闻一多家属捐款。

近来他情绪昂奋，时时想起闻一多生前的一切。17日深夜，万籁俱寂，他燃着一支香烟站在窗前，心事浩茫，思绪绵远。突然，感情的浪峰，撞击起想象的飞沫，一股诗的灵感猛地震撼着他的心弦，他仿佛在云雾之中看到闻一多光华四灿的高大形象。他掐灭香烟，坐在桌前，举笔写道：

你是一团火，照彻了深渊，指导着青年，失望中抓住自我。

你是一团火，照明了古代；歌舞和竞赛，有力猛如虎。你是一团火，照见了魔鬼，烧毁了自己！遗烬里爆出个新中国！

这首搁笔20年后写的新诗，标志着朱自清思想有了重大的变化。他已从闻一多这"一团火"中，认识到敌人的本质，认识到只有发扬闻一多那种"不怕烧毁自己"的精神去进行斗争，美好的"新中国"才能实现。

翌晨，成都各界举行李、闻追悼大会，外面传闻特务要来捣乱，朱自清却奋然前往，在会上慷慨激昂地介绍闻一多生平事迹，控诉特务罪行。他的讲话博得全场掌声。

第二天，他带着家眷离开成都到重庆，在那里仍然到处演讲闻一多的功绩。不久，即和家属从重庆坐飞机回北平。

二十五、回到北平

飞机飞临北平上空，朱自清心中十分激动，不由得想起北平许多好处来。

但住下以后，看到历经八年动乱后的北平，物价像潮水似的涨，粮食贵得凶，心情却又沉重起来。

他发觉，中山公园和北海公园等名胜地方都萧条了。一个星期天，他带着孩子们去逛北海，看漪澜堂的茶座上，只寥寥几个人，也没有点心卖。问店家，说是客人少，不敢预备。从这里，他敏锐地察觉到，许多中等经济的人家，手边也都紧张起来了。

北平的治安状况也不好。一个星期六的晚上，他全家和一个朋友到西单商场去，买完东西和朋友先走了。陈竹隐和两个孩子回来时，经过宣武门的一个小胡同，刚进口不远，就听到一声"站住！"向前一看，十步外站着一个人，手里拿着一把明晃晃的尖刀！陈竹隐惊叫一声，拉着孩子往胡同口跑，石头绊脚，母子三人都摔倒了。起来回头望去，那个人已转身向胡同那头跑走了，看样子是个刚走这道儿的新手，从前虽也有路劫，可没有现在那么多。由此，朱自清又感到"北平是不一样了"。

北平的交通管理，也令朱自清不满。他刚回来一个礼拜，车祸就死伤了五六个人。这种交通混乱和外国军车横冲直撞有关，警察害怕军车，不敢惹它，而对三轮车则不客气，一个不顺眼就拳脚一齐来。一天，他和陈竹隐上街，在宣武门附近看见一辆三轮车横在胡同口，车夫在和人讲价钱，一个警察走来，不问三七二十一，抓住车夫拳打脚踢。朱自清勃然大怒，上前和警察讲理，高声说道："你打他做什么？他是为了生活呀！"

在回来的路上，他对陈竹隐说："八年沦陷，难道他们还没有受尽敌人的苦头吗？现在胜利了，为了生活抢生意，凭什么挨打？真可恶！"回到家里，还忿忿不平，一连几小时沉闷不语。

刚胜利时，他日夜盼着回来，可现在看到这些情形，心都冷了。

历经了闻一多那"一团火"的洗礼，朱自清的思想有了很大的变化。在民主浪潮的冲刷下，他思想中的阴影开始消退，长期萦绕在他脑际的"哪里走"的问题解决了。他已明确地认识到，知识分子应参加政治社会的改革，要"站到平民的立场上来说话"，因此特别强调立场的重要性，他对人说"立场其实就是生活的态度，谁生活着总有一个对于生活的态度，自觉的或是不自觉的"。这时他的思想已结束了中间状态，从学者向战士迈出了更可喜的一步。

他开始十分喜爱杂文这一文体，认为它是抨击黑暗现实的利器，是开辟时代的先锋，是"春天的第一只燕子"。他特别赞赏鲁迅的杂文，说是"百读不厌"，它"尖锐得像'匕首'和'投枪'一样"，鲁迅就是用杂文"一面否定，一面希望，一面战斗着"；"他'希望'地下火火速喷出，烧尽过去的一切，他'希望'的是中国的新生"！

现在，他决意向鲁迅学习，为迎来新生的中国，面向黑暗的现实，高举起锐利的投枪。

二十六、高举起投枪

朱自清的精神状态和以往大不一样，创作愿望又高昂了。他说："复员以来，事情忙了，心情也变了，我得多写些，随便些，容易懂些。"他的创作视野也开阔了，眼光已从个人小天地转向广阔的社会背景，严肃地观察、分析着现实的矛盾，认真地思考人生的问题。

一天，他在书房里正写得起劲，忽然吴晗来访。一见面吴晗就递过一份《抗议当局任意逮捕人民书》的草稿，朱自清二话不说就在上面签了名，这就是当时有名的"十三教授宣言"。

宣言在报上发表时，朱自清名列第一，国民党特务曾三次到他家来，陈竹隐听朋友说国民党黑名单上第一个就是朱自清，心里很焦急，急忙将这一消息告诉他，要他小心些。

不料，朱自清却轻蔑地冷冷笑了一下，沉声说道："不用管它！"

陈竹隐急道："怎么？你准备坐牢吗？"

"坐就坐！"他爽快地回答。

朱自清自己不怕坐牢，但却担心学生的安危。一天，他胃病复发，躺在床上。听说外边又在抓人，连忙对陈竹隐说："你注意听着门，怕有学生来躲。"果然，没有多久就响起了敲门声，陈竹隐忙去开，一个女生仓皇地进来要求躲避。

新学年开始了。10月24日晚上，中文系举办了一个迎新晚会，文娱节目中最为热闹的是扭秧歌，师生一起进三步退一步地扭起来。其中一个瘦小的老头子，迈着不自然的步子起劲地扭着，惹得青年学生们哈哈大笑。这位瘦弱老人就是朱自清。

散会后，他兴奋异常，回到家里兴犹未止，在《日记》上写道：

"晚参加中国文学系迎新大会，随学生扭秧歌，颇有趣。"

扭秧歌在当时是十分新鲜而时髦的事，因此他的参加很引起一些议论。有些人认为偌大年纪还和男女青年一起扭秧歌，是一种"无法明了"的事。但学生们对此却十分感佩，认为这是一种"向一个新时代学习的态度"，是"对人生负责的严肃的态度"。

朱自清对此却是心向往之，很想再来一次。

1948年元旦到了，上午他到工字厅参加新年团拜，听说晚上在余冠英住宅前举行新年同乐晚会，主要节目又是扭秧歌，他准时前往参加。同学们见他来了十分高兴，特地给他化了装，穿一件红红绿绿的衣服，头上戴了一朵大红花，他身体虽然不好，却兴奋地和同学们一起扭着，而且扭得十分认真。

散会后回到家中，又在《日记》上写道：

"晚，参加中国文学系新年晚会，颇愉快。"

他的这种和青年学生打成一片的精神，使很多人感动。闻家驷说他能"放下师长的架子，而去加入青年的行列，他将来一定会脱下知识分子这件衣服，加入人民的行列，和人民生活在一起"。

扭秧歌，朱自清的感情已经和人民扭在一起了！

二十七、"何须惆怅近黄昏"

开春之后，朱自清的身体十分不好，胃病时常发作，加之法币贬值，物价暴涨，生活十分困难。恰在这时，北平一些知识分子，创办了一个中间路线的刊物《新路》，意在国共两党之间，走一条所谓不偏不倚的"中间道路"，刊物的稿酬特别高，他们派朱自清熟悉的一个朋友来向他约稿，被朱自清断然拒绝了，他坚决不走中间路线。3月间，国民党垂死挣扎，推出了"行宪国大"的闹剧，一时间选伪国大的丑剧紧锣密鼓地上场了。清华有个别教授参加竞选，他们跑来要朱自清帮忙投他一票，朱自清十分厌恶，坦白告诉他：

"胡适是我的老师，我都不投他的票，别的人我也不投！"

有一个竞选立委的，也找上门来请他签名赞助，朱自清也直言相告：

"我不能签名，但并不是反对您。"

有些达官贵人请他吃饭也被拒绝。有一个"名流"出高价要他写篇"寿序"，他虽穷但不屑于做这种轻骨头的事，轻蔑地对人说："那些人有什么功德可歌颂的？"

他持己极严，大事认真，小事也认真，私事认真，公事更认真。他有客必见，有信必回。凡公家东西，绝不许别人乱用，即使一个信笺、一个信封，也绝不往家里拿。学校在他家门口堆了一些细沙，为铺路用的，小女儿拿了一点玩，他也不许，因为这是公家的东西。

3月的一天，李广田来约他一起进城参加杨晦的50寿辰纪念会，多吃了东西，回来后胃病发作，呕吐甚烈，痛苦非常，只好在家休养。但他却定不下心来，略觉好些，就动手编辑历年来写的有关语文和人情文章的教科书《语文影及其他》，又和叶圣陶、吕叔湘合作编辑《高级国文读本》。

休息不好，身体愈来愈不行，胃病越发严重，吃下东西就吐。5月15日，他在陈竹隐陪同下，进城至中和医院检查，诊断为胃梗阻，须手术治疗。由于费用昂贵，只好作罢。

身体已因长期超负荷运转，招致严重的损伤。连续几日，胃疼不止，呕吐不已，体重不断下降，但他精神却不萎靡，仍然坚持读书看报，关心时局大事。他很喜欢近人吴兆江将唐人李商隐的两句诗"夕阳无限好，只是近黄昏"反其意而用之，曰："但得夕阳无限好，何须惆怅近黄昏！"

他将这两句诗抄下来，压在玻璃板下，以自策励。一个同学看后对其意不甚理解，问他这是否感到自己老了，朱自清摇了摇头，微笑道："这两句诗，只是表示积极、乐观、执着现实的意思。"

朱自清的健康状况愈来愈坏。6月1日，他去参加一个会议，感到极度疲劳，几乎走不回来了。翌日，开始大量呕吐，连续几天无法起床，体重从45

公斤降至38.5公斤。但他仍坚持上课，结果在课堂上大吐，同学们把他扶回家来，王瑶来探望，他用疲弱声音说，如果过三四天还不能起床，就请他代课，可是休息了一天，他又勉强去上课了。

当时国民党政府为了欺骗收买知识分子，特地发了一种配购证，可用低价购到"美援面粉"，这对贫困的知识分子是个香甜的诱饵。6月18日，朱自清正在家中休息，吴晗又登门拜访，给他看一份《抗议美国扶日政策并拒绝领取美援面粉宣言》，朱自清看毕默不作声，拿起笔来，一丝不苟地在宣言上签上自己的名字。他知道这一来他要损失600万法币，但为了正义立场，他绝不愿"逃避个人的责任"。

二十八、生命最后一幕

夏天到了，朱自清的健康毫无起色，胃疼与日俱增，身体极度虚弱。但他仍不肯静下心休养，只要疼痛略好，就伏案读书著述。还制订了一个计划，每天坚持轮流看一本英文书和中文书，利用休息时间读诗，晚上练习书法。

令他感到欣慰的是，由他主持闻一多全集的编辑工作已经完工。7月中旬，他开始整理闻一多手稿，这是相当烦琐而沉重的事，他衰弱的身体已经难以支持了，但还勉强支撑着，陈竹隐劝阻无效，遂在他的书房里支个行军床，桌边放一个痰盂，好让他要吐时便吐，身体实在撑不住了，就歪在床上歇一会儿。朱自清把闻一多手稿进行分类编目，一共是254册又2包，都存在清华中文系里。

7月15日上午，他抱病召集了闻一多全集编辑委员会，报告了遗著整理和出版的经过，宣告这个委员会解散。

晚上9时，他又应邀参加清华学生自治会召开的闻一多遇害两周年纪念会。会场上没有电灯，点着两支蜡烛，台上挂着闻一多画像，长髯飘拂，口含烟斗，栩栩如生，气氛庄严肃穆。朱自清站在台上，用低沉的声音报告闻一多全集编纂和出版的经过。这晚天气闷热，没有一点风，许多人都脱去外衣，只有他一直到终场，没有脱衣服也不出汗。

8月6日早上4点钟，朱自清胃部突然剧痛，10点钟送到北大医院，诊断为胃穿孔。下午2点动手术，情况尚好，他自己也很乐观。8日，病情稳定，清华同事来探望，他还特地嘱咐研究院的试卷请浦江清评阅，女作家谢冰莹来，他很高兴，表示病好后要为她主编的杂志写稿。

10日，病情突然恶化，转为肾脏炎，有尿中毒症状。中午，医院通知清华校方，谓病情危险。朱自清虽然感到难过，但神志还清楚，安卧在床上，静静地睡着。斜阳透窗而进，将绛紫色的光辉投射在他虚弱的身上，给他苍白的脸庞抹上一丝血色。他似乎有什么重要的话要说，强睁起眼睛，看了看守在床边含着眼泪的三个孩子，用颤抖的手抓住坐在榻旁的陈竹隐，一字一句，断断续续地说：

"有件事要记住，我是在拒绝美援面粉的文件上签过名的，我们家以后不买国民党配给的美国面粉。"

说完吁了一口气，似乎了了一桩心事，又平静地睡去。

11日，胃部出血，开始气喘，病情愈来愈险恶了。

残阳渐渐缩进血色的地平线，夜幕慢慢下垂。病房静悄悄，晚风拂着雪白的窗帘，给闷热的房间透进一丝凉意。半轮月亮挂在天空，透过棉絮般的浮云，把青白色光雾，洒在朱自清奄奄一息的病体上。死神的阴影正悄悄笼罩在他的身上。

翌日8时，他开始昏迷，不久心脏停止了跳动，时为公元1948年8月12日11时40分。享年51岁。

当他闭上眼睛时，一个时代行将结束，另一时代即将到来，历史舞台正在急速转换，新的帷幕就要拉开了。但他却在这一历史关键时刻，于光明与黑暗交替时节，匆匆地走了。

朱自清生平事略

刘　流

　　1948年8月12日，中国现代文坛一个巨星陨落了。他就是在国内外享有盛誉的我国著名的散文家、诗人和学者——朱自清。他原名自华，号实秋。在投考北京大学本科哲学门时，为了警诫自己不随流合污，改名自清；又借用《韩非子》中"性缓，故佩弦以自急"的典故，改字佩弦，以激励自己刻苦学习，奋发向上。他的一生，如同他的名字显示的一样：清白无瑕，光洁照人；刻苦磨砺，不断前进；春华秋实，硕果累累。

自幼刻苦学习　一向尊敬师长

　　朱自清祖籍浙江绍兴，1898年11月22日生于东海。五六岁时，即在家启蒙学习。由于父亲经常在外，主要由母亲周夫人教读。他学习非常认真，十分自觉，无须家人督促，清早起来便诵读课文。上中学时，他除了专心听讲，认真做作业，还经常阅读课外书籍。家里的藏书读完了，便向朋友借阅，或者请书局代购。他还经常与同学们共同研究疑难问题，写心得笔记。

因此1916年中学毕业时，他获得了学校授予的品学兼优的奖状。这年暑期，他考取了北京大学预科。为了减轻家庭负担，第二年考入了北京大学哲学门（后改为哲学系），并以三年的时间，学完了北大哲学系四年的课程。

在家庭的熏陶下，朱自清从小就礼貌待人，尊重师长。他的祖父年老中风，半身不遂。当时他虽然只有十三四岁，仍经常帮助家人将祖父搀到大门口坐在高门槛上，让他晒太阳，散散心。他同陈竹隐女士结婚后第一次返扬探亲，便关照陈说："回去可得磕头呀！"陈笑着说："好，到你们家磕头可以，那你到我家也得磕头呀！"谁知这句笑话，朱自清竟记了近十年。抗战时他们到成都避难，他一到陈竹隐姐姐家，便向祖宗牌位磕头。陈竹隐姐姐拉他说："哎呀，不要磕头，你穿的是西装。"他却说："以前说好要磕头的。"这不仅说明他守信用，而且说明他把敬重长辈，看作是理所当然的、必须恪守的事。因此他不仅对自己的上人，对长辈的朋友，也十分礼貌。例如有位王海波先生，是他父亲的挚友，携眷属在他家住了一年多，他始终很尊重他们。而且对家里的佣人，也能平等相待，从不以少爷自居，以致在新中国成立以后，一位曾在他家帮厨的老人还到处打听他的消息，怀念他少年时的音容笑貌。对于有学问的长者，朱自清更是钦敬，虚心求教。

反对腐败政治　坚持高风亮节

毛主席在《别了，司徒雷登》一文中说："我们中国人是有骨气的。许多曾经是自由主义者或民主个人主义者的人们，在美国帝国主义者及其走狗国民党反动派面前站起来了。闻一多拍案而起，横眉怒对国民党的手枪，宁可倒下去，不愿屈服。朱自清一身重病，宁可饿死，不领美国的'救济粮'……我们应当写闻一多颂，写朱自清颂，他们表现了我们民族的英雄气概。"朱自清是当之无愧的。

朱自清少年时代，就关心政治，反对独裁，反对侵略。1915年，袁世凯冒天下之大不韪，实行帝制，当时朱自清正在上中学，听后十分愤慨，他对同学们说："两年前宋教仁遭暗杀，现在又要一手遮尽天下耳目，帝制自为，真是太不顾民意了！语云'物极必反'，我想凡是顺从民意的，必然取得最后成功，而那些倒行逆施违反时代潮流的独夫行动，一定不会长久的。"同学们非常赞成他的意见。这年5月，日本出兵山东，并向我国提出"21条"，引起了全国公愤。朱自清与同学们一道，利用暑假，走上街头，宣传抗日，抵制日货，推销国货，充满爱国之情。在北京大学读书时，他积极参加了具有伟大历史意义的五四运动。他曾在学生联合会做过工作，还参加了著名的共产党人邓中夏发起组织的平民教育讲演团，担任第四组书记。这个讲演团在五四运动中起了不小的作用，朱自清在活动中同邓中夏建立了深厚的友谊。

走上工作岗位以后，他利用自己任教的有利条件，支持学生的进步活动。1921年，他在中国公学教书时，就决定中学部停课，支持大学部的斗争。即使涉及个人的安危，他也在所不惜。1947年，人民解放战争正在激烈进行。国民党为了维护它的反动统治，加强了特务活动，经常到清华大学抓人，朱自清家几乎成了进步学生的避难所。有一次朱自清生病在床，听到外面抓人，便关照陈竹隐："你注意听着门，怕有学生来躲。"果然不久有人敲门，进来一个女生，躲在朱家。那时还有一个进步学生要到解放区去，向朱自清借路费。虽然他手头很紧，还是从保姆那里借了点钱，凑了20元，送他走了。

不仅如此，他还亲自参加斗争，揭露和抨击反动派的统治压迫。1926年3月18日，北京市的学生以及工人等约2000人，为了抗议帝国主义侵犯我国主权，在天安门广场举行群众大会，会后游行示威，并到执政府门前请愿。

朱自清随清华大学的学生一起参加了集会、游行，目睹了"三一八"惨案。3月23日，他怀着悲愤的心情，写了《执政府大屠杀记》，详细叙述了惨案发生的经过，无情揭露了反动政府的残暴罪行。他在文章最后说："这回的屠杀，死伤之多，过于五卅事件，而且是同胞的枪弹，我们将何以间执别人之口！而且在首都的堂堂执政府之前，光天化日之下，屠杀之不足，继之以抢劫、剥尸，这种兽行，段祺瑞等固可行之而不恤，但我们国民有此无脸的政府，又何以自容于世界！"清华大学学生韦杰三，3月18日也参加了游行示威，受了伤，以后死在医院里。4月2日，朱自清又写了《哀韦杰三君》一文，深切怀念这位纯真的青年，进一步痛斥执政府的残暴。

经过八年的艰苦斗争，中国人民取得了抗日战争的伟大胜利。但是在美帝国主义的支持下，蒋介石发动了内战，妄图消灭共产党，使中国人民重新陷入了水深火热之中，全国掀起了要求民主、反对内战的运动，国民党反动派对此进行了血腥镇压。1945年12月1日，云南省昆明市出动几百名国民党军警特务，屠杀手无寸铁的学生，西南联大有4名学生被害。1946年7月，李公朴、闻一多又先后被杀害。这使朱自清彻底认清了国民党的反动嘴脸。他冒着被害的危险，在成都参加了"李闻惨案追悼大会"，并做了报告，介绍挚友闻一多的生平，无情地抨击了国民党的罪行。他还写了《挽一多先生》的新诗，赞颂闻一多"是一团火，照见了魔鬼，烧毁了自己！遗烬里爆出个新中国"！这以后，他的斗争更加坚决。1947年2月，他在抗议当局任意逮捕人民的"十三教授宣言"上签了名，排名第一。由此国民党特务三次到他家捣蛋，他毫不惧怕，坚持斗争，绝不动摇，并进一步同中间道路划清了界限，拒绝了中间刊物《新路》的邀请。他曾对他的夫人陈竹隐说："以后的中间路线是没有的，我们总要把路线看清楚，勇敢地向前走去。这不是简单的事，我们年纪稍大的人也许走得没有年轻人那么快。但是，走得慢，也得走，而且得赶着走。"

在"知识分子今天的任务"座谈会上，朱自清曾指出："知识分子的道路有两条：一条是帮闲帮凶，向上爬，封建社会和资本主义社会都有这种人；一条是向下的。"他用自己的言行，证明他反对前一条路，赞成后一条路，也就是向着人民大众的路，在这条路上奋勇前进，他当了清华大学教授、系主任以后，已成了名人，于是有人劝他加入国民党，甚至拿了"特别党证"的党员表让他填，被他拒绝，国民党还用高官厚禄拉拢、引诱他，他对此嗤之以鼻。他对外国人也是如此，抗战初期，有个名叫三室三良的日本文化特务，在清华大学当研究生，他经常请客，校长、院长、系主任、知名人士都请，每逢请客，朱自清都找借口不参加，有一天，三室三良又要请他，并说："你哪天没事，就哪天请，下礼拜没有事吧？"到了请客那天，朱自清找了辆车，把全家人拉到大觉寺看玉兰花去了，这自然得罪了日本人，引起日本的注意，但他全然不顾。

最突出的，自然是毛主席提到的不领美国救济粮的事，1948年，美国一方面支持国民党打内战，扶植战败的日本；另一方面又假惺惺地"援助"中国面粉，当时全国物价飞涨，民不聊生，朱自清也入不敷出，生活困难，而且有严重的胃病，经常呕吐，不能进食，是迫切需要这些面粉的，但他仍然于1948年6月18日在《抗议美国扶日政策并拒绝领取美援面粉宣言》上签了名，把配给证退了回去，他在这一天的日记里写道："此事每月需损失六百万法币，影响家中甚大，但余决定签名，因余等既反对美国之扶日政策，自应直接由己做起，此虽只为精神上之抗议，但决不应逃避个人责任。"8月6日，他胃部剧烈疼痛，做了手术，10日又并发肾炎，十分严重，这时他还念念不忘地嘱咐陈竹隐："有件事要记住：我是在拒绝美援面粉宣言上签过名的，我们家以后不要买国民党配给的美国面粉！"这种坚贞不屈的高尚品质，真是催人泪下！

朱自清能做到这样，是同他对国民党和美帝的本质深刻认识分不开的，也是同他自小所受的熏陶有关的，他在中小学读书时，就非常景仰民族英雄文天祥和史可法，他喜爱文天祥的《正气歌》，尤爱"人生自古谁无死，留取丹心照汗青"的名句；史可法是在扬州牺牲的，后来在扬州建立了史公祠，朱自清常去那里凭吊，特别是他的父亲借史公祠养病时，几乎每天必去，这两个人的可歌可泣的英雄事迹对他影响很大，他们坚贞不屈的精神，对他起了潜移默化的作用。这正如他自己所讲的："童年的记忆最单纯、最真切，影响最深最久的。"

关心人民疾苦，热爱祖国山河

朱自清的祖父和父亲虽然都做过官，但由于官小职卑，薪水不高；更由于为政清廉，两袖清风，因此生活并不富裕，他的祖父逝世后，家境江河日下，经济拮据，困难较大，连他祖母的丧事，还是借钱办的。他和几个弟妹上学，更是靠借债度日，以致债台高筑，待他和弟妹工作以后，才慢慢还清。因此他对穷苦的生活有所体会，对人民的疾苦十分关心。

朱自清小时候即有同情心。在他上中学时，有个冬天的早晨，北风怒号，大雪纷飞，一个老年病人蜷缩在琼花观外门角落里，浑身直抖，牙齿打战。他看到以后，马上跑回去，找了件棉袍送去，披在老人身上，那位老人非常感动，流下了热泪。

朱自清成年以后，对人民的疾苦更关心。有一次他到扬州富春茶社喝茶，隔桌有位国民党军官陪太太吃点心，并为太太倒了醋。岂料那位夫人以为丈夫是嘲笑她好"吃醋"，于是大发雷霆。这位军官竟然嫁祸于人，诬陷跑堂的倒的，不仅打了跑堂的嘴巴，还找来了店主人责问。此时朱自清挺身而出，指出是那位军官亲自倒的，才了结此事。朱自清吃罢回家，堂倌跟着跑出来，向朱自清下跪道谢，并说尚有老母卧床不起，如果不是先生讲公道话，定被解雇，今后一家老小怎么生活。还有一次在北京，他看到警察打骂抢生意的三轮车夫，便上前制止，仗义执言："你打他做什么，他是为了生活呀！"他常常激动地说："八年沦陷，难道他们还没有吃尽敌人的苦头吗？"

朱自清对劳苦大众的关心，无论是在战乱期间，还是在和平环境中，都是一样的。1937年7月7日，爆发了抗日战争。不久日本侵略军攻陷了北平，占领了清华园。9月22日，朱自清悄悄离京赴长沙，主持清华、北大、南开三校组成的临时大学中文系。翌年临时大学迁移昆明。他在自长沙赴昆明途中，看到船工和纤夫的艰辛劳动，于是写下了《漓江绝句·上水船》：

> 龟行蜗步百丈长，蒲伏压篙黄头郎。上滩哀响动山谷，不是猿声也断肠。

这首诗，反映了船工的苦难，寄托了诗人对劳动人民无限同情。如果说，《漓江绝句·上水船》，是朱自清在离乱中，看到了劳动人民的苦难，对他们寄予了深切的同情；那么《夏夜次公权韵》这首诗，则反映了朱自清在安适的生活中，仍然关心群众的疾苦。当时他在清华大学任教，生活是安逸的。但他没有忘记在浙江任教时的艰苦环境：

> 忆昔浙中山映水，举家矮屋听更鼓。绕屋水田热比汤，昼夜熏蒸哪逭暑。田中蚊蚋伸长喙，嘬人辄病十之五。呛鼻浓烟徒木屑，避风斗帐任絺绤。蚊阵长驱可奈何，任凭宰割肉登俎。天地不仁古所叹，喋喋何当穷墨楮。浸暑酷热生创痏，彻旦呻吟摩臀股。当时眼孔如豆大，切齿瘿眉不胜苦。

这是写自己的亲身经历，实际上也是反映农民的苦痛。因此当他看到天气干旱，庄稼缺雨时，则忧心如焚，连书也读不下去了：

> 电舌破天时一吐，望穿万眼无滴雨。抛书分得农圃忧，敢言肥瘠非吾土。挥汗还沾葛衣透，摇箑难驱众蚊语。一身辛苦何足道，所忧衣食民父母。

正因为如此，他在诗的结尾时衷心希望：

> 但愿人定回雨旸，千仓万箱盈天府。

难能可贵的是，朱自清还能在看到劳动者的苦累时，将心比心，对照自己，解剖自己。他在《宴罢》一首诗里，首先描述了他和朋友们欢宴的情况，待到"酒够了！菜足了！脸红了，头晕了，胃膨胀了，人微微地倦了的时候"，他注意到了：

> 他可不止"微微地"倦了：
> 大粒的汗珠涔涔在他额上，
> 涔涔下便是饥与惫的颜色。
> 安置杯箸是他，
> 斟酒是他，
> 捧茶是他，
> 递茶和烟是他；
> 我们团团坐着，
> 他尽团团转着！

杯盘的狼藉，

果物的散乱，

他还得张罗着哩，

在饥且惫了以后。

看到这种情况，想想自己，他深感内疚：

于是我觉得僭妄了。

今天真的侮辱了阿庆！

他侮辱沿街住着的，

吃咸菜红米饭的朋友！

而阿庆如常的小心在意，

更教我惊诧，

甚至沉重地向我压迫着哩！

我们都倦了！

我们都病了！

为什么呢？

为了什么呢？

朱自清不仅自己关心群众，也劝自己的亲属想着人民。他在《寄三弟叙永》一首诗里，就谆谆告诫自己的三弟朱国华："去岁官叙永，法曹人所尊。宿愿一朝副，当思惠吾民。"明确地要求自己的弟弟：当了官，要施惠于民。

深切关怀人民疾苦的人，对祖国的锦绣河山也必然非常热爱。朱自清每到一地，都要用诗歌或散文，反映当地的名胜美景。瑞安的胜迹山岩；"六翩浮沉云外影，一山涌现眼中青"的小孤山；"笋舆伊轧入山城，鸡吠无声巷陌清"的台州；北京的"以层折胜"的潭柘寺，"以开朗胜"的戒台寺和"只有远近几声犬吠。教我们知道还在人间世里"的耘堂；"逛南京像逛古董铺子"的六朝古都……无不在他的妙笔下生花。他描绘秀丽的景色，也反映民俗风情，浸透了作者热爱祖国山河的炽热的感情。

当然，最使朱自清动情的莫过于扬州了。自1903年起，朱家就在扬州定居。朱自清六七岁时随全家迁来扬州，青少年时代是在扬州度过的。他的弟弟朱国华和妹妹朱玉华都生于扬州，祖父母、父母亲和前妻武钟谦均逝于扬州。他自己考取北大、结婚生子，都在扬州。扬州对他和他家来讲是"生于斯，死于斯，歌哭于斯"了，因此他自称"我是扬州人"。对他的这个故乡，他是无限热爱的。他的妻子陈竹隐在《追忆朱自清》一文中详细介绍了他对扬州的深厚感情。由于他对扬州的一往情深，因此写了许多有关扬州的散文和诗作，如《扬州的夏日》《儿女》《看花》《给亡妇》《冬天》《择偶记》《说扬州》等等。这些文章，或描述扬州的名胜古迹，或赞扬维扬的风味佳肴，或回忆古城的风俗人情，或眷念在扬的儿女，或追悼逝世的前妻。篇篇写得情真意切，朴实感人，字里行间充满了对扬州的无限深厚的感情。

呕心沥血授业　严肃认真治学

朱自清自1920年5月在北京大学毕业以后，一直从事教学工作。他先后在杭州第一师范、扬州江苏省立第八中学、吴淞中国公学、浙江省立第六师范、第十中学、第四中学和上虞白马湖春晖中学任教，1925年暑假以后，28岁的朱自清进入清华大学教书，直至逝世。

他对教学非常认真。正如叶圣陶在《朱佩弦先生》一文中所说："他是个尽职的胜任的国文教师和文学教师。教师有所谓'预备'的功夫，他是一向做这个功夫的。不论教材的难易或深浅，授课以前总要剖析揣摩，把必须给学生解释或提示的记下来。一课完毕，往往是满头大汗，连擦不止。看他神色，如果表现舒适愉快，这一课教得满意了；如果有点紧张，眉头皱起，就可以知道他这一课教得不怎么惬意。"他在西南联合大学任教时，由于敌机常来空袭昆明，全家移居北郊龙堰村。上课时，就从乡下到城里来。有一次下雨路滑，朱自清跌了一跤，被一位老农扶起，仍坚持及时赶去上课。而且不管学生多少，讲课都十分认真。他在昆明西南联大讲授《文辞研究》课时，听课的只有王瑶和季镇淮两个学生。"没有课本，上课时朱先生拿着四方的卡片，在黑板上一条一条地抄材料，抄过了再讲，讲过了又抄，一丝不苟好像对着许多学生讲课一样。"（季镇淮：《纪念佩弦师逝世30周年》）他讲课严肃认真，改作业也一丝不苟。有一次，他给一个学生的文章改了一个字，后又把那个学生找来说："还是用你原来那个字吧！我想还是原来那个字好。"不仅一个字，甚至一个标点，他也从不马虎。对学生作业的内容，他反复推敲，对作业的时间，他也严格要求，对自己也不例外。有一回，他得了痢疾，本该及早休息。但是他已答应学生第二天上课时发作文簿，于是不顾病体，连夜批改。书桌边放个马桶，一夜拉了30多次，天亮时硬是把作文改好了，真正是鞠躬尽瘁，呕心沥血了。

朱自清为人非常勤奋，对时间十分爱惜。他在《匆匆》一文中曾这样说："燕子去了，有再来的时候；杨柳枯了，有再青的时候；桃花谢了，有再开的时候。但是，聪明的，你告诉我，我们的日子为什么一去不复返呢？"因此，他对时间，抓得非常紧。他每天早晨起来，漱口时就把书放在洗脸架上看，吃过早饭到图书馆去，中午回家吃过饭还要去，直到图书馆关门。回家便伏案写作，除了生病，从未在晚上11点钟以前睡觉，即使在云南昆明和蒙自的时候，也是如此。

他治学严谨，精益求精。据陈竹隐回忆，他常常把写好的文章，读给她听，征求她的意见，有时为了一个字，要推敲半天。叶圣陶也讲："他作文、作诗，编书极为用心，下笔不怎么快，有点儿矜持。非自以为心安的意见决不乱写，不惮烦劳地翻检有关的材料。文稿发了出去发现有些小节目要改动，乃至一个字的不妥，宁肯特写一封信去，把它改了过来才满意。"（叶圣陶：《朱佩弦先生》）正因为如此，他的文章写得好，有的被人评为"白话美术文的模范"，《桨声灯影里的秦淮河》《荷塘月色》被选进中学语文课本，《背影》《给亡妇》更写得情真意切，朴实感人，已到了炉火纯青的地步。这些文章，成为我国现代散文的代表作，他也成为我国现代著名散文学家。

他在学术研究上也硕果累累，造诣很深，尤其在中国文学史和中国文学批评史的研究方面。他曾利用在西南联大一年的休假时间，花了很大功夫撰写《经典常谈》。这是一部研究文学历史的入门书。涉及面极广，从《说文解字》《周易》《尚书》《诗经》《礼记》《春秋》《左传》《战国策》《史记》《汉书》一直读到梁启超的新文体和胡适之的白话文。朱自清在写作时，既考虑到普及的需要，又力求达到学术研究的高度。因此叶圣陶说这部书是"采用最新最可靠的结论，深入浅出，对于古典教学极有用处"。朱自清的《诗言志辨》，近乎用考据的方法，对我国古典诗歌批评理论的源头——一些最基本的概念，如"诗言志""兴""比""赋"等，进行了深入探讨。他的《中国歌谣》，则是"五四"以来研究我国民间文学较早的一部专著。他的此类学术著作颇多，受到人们的好评。

但是，他从不因此骄傲自满，文过饰非。他曾写过一篇《论逼真与如画》的文章，发表在《文学》的《中国文学研究专号》上。以后编书时，他重读那篇文章，仔细思考，觉得有些不同意见，就将《佩文韵府》引的材料与原书核对，发现有一条是错的，有一条是靠不住的，因此动手重写，并加了副题《关于传统的对于自然和艺术的态度的一个考定》。

他发现自己的错误，勇于纠正；对别人意见慎重对待。他的《荷塘月色》发表以后，有个读者写了一封信，讲"蝉子夜晚是不叫的"。为此他问了好多人，都讲蝉在夜晚不叫。又写信请教一个昆虫学家，答复蝉在夜晚会叫。直到自己留心观察，有两次亲耳听到了月夜蝉声，才算定了心，并感到"观察之难"。正确批评，更虚心接受。他写过一篇文章叫《是勒吗》，发表以后，引起人们的议论。当时有一位署名"西"的先生写了篇文章，指出"是勒吗"应改为"是喽嘛"。他认为，"西"先生的指正是对的，以后在编辑出版《语文影及其他》时，就将这篇文章的题目由《是勒吗》改为《是喽嘛》。他还写过一些评论的短文，其中有对卞之琳先生《距离的组织》《淘气》《白螺壳》三首诗的分析。事后卞先生指出某些解释有不妥之处。浦江清先生也指出朱自清在《朗读与诗》一文中，对《和平的础石》描写香港总督铜像的分析，不够确切。朱自清在编辑出版《新诗杂话》时，不仅作了修改，而且在《序》中公开承认错误，并对卞之琳、浦江清两位先生表示谢意。这一方面反映了他的实事求是，治学严谨；另一方面也反映他胸怀坦荡，光明磊落。

他的治学，是与他的为人分不开的。闻一多是他多年的同事和挚友，闻被杀害以后，他在给雷海宗的信中说："一多的事我要负责，要出版他的著作，照顾他的家属。"当时，他虽然十分繁忙，还是排除杂务，于1946年12月开始整理闻一多的遗著。他怀着对挚友的深情，肩负弥补中国学术损失的重任，撑着多病的身躯，夜以继日地赶编，不到一年时间就编辑出版了《闻一多全集》，并为其写了序言和编后记。正如吴晗同志在《闻一多全集》的《跋》中说的："佩弦先生是一多十几年来的老友和同事，为了这部书，他花费了一年的时间，搜集遗文，编缀校正，遗稿由昆北运时，有一部分遭了水渍，请人逐页揭开，请人抄写。他拟定了目录，选编了尺牍，发表了许多篇未刊的遗著。并且，在他的领导之下，动员了中国文学系全体同人，分抄分校，分别整理这集子以外的许多著作。一句话，没有佩弦先生的劳力和主持，这集子是不可能编集的。"他的文风，也如其人。杨振声在《朱自清先生与现代散文》一文中明确指出："他文如其人，风华是从朴素出来，幽默是从忠厚出来，腴厚是从平淡出来。"他的儿子朱乔森说得好："阅读他（指朱自清）的散文，我们将时时感到一个老实谦虚、诚恳正直、温厚朴实的作者的存在，也将不难看到他的由'狷者'而斗士的坦荡历程。"（朱乔森：《关于父亲的创作》）

"春蚕到死丝方尽，蜡炬成灰泪始干。"朱自清如一根蜡烛，燃烧了自己，照亮了别人；如一只春蚕，吐尽腹丝，献给人间。他的一生是平凡的，又是不平凡的。虽然他离开我们已40多年了，但他的高风亮节，与日争辉；他的不朽著作，同江河共存。

我和朱自清家的交谊

张世璘

我家世居扬州，父亲名张嘉瑞，字应六，原在盛宣怀部下从事电信工程。后于清光绪年间，购得琼花观街房屋一所。这处房屋很大，建筑面积在1000平方米左右。前面有一个大院子，种果木等树数十株，后面分东西两部分，面积大致相等，东宅有房屋三进，后进有楼，西宅有一厅和两进住宅。东西宅之间有墙隔开，西宅大厅处有一八角门通大院子。我的哥哥名张世琦，字申伯，光绪二十年（1894年）生，我民国五年（1916年）生于琼花观街这所住宅。

民国四年（1915年）我家将西边两进一厅租给朱小坡家居住，从此我们两家共一个大门出入，不但朝夕晤面，守望相助，而且情投意合，过从甚密。朱家一住八年，直到民国十一年（1922年）才搬走。由于我们两家在琼花观建立起来的友谊，故朱家虽搬出，而我们两家来往不断，来往较多的是朱家住在东关街仁丰里时，因彼此靠近。到朱家搬安乐巷后因人事变迁，两家来往便逐渐稀疏下来。

朱自清的祖父清光绪年间原在江苏东海任承审官十余年。朱自清的父亲于光绪二十七年（1901年）由东海赴扬州府属邵伯镇上任，两年后全家迁扬州城，从此卜居扬州。朱小坡的长子即朱自清，光绪二十四年（1898年）生于东海。次子朱物华，光绪二十八年（1902年）生于邵伯。三子朱国华和小妹朱玉华均生于天宁门街。祖父朱菊坡逝于弥陀巷。故朱家搬到琼花观街时家中有八口人：祖母吴太夫人、朱小坡、两位夫人（朱自清生母周夫人，绍兴人，庶母淮阳人）以及朱自清兄妹四人。其中物华一直在上海读书，后又长期在国外留学和工作，不太熟悉；其余朱家长幼均亲如一家。

周夫人为人和蔼可亲，精神健旺。她和家母感情极好，亲如姐妹，朝夕形影不离。她说话带浙江口音，家母则带四川口音，两人交谈起来，非常高兴，毫无语言障碍。她看我小时聪明伶俐，一定要拜给她做干儿子。家母便择日举行了拜干亲仪式，从此我便以"干娘"称呼她。她一有好吃的东西，总把我喊过去吃，或买些新奇的玩具给我玩耍。干娘长得并不太瘦，因庶母很胖，亲友四邻为了区别起见，均对干娘昵称"瘦朱太太"。干爷小坡则体形较胖，个子不高，为人沉默，不多言语。1916年初夏在一个风雨交加的夜里，家父因暴病去世，家母痛不欲生，欲寻短见，多亏干娘多方劝解安慰，才免于一死。

朱自清比世琦家兄小两岁，两人同上八中，感情甚好，早则同去，放学同归。后来又同赴北京投考北京大学。我除去拜朱母为干娘外，又和国华、玉华要好，家姐世珉又与玉华特别亲密，宛如姐妹。国华、玉华为人都很热情，每次家母去时，他们都很有礼貌，对我则看作小弟弟。国华在学习上对我指导和帮助甚多。他在五师毕业后曾当过教师，后来考入厦门大学法学院，1934年毕业时成绩为该院第一名，以后一直在法律界工作，新中国成立前在无锡法院任职，爱人家住松江。后来我和国华总爱追忆童年岁月。

朱物华在扬州时很少，性格上酷似乃父，内向，有"书呆子"气，一回来就关门读书，不与人来往闲谈。住琼花观街时，常见到他在西宅大厅屋檐下读英语，书声琅琅，达于户外。他在八中毕业后，就考入上海交大电机系，23岁毕业后留美，在麻省理学院得硕士学位，以后又进了哈佛大学，得博士学位，再到英国剑桥大学进修并在欧洲考察，于1927年回国。他在电力工程、无线电电子学、水声工程、信息论等领域，卓有成果。新中国成立后任上海交通大学教务长、校长等职。由于他长期寓沪，我们极少往来。玉华南京师范毕业，人很漂亮，发多而乌黑，给我留下深刻的印象。

记得有一年在仁丰里，当时朱自清已在北京，干娘拿他的照片给我看，照片上显得面庞清癯，无须，头发左偏分，戴圆边框近视眼镜，着浅色西装，整齐，笔挺，精神抖擞，给人以文质彬彬之感。干娘并介绍说："他热爱扬州，虽然祖籍绍兴，对人他总说自己是扬州人。"干娘并告诉我当时他已写了一些有影响的文章，如《背影》等。

朱家整个在琼花观街居住期间，有以下一些动态：朱自清于1916年夏在江苏省立第八中学毕业，考入北京大学预科。是年冬，回扬州，和杭州祖籍之扬州名医武威三之女武钟谦结婚。1917年夏，改名自清，字佩弦，跳级考入北京大学哲学系，考后返扬约住两月。是年冬祖母逝世。1920年在北京大学毕业，回扬州在江苏省立第八中学任教务主任兼国文教员。长子迈先生于此宅。

按理说来，朱自清家在扬州前后住过六七处，其中以琼花观房屋关系最密切，他中学毕业，大学读书，结婚生子，大学毕业，在八中任教，均住此房。

朱家搬走后，我家和孙家就迁到西边原朱家所住的两进一厅的住屋了。

浦江清诗赠朱佩弦

曲　辰

赠别佩弦

已作天涯客，胡为更远行？

尽伤朋旧意，忍拂美人情。

俄岭冰千迭，英京海百程；

相看万里别，送子泪纵横。

　　这首五律是1931年浦江清先生（1904—1957）写给朱自清（佩弦）先生的，浦与朱是清华大学中文系的同事。当年夏天，朱先生从北京启程去英国游学（现称为访问学者），浦先生赠此诗为别。朱先生是扬州人，在北京教书，用旧时的眼光看起来，已算是天涯客了，现在更要跑到老远的英国去，诗的前两句说这一层意思。第三句表示朋友依依惜别的深情。第四句指前不久朱先生刚刚与陈竹隐女士订婚，仍在热恋之中，竟抛下她自个儿出国去了。朱先生的原配夫人武钟谦女士于1926年病逝于扬州老家，朱先生十分伤心，写过一篇著名的散文《给亡妇》，脍炙人口，传诵甚广，她身后留下6个儿女，朱先生才30多岁不得不重新组织家庭。但朱先生以事业为重，仍然决定利用清华给他提供的机会，到英国去进修语言和文学，虽然他出国以前已是著名的教授，当清华中文系主任也已好几年了。1932年夏天朱先生回国，与陈女士结婚。

朱先生是取道西伯利亚去英国的，他于1931年8月22日动身，经哈尔滨、莫斯科、柏林、巴黎，然后横渡英吉利海峡，于9月8日抵伦敦；途中的情形他在《西行通讯》中有所记述。朱先生的整个旅程都在夏天，应无冰雪，但高山峻岭之上又当别论，高处不胜寒，所以"俄岭冰千迭"一句并无语病，与"英京海百程"一句对仗亦颇工稳。

浦先生与朱先生同事多年，友情至深。1948年8月上旬，朱先生病重住院，8月8日有几位同事去看他，"他安静地躺在病房里，鼻子里有医生插着的管子，说话很不方便，但仍然在说话，神志很清楚。他听医生说十二指肠可能有毛病，深恐这次开刀不能断根；又嘱托说研究院的试卷请浦江清先生批阅……"[1] 8月12日，朱先生去世后，浦先生参与遗著整理，做了许多工作。他们之间的深厚友谊，真是生死不渝。

---

[1] 王瑶《念朱自清先生》。

余冠英先生谈朱自清

汤 杰

1992年5月，我们专程去北京征集有关朱自清先生的史料，特拜访了余冠英先生。

余老听说我们是从扬州来的，连忙走出书斋，很热情地把我们让进了客厅，并招呼他的两位哲嗣绳武和绳孙先生，陪同接见了我们。

余老今年86岁，但却面色红润，精神矍铄，看上去身体很硬朗，态度很谦虚，我们亲炙他的这派蔼然可亲的学者风度，油然地使人生发无限的敬意。

我们向他说明了来意，请他谈谈有关朱自清先生的一些情况，他颔首微笑，连声说："好！好！好！"

余老说："我和朱先生同是扬州人。他年长我8岁，曾是我的老师，后来我和他又长期在一起共事。他的锲而不舍的治学精神以及诲人不倦的教学态度，一直为我所崇敬。遗憾的是他过早地离开了人世！"余老扳扳指头，黯然地接着说："不知不觉地距今已有44年了。"言下颇有不胜唏嘘之感。

余老说："我家住在扬州徐凝门城脚根的余总门，这是一条东西向的巷子，自拆城墙后，这巷子便不存在了。后来我家搬往县扬中所在的羊巷，与朱先生的安乐巷故居相去不远，暑假间，我常去他家看望。"

187

余老接着关心地问："前些时，扬州有人来，说是朱先生的故居正拟修复，不知现在进行得怎么样？"我告诉他："占住的居户业经有关部门动员迁出，另行安置，现在按原样积极修复，预计今年可望对外开放。"余老听罢，连连点头赞"好"！

"关于朱先生的生平经历、学术文章、品格风度，海内外的书刊介绍很多，毋庸我多说，而且一时间也难尽述。"余老沉思一会儿，接着问我们："最近放映的《朱自清》电视连续剧，想你们看过吧！从荧幕上看，他人很谦和，似乎恪守着中庸之道，表现出一副无可无不可的神态，其实朱先生是一位非常坚持原则的人。人们喜欢接近他，但又惧怕他的严格。他的课堂纪律很严，每次都要点名。有一次，一个学生没来上课，第二天他在走廊上看到这个学生，立即喊着他的名字，问他为什么昨天不来上课，使得这个学生面红耳赤，连忙道歉。"

"朱先生对清华大学图书馆所做的贡献很大。他当中文系主任期间，为图书馆购置的书籍很多。他常常开了一篇很长的书单让人去购办，更多的是经常自己去琉璃厂的书肆选购，每次都满载而归。有一次，燕京大学的一位教授去世了，他的家属想把其藏书卖给清华，转托一位陈老师向朱先生说项。朱先生看完开列的书单，仅购了其中的部分书籍，但这位陈姓老师再三强调要全部买下，朱先生板着脸说道：'究竟我当中文系主任，还是你当中文系主任？'原来朱先生的购书是有其一定原则的。他要买的是具有研究价值的书、馆藏中欠缺的书，或者是借阅流量大的书，决不愿意乱花购书专款中的一分钱。"

余老说："朱先生的教学很认真，对学生的作业总是精批细改，连一个标点符号也不肯放过。他教的课，常要学生默写和背诵，错了就要扣分，以致有些学生不敢选修他的课。"

"凡是求他审阅文稿，向他征求意见的人，不管是学生还是同事，他都认真地阅读并详尽地提出自己的意见。我撰写的《古代文学杂论》，其中新中国成立前所写的部分原稿，就曾请先生看过；在昆明时，我以汉朝大将灌婴为笔名，发表的一些旧体诗，多曾经他过目。"

余老在谈及他与朱先生相交的情谊时，回忆说："朱先生于1931年休假出国，他把房子让给我住了。后来我们从昆明回到北平，两人同在清华，两个办公室恰巧门对门。而在清华园的宿舍，也是比邻而居，过从相当亲密。他的夫人名竹隐，我的夫人名竹因，学生们戏称我们两人的宿舍叫'四个斋'，经常在课余结伴来叙谈。"

余老的话锋迅又转向他和朱先生旅居昆明时的情景。余老说："朱先生有爱洗凉水浴的习惯，平常还爱喝酒。可到昆明以后，酒就不大喝了。但很喜欢吃零食，可能是在扬州养成的习惯。因为扬州的小吃很有名，先生在一篇《说扬州》的散文里，就屡屡提及扬州的小吃。在昆明，我经常陪他逛街，那时昆明的每条街都有好几家卖清茶的茶馆，茶馆门前有许多卖零食的摊子和担子，有西藏来的油茶果、四川的百合、云南的白果……这些东西，先生都爱吃。有一次，他站在摊子前，啃一块云南的风味小吃——油炸葱花饼，要我陪他吃，我摇摇头，不想吃，先生向我说：'你是不是认为不雅相？你这个人哪！到现在架子还没有拿得下吗？'说罢，两人都哈哈大笑。"

余老还说起"朱先生最喜吃花生米，他在北平时就患有胃病，来昆明后，由于工作的劳累、生活的不安定、家庭经济负担重等等原因，胃病更趋加剧了，可他还是爱吃花生米，朋友们担心他吃多了会引起胃子疼，他就像孩子讨饶似的央求说：'只吃十颗好吗？''哪怕是三颗、五颗也行哩！'朋友们都欢喜他的这种真情实感，一点儿没有矫情和做作"。

朱先生兄弟三人，余老都很熟悉。他说："朱先生和他两位令弟，相貌极相似，性格也相像，都具有一股淳朴和浑厚的天性。"余老又说："正因朱先生有这股纯真的感情，所以能写出许多篇情感真挚的散文，在其名篇

《背影》和《给亡妇》里，正是这种真感受和真性情的流露。"

　　余老的接谈，使我们的访问得到很大的满足。为了不致影响他的休息，便兴辞而出。余老亲自送我们出门，他的这种平易近人和娓娓而谈的亲切态度，一直在我们心头萦回。

光芒耀眼的双子星座

——记朱自清与闻一多

闻黎明

朱自清与闻一多相识于1932年秋天，那时，闻一多离开青岛大学，应聘为清华大学中文系教授，而中文系系主任就是朱自清。从此，他们在长达14年的岁月里，一直朝夕相处，结下深厚的友谊。朱自清是位诗人，早年与周作人、俞平伯等合出过诗集《雪朝》，后来又独自出版了诗集《踪迹》。1935年7月，他起手编《中国新文学大系·诗集》，特别研究了闻一多的《红烛》《死水》诗集，从中选出30首编入《大系》。朱自清可谓闻一多的知音，这30首诗不仅代表了闻一多的诗风，而且代表了一位爱国诗人的心声。

卢沟桥事变后，清华大学南迁到长沙，与北京大学、南开大学合组为长沙临时大学。

南京沦陷后，长沙临时大学又迁往云南，改为西南联合大学。搬迁时，闻一多放弃乘车，与200多名学生徒步经湘、黔入滇。近70天里，步行团的刘兆吉同学收集3000余首民歌民谣，编成《西南采风录》，闻一多是采风小组的导师，义不容辞为该书写下序。朱自清也很钦佩朋友和学生跋涉三千里的勇气，更为民谣中的"民众的敌忾"所感动，他也执笔写了序。这两篇序文交相辉映，展示了两位挚友抗战必胜的决心。

朱自清常年患有胃病，身体很不好，闻一多时刻为朋友健康担心。1940年暑假，朱自清去成都休假，闻一多代理他任清华中文系主任。次年朱自清回到昆明，身体仍不太好，闻一多不忍心让朋友劳累，终于答应正式担任系主任。

1943年底，闻一多写下《时代的鼓手——读田间的诗》，他在课堂上公开赞扬解放区诗人，这在当时国民党统治下的昆明还是头一次。朱自清是最早读到这篇文章的，他立刻感觉到朋友的思想开始发生重要的变化。朱自清性情比较平和，不像闻一多总有股子诗人般的冲动。但是，严酷的现实同样教育了他，他和闻一多一起在联大"五四"纪念会上做演讲，一起响应全国文协关于开展援助贫病作家的活动的号召，一起出席鲁迅逝世八周年纪念会。闻一多曾在一次诗歌朗诵会上朗诵了解放区诗人艾青的《大堰河》，不久朱自清便撰文说：从闻一多"那抑扬顿挫里体会了那深刻的情调，一种对于母性的不幸的人的爱。会场里上千的群众也都体会到这种情调，从当场热烈的掌声以及笔者后来跟在场的人的讨论可以证实，这似乎是那晚上最精彩的节目之一"。

闻一多有一篇很著名的文章，题目为《屈原问题》。当时，围绕屈原的身份问题在重庆、成都展开了一次讨论，而这次讨论的背后，实际上关系着知识分子要不要担负起国家责任的问题。在讨论中，有人曾指出闻一多也认为屈原的身份是"文学弄臣"。闻一多远在昆明，不大了解这次讨论的情况，是朱自清去成都探亲特意把有关文章剪下陆续寄来，才促成了《屈原问题》的诞生。这篇文章后来在郭沫若主编的《中原》上发表，闻一多遇难后，延安《解放日报》又全文刊载，并加了编者按。

1946年春，清华大学准备回北平。6月中旬，朱自清先到成都，准备接家眷回北平。7月15日，闻一多被特务暗杀身亡。朱自清17日才从报上得知消息的，他顿时泪流满面，愤怒声讨，并怀着沉重的心情给闻一多的夫人高孝贞写了慰问信。这封信是最近才从闻一多家属保存的旧物中发现的，也是朱自清从未披露过的一份佚文，特录如下：

闻太太大鉴：

今天见报，一多兄竟遭暴徒暗杀，立鹤也受重伤！深为悲愤！这种卑鄙凶狠的手段，这世界还成什么世界！一多兄的丧事想来已经办了，立鹤的伤势如何？极念。盼望他能够渐渐好起来！

您一定极伤心。但还有五个弟妹要靠您教养，盼望您在无可奈何中竭力镇静。您身体也不好，更盼望您注意自己！

学校方面我已有信去，请厚加抚恤。朋友方面，也总该尽力帮忙，对于您的生活和诸侄的教育费，我们都愿尽力帮忙。

一多兄的稿子书籍，已经装箱。将来由我负责，设法整理。家中若还存有遗稿，请交何善周先生。如何先生已走，请交叶竟耕先生。我已有信给叶先生了。

立鹍立鹏想还在重庆，他们一定也极伤心。他俩的行止如何？也极系念。

专此，敬请
节哀！

朱自清

7.17

闻一多的牺牲，对朱自清的震动很大。在成都，他连着参加了几次追悼闻一多的大会，报告闻一多的学术成就，不但博得全场掌声多次，而且使听众都纷纷掉泪。

回到北平后，清华大学成立了整理闻一多遗著委员会，朱自清被指定为召集人。他把清华中文系同人全都调动起来，很快拟出了目录，并把它刊登在报上，以便广征佚文。

1948年7月15日，是闻一多牺牲两周年忌日。这天，朱自清抱病主持了闻一多遗著整理委员会的最后一次会议，300多万字的文稿，在一年零几个月里便编辑完成，速度是惊人的。闻一多全集全部交稿后，朱自清的胃病也已严重到极点。18天后，他终于躺倒。开明书店加班加点，为的是能让朱自清看一下他呕心沥血编成的闻一多全集。但是，时间不驻足，8月12日，朱自清病逝。一个月后，四册八卷精装的《闻一多全集》出版了，人们看到这部巨著时，怎能不缅怀这两颗光芒耀眼的双子星座！

朱自清故居寻踪

史 隽

朱自清6岁随父举家迁居扬州，在他自认是故乡的扬州，度过了他的青少年时代。

朱自清一家在扬州的故居。根据他的亲属提供的资料，各个住处街坊老邻的回忆，以及我们多次实地寻访，他家自1903年举家迁扬至1946年朱自清的女儿效武迁沪，这40多年间，朱家在扬曾搬迁过七处住所。至今，事隔八九十年，古城几经变迁，这些住地，有的已不复存在，有的已面貌全非，保存较完整的，只有安乐巷27号一处了。

为了确认朱家在扬租赁的七处住宅，我们专程赴上海、松江、北京等地，向朱自清的二弟朱物华、三弟朱国华以及他的儿子朱闰生、朱乔森等亲属作了进一步的调查和核实，回扬后，又作了第二次实地寻访，现在可以确认的朱家在扬住宅有：天宁门街、弥陀巷、皮市街、琼花观、南门禾稼巷、东关街仁丰里、安乐巷。

（1）1903—1909年，朱家住天宁门街住宅

朱自清祖父、父亲一家三代人，从朱自清出生的东海，辗转高邮邵伯镇再迁扬州定居，即住在这里。朱自清二弟朱物华出生在邵伯，三弟朱国华和

小妹朱玉华即出生在此宅。朱家和同族朱姓房主相伴为邻，同门居住7年。据街邻老者回忆，此宅靠近天宁门城门楼，有古式房屋三进，大门有门楼过道，很宽敞，可停放两辆人力车，二道门有八扇屏门可四合开闭，民国前后变卖渐毁。朱自清6岁至12岁在这所住宅里度过。朱自清接受《三字经》《百家姓》《论语》《诗经》等古文启蒙教育也从这里开始。

（2）1909—1913年，朱家住弥陀巷住宅

住宅在弥陀巷中段西面的一条死巷子里，巷口有一水井，坐南朝北，大门对面有照壁，照壁后面是瓦砾山，这里离扬州北城墙不过数丈。据朱国华回忆：这座古式房舍门槛很高，入大门也有个门楼，二道屏门后有一方小天井，向西入便门，有一座小四合院，朱家一家即住在这里。朝南三间正屋是朱自清父母和兄弟姊妹居住，天井对面朝北三间是祖父母居住，西厢房后有通道，小天井的南边是厨房，北面的耳房是朱家的佣人住所。小巷内只有两户人家，西邻王姓，王家大儿子名王仁寿，小时与朱自清、朱物华常在大门楼照壁处捉迷藏玩耍，新中国成立前后王姓迁居泰兴，小巷内两户住宅现在都已面目全非了。朱自清12岁至16岁住在此宅，此时他已入安徽旅扬公学读小学。其间，其父朱鸿钧在江西做盐务官，他曾随父在江西近一年。辛亥前夕，其父得病返扬住扬州史公祠内休养，他又随父在史公祠内年余。耳濡目染，他对民族英雄史可法深为崇敬，故以后曾写过多首凭吊史可法的诗歌。1912年他的祖父朱则余在此住宅病故。同年他于安徽旅扬公学高等小学毕业，考入扬州两淮中学（后改名为江苏省立第八中学）。他住此宅的时候，还在一个叫戴子秋的老先生家里读夜塾，学作文言文，这里是他早年发愤勤读的地方。

（3）1913—1915年，朱家住皮市街住宅

这是一座中西结合建设结构的房子，朱国华记得此宅的大门、门沿、门槛都是用铁皮包钉的，很重很结实。大门内有很大的院落，内宅两进有天

井相连，前进有大厅，大厅旁有厢房，朱自清读扬州八中时即单独住在厢房里。后进内宅西南角另有一座两层小楼，不住人，房主家堆放家具杂物。每日晨昏，朱自清便躲进小楼朗读课文。那时他家古籍甚多，朱自清在这里攻读了不少古书。日前我们曾在皮市街遍寻这座故居，在皮市街南端水仓巷斜对面，确是找到了这条街上唯一裹有铁皮钉有泅钉的一对大门，大门朝东，院落内砌了不少房子，是个大杂院，与朱国华先生回忆的一样，如今，包门的铁皮已烂，泅钉尚在，但大门里的房屋、小楼已荡然无存，街坊居民也不知其详了，可地点、方位、残迹均与朱自清的亲属回忆相仿。

（4）1915—1922年，朱家住琼花观住宅

这处住宅很大，前门在琼花观东首，后门通银锭桥小巷，大门南向，进门是个果木丛生的大院子，院后分东西两宅，中间有墙相隔。东宅房屋三进，后进有楼，为房主张姓和房客孙姓居住。西宅有一厅两进租赁给朱家，朱自清一家8口人（祖母吴太夫人、父亲朱小坡、生母周夫人、庶母胖妈妈以及朱自清兄妹四人）在此宅住了8年。其间，朱物华一直在沪求学未归。1916年夏，朱自清19岁毕业于江苏省立第八中学，获品学兼优毕业奖状，暑期考入北京大学预科。寒假回扬，遵父母之命，在这所住宅里与扬州中医武威三之女武钟谦结婚。1917年他考入北京大学本科哲学门（后改为哲学系）。他本名自华，号实秋，这时，他感于家庭经济中落，为了勉励自己不随流俗而合污，改名自清，又为了勉励自己奋发图强，借用《韩非子》中"性缓，故佩弦以自急"的典故，改字佩弦。是年冬，祖母吴太夫人病故，他从北大赶回扬州琼花观老家奔丧。这时父亲丢了官，调理完丧事，他回北大上学，父亲去南京谋事，著名散文《背影》写的就是他们在浦口车站分别的情景。

他的长子朱迈先于1918年生于此宅，长女朱采芷于1920年也生于此宅。1920年他在北大提前毕业，1921年夏，回扬州母校八中任教务主任他亦住在

此宅。琼花观老宅倾注着朱自清青年时代的悲欢歌哭，这处住宅是他最为怀念的地方。

如今这所住宅已改建为扬州工农制鞋厂，昔日风貌已不复存。

（5）1922年夏—1922年底，朱家暂住南门禾稼巷住宅

此时，朱家家道中落，经济拮据，大户住宅租赁不起，所以只好离开琼花观住所，暂时搬迁禾稼巷了。这是一座朝南的三间两厢小屋，房舍简陋，租金便宜，租住只半年，朱自清去浙江教书未在此宅住过。

（6）1923—1930年，朱家住东关街仁丰里住宅

此宅坐落在东关城根街北的一条死巷子里，巷内住户只几家，朱宅大门朝东，内宅是一座有串楼的小庭院。楼上下各三大间是正房，对面有狭窄的走廊可放置杂物。楼上串廊的南墙有一小窗可远眺东关街景，朱家人戏称为"南天门"，天热时，家人常聚坐那里纳凉，朱自清每逢暑假返扬就住在楼下东首的房间里。后因朱家经济困难，朱小坡失业，全家的生活只靠朱自清一人维持，为紧缩开支，便让出楼下租给庄姓人家，庄家主人叫庄雪洲，是个教书先生，儿子庄惕生，娶了个上海红极一时的哈同义女，生了个儿子就是乒坛名将庄则栋。我们去那里寻访时，街坊老邻说：这幢小楼曾出过一文一武两个名人，文的就是朱自清，武的就是庄则栋。这幢小楼在1980年以前还有部分存在，可惜现在已无踪影了。1929年深秋，朱自清夫人武钟谦在此宅病逝，朱自清在《给亡妇》这篇散文中，深深表达了他对武夫人的缅怀之情。

（7）1930年春以后，朱家住安乐巷27号住宅

1930年朱自清33岁时，朱家搬迁至安乐巷54号（现改为27号），这是一所扬州传统结构的小四合院，所谓三间两厢一对照，进入大门有一门堂，门堂右首是厨房，左首是柴房。向北小门内另有客座两间，这所住宅是朱自清在扬故居唯一保存较为完整的一处了。

据朱自清儿子朱闰生回忆："向北的两间小客座，很幽静，一间挂着翁同龢的手迹'开张天岸马，奇逸人中龙'，父亲寒暑假从北平清华回家乡就喜欢住在这里。1932年，旅欧回国，在沪上与陈竹隐女士结婚，回扬探望家人，亦曾在此客座住了10天。父亲对长辈十分孝敬，寒暑假中常坐在东房里，耐心聆听老人唠叨一些家常琐事。假日里，余冠英先生也常来这里，与父亲品茗小聚，论诗说文。家人团聚，友人相逢，父亲一回家，就使这所宅子里充溢着融融乐趣。"然而，这所住宅也倾注了朱自清更多的悲伤，他的母亲、庶母、父亲、二女逖先四位亲人均相继在这里去世。1936年母亲病故，回扬奔丧，他悲恸欲绝，守候灵前，直到尽七护送灵柩至念泗桥安葬。此后朱自清就再没有回过这所住宅了。直至1946年，他的小女效武最后离扬赴沪，跟随物华陶芹夫妇生活，扬州安乐巷老宅就再无朱氏亲属了。

安乐巷朱自清故居，1982年市政府公布为文物保护单位。多年来，这里的住户居民出于对朱自清的崇敬，对住宅倍加爱护，故至今保存尚好。近年来经市文物管理委员会的积极努力，扬州市成立了朱自清故居维修陈列筹备组，市里把这项故居开放工程列为1992年全市十件实事之一，确定故居为向广大青少年进行国情市情教育的基地之一。随着故居的陈列开放，扬州将进一步掀起"学朱自清文，做朱自清人，献出爱国情，铸就民族魂"的活动热潮。

第三辑

桃李追忆：呕心沥血，严谨治学

忆朱佩弦先生

余冠英[*]

我初次见朱佩弦先生是在民国十年，那时他新就聘扬州江苏省立第八中学任教务主任，我是正要投考那个学校的小学生，就在办报名手续时认识了他，他给我的印象是矮，微胖，很和气。同时我的小学老师洪为法先生带着另一个孩子也来报名，出乎意外地他们争执起来，似乎关于保证书有什么问题，一方要求通融，一方坚执不允。结果是洪先生悻悻而去。当时我觉着这位教务主任表面谦和，实在是很严厉的。入学以后，教务主任已换了别一位先生，一打听，才知道朱先生因为和校长意见不合，辞职走了。我想：那位表面谦和的朱先生一定是很有傲气的。

五年后，我进清华大学。朱先生先一年来清华教国文。我选修了他所讲授的普通国文和古今诗选。又二年，我从历史系改入中国文学系，又听了他的另几门课。毕业后在他的领导下工作，经过这些年，更明了朱先生是温和而又严峻的人，和最初的印象一致。

我在清华读书的时期，课后常和朱先生见面。一次谈到先父的名字，才

---

* 余冠英：扬州籍知名学者，原中国社会科学院文学研究所所长。

知道他的父亲和我的父亲是朋友。此后他就以平辈待我，虽然我始终执弟子礼。他为我批改文章，也常常拿他的写作和我讨论。那时他偶然作作旧诗，学杜甫，也填小词，近花间派，都是精工，但他自谦说这些不过是练习之作，见不得人。我向他要几首登在我编的清华周刊文艺栏里，强而后可，但不肯署真名。

清华1930年年刊里我的小传是朱先生写的。他写了两遍，第一遍依照历年年刊惯例，用对本人调谑的口吻，后来觉得本系教授对本系学生开玩笑似乎不得体，又改为庄重的写法，且用文言。在那篇小传里，他说我是"狷者之流"，"外温然无圭角而内颇有所守"，又说我的文章是"理胜于辞"。我看后笑了起来，告诉他："别人正是这样评论你。"他也笑了，对这样的评论不曾表示什么意见，他似乎默认了。

抗日战争开始后，他的胃病渐深，但工作仍然极勤，很少休息。他的勤劳不全是为自己，大半的精力是为别人花的。他的服务精神一向好，在学校除教书外兼做了许多事情，担任过图书馆长、学报编辑、教授会书记和其他有关同人福利的职务，学生社团请他指导的时候也很多。此外还要常常为校外青年或后进作家看稿，也常应文艺团体的邀请演讲。他的心很热，他的体力却不够了。

他常说："'人生以服务为目的'，虽然近乎高调，但有机会为人做点有用的事，到底是个安慰。"他用这样的话鼓励别人。民国二十九年他在昆明发起办《国文月刊》，民国三十五年在北平办《语言与文学》周刊（《新生报》副刊），这两个刊物都是以服务社会为目的。《国文月刊》的主编从第3期归我担任，到第40期为止，经过5年。《语言与文学》，我代朱先生编辑了两年。说老实话，我对这类工作并不热心，但为了他我不能不做，倒不是为了重违师命，是为了在他面前一切怕难怕烦的话无论如何说不出口。有人说过：朱先生的学生对他的功课不肯马虎，不是为了分数，是为了要对得起他的认真。这情形正相似。

朱先生的朋友、学生都敬爱他，他的老朋友老学生更敬爱他。他的性情笃厚、品格高洁，相处愈久，发现愈多，正如他的文章，也需要细读，多读，久读，才能发现那些常言常语中的至情至理，才能发现那些矜慎中的创造性，稳健中的进步性，才能发现那些精练中的生动，平淡中的绚烂。

1927年上半年，我在南京东南大学（后改名中央大学）借读，暑假回扬州的第二天，在一家旧书店和朱先生巧遇。我从前一年冬季请假南归，离开清华已半年，不曾和朱先生通信，彼此不明情况。在扬州相逢，都出乎意料，互相问东问西，竟不知该从何谈起。书店老板邱翁本是我的熟人，他和朱先生可能相识不久，但也不是第一次见面。我来时见他们谈得很热。这时候他建议同到富春茶社去坐坐。茶社近在咫尺，到那里去谈话当然比此处好，这时是下午4点左右，正好吃点点心。但邱翁似有请客之意，我觉得这不合适，稍稍踌躇，朱先生已抢着表示说："正想去富春，该由我作东道。"我连忙说："东道该是我的。"邱翁笑笑说："大家都是本地人，这都好说，到那里再谈吧。"我们不再言语。朱先生伸手要拿他已经买妥的那一包书，邱翁说："这个不忙，茶社门口车多，雇了车回来捎走方便。"朱先生也依了他。

在茶社朱先生谈了清华的近况。我谈了自己的计划——打算在东大再读一班暑假班，多凑一些学分。9月初清华开学，仍返清华。谈完这些，朱先生忽然问起陈含光来。他说前日在装裱店见到含光的一张山水条幅，有题诗，诗、书、画都好。久闻他是乡邦前辈，很有学问，但不知其详。邱老说他认识含光，他名延韡，含光是他的号，近年书画都题署这两个字。听老辈说他少年时已经以词章被人称道，后来作骈体文成为当代高手，也有诗名。他曾在北方谋事，住北京多年，近年回扬州，和父兄同住在祖传老宅。他现在年五十余，生活清简，信佛，每月定期持斋。他为人随和，人家向他求书画，从来不拒绝。他有时步行出游，在北门外平山堂一带可以见到他的踪迹。

朱先生说："听邱先生所谈，含光先生是蔼然可亲的长者，正合我的想像，如能有机会向他当面请教，那就好了。"我说："这却不难，含光是我的内兄，我现在就住在他家，朝夕相见，您要和他识面，我随时可作介绍。他正在选抄唐人五七言古诗，正好讨论讨论。"朱先生听了很高兴，临别又郑重嘱托向含光致意。这里须补叙一笔，茶钱还是邱翁付了。一进门就对伙计"打招呼"，茶社为他记了账。

我回到住处，当晚就去见了含光，转达了朱先生的意思，并对他介绍了朱先生的情况。他欣然表示："后天就可以来谈谈，请他吃午饭，如愿早来，过10点就行，那时我的早课就结束了。"说罢又问："朱先生住在哪里？该送个帖子去吧？"我说："这似乎不必。便饭招待可以，太正式了不免拘束。朱先生家很近，我已和他约定，明天去看他，可以带口信。"

第二天早晨我去见朱先生，说了含光的意思。朱先生表示感谢，说准时赴约。

次日约11时，含光的儿子忠寰来告我，朱先生已经来了，正在他父亲的书房里谈话。我去时见他们谈得很投契，已经讨论起唐诗来了，含光正侃侃而道。我陪坐约半小时就出去找忠寰，当时他是东南大学哲学系三年级学生，也打算读该校的暑假班，我们约定同回南京报名。

开饭时已过了12点，地方是借用含光大哥且鲁的书房，那屋子宽敞凉爽，南北通风，前轩院子里竹树繁茂，临轩有高木凉阴。且鲁也被邀来陪客。含光父子陪着朱先生过来，分宾主就席。只有朱先生一人算是特客，含光和忠寰都是主人，我和且鲁是陪客。主人拿出陈年绍兴黄酒待客，菜肴丰盛，已超出家常便饭的规模。壁上有翁同龢写的对联，席间谈话被它引向同光旧事。且鲁熟于掌故，谈来娓娓动听，且鲁兄弟都有酒量，朱先生兴致很高，他们干杯的次数不少。我问这酒陈了多少年，且鲁说当初他幼年就已封藏。且鲁年近七十，那么这酒也是年逾花甲了。朱先生在浙江住过几年，喝绍兴酒有经验。他赞美这酒陈得好，配得也好。所谓"配"，就是在陈酒中适当地掺和新酒，然后煮热，饮时保持微温。我听了这些讲究，增加了品尝的兴趣，也痛饮起来。

这顿饭吃了一小时多。朱先生显然喝酒过了量，散席后行步不稳，喝了两口茶就告辞了。走到院中不知被什么绊了脚，脱落了一只布鞋。他弯腰拔鞋，拔不上，就趿拉着走向大门，其他人跟着送了出来。主人已为朱先生雇了黄包车，在门外候着。他向大家拱拱手道声"谢谢"，就上车走了。他走后，且鲁说："这位朱先生人很好。"含光接着称赞他"虚心好问"，"谦谦君子"。

次日上午我又去看望了朱先生，他似乎还疲乏。他告我昨日醉了，回家便呕吐；又说酒真好，不知不觉就喝多了，饭后强忍着呕吐，所以匆匆告辞，失了礼。他所谓"失礼"可能指脱落鞋子的事。

说到他和含光的交谈，他称赞含光议论通达，听后印象很深，得益不少。朱先生对于别人的意见，从来不加挑剔，只要有部分合理，他就会欣赏，也不论是否和己意相合。他对含光的谈话表示满意，我深信是真诚的。含光论诗的主张，我当时所闻甚少，后来朱先生曾略为转述，我深感他给含光的"通达"两字评语，并非泛泛。含光论诗的主旨是"诗唯情论"，不赞成以诗说理，但承认如果从情出发，也不妨发议论，这样理窟中也会有佳语。关于唐宋诗评价问题，含光明显地推重唐诗。他说好诗应该"声情并茂"，唐诗中"佳作"较多。在这里他似乎把重点放在声字上。他反对将唐宋诗强为分界，但认为两代诗的长短得失大体上还可以谈。朱先生后来在《经典常谈》中对这个问题表示了一点意见，说："历代诗各有胜场，也各有短处，只要知道新变便是进步，这些争论是都不成问题的。"他的着眼点比较广阔，注重分析，比较客观，也就更通达了。含光还说北鼓（北方的大鼓词）南歌（南方的小曲）中有好词，都是任情而发，和《国风》、汉魏六朝乐府一贯而来。又说文人诗往往像妇女缠足，失其真美，不及民歌佳作，像六寸圆趺，屦上白霜之为天然。这些议论和新派作家提倡诗体解放的精神正相契合，为朱先生所欣赏。

总之，朱先生是通达的人，所以能欣赏含光的通达，正如含光是谦逊的人，所以能欣赏朱先生的谦逊。他们属于两代，在文学上的贡献不同，他们都被扬州人士深深忆念着，正在搜集他们的遗文，作为纪念。我们把他俩初次识面的情况记在这里，作为资料，不避烦琐，或许是有些用处的。

向佩弦先生学习

朱维之[*]

佩弦先生从青年时代起便为人师，一直到死。但他晚年时却谦虚地要向青年学习，这种学无常师、不断求进的精神足以使他不朽。其他青年人足供佩弦先生学习的，恐怕只有急激前进的勇气和蓬勃的朝气吧；佩弦先生足以供给青年人学习的地方却正多着呢。现在就笔者所学于先生的几点，从实检认，作为纪念。

一

佩弦先生是我中学时代的老师。因为少年时代的可塑性很大，所以这位老师所给我的影响也特别的大。不但在学校时受他的教诲，离开了学校之后还不断地向他学习。现在他的肉体生命虽已消逝，而给我的影响却仍继续存在。

---

 * 朱维之：朱自清学生，天津南开大学中文系教授。

先生于1923年到温州中学去教书，那时还不过26岁，比我同班同学中最年长的还要小两岁，在众教员中年纪算是最小的，但在我们几个爱好新文艺的孩子看来，却是最可尊敬的一位。我常望着那丰满而突出的前额，大有仰之弥高的感觉。26岁正是他生命中途——他死于51岁——也正是他的奔放的诗人时期。李长之先生所引以为憾的就是"未曾接融过他那奔放的诗人的一段生活"，我们却幸运地接触着了。

那时我正是温中高年级的学生，虽是班中年纪最小的一个，却是最热心欢迎佩弦先生的一个。未开学之前，在新教员名单上看见"朱自清"三字，便手舞足蹈起来，快活得不敢信以为真。他未曾到校的几天，使我焦急万分，好容易等到他来了，教务处偏偏没有安排他来教我们这一级。我们好像是从悬崖上掉下失望的深渊，觉得这是平生最大的损失，便怂恿几个爱好新文艺的同班生，联名作去旧迎新运动，结果成功了。虽然从此被学校当局看为"头痛的"分子，我却觉得有无上的胜利的快慰。

上课时大家都洗耳恭听，又是为他那急促的、怕羞的样子发愁。他常在讲台上红脸、擦汗，我也好像随着他红脸、出汗；生怕有些差错，致使那些年岁较大而爱好旧文学的同班生吐露不满之词。他虽然没有雄辩家的口才，然而始终没有人忍心说他的坏话，因为他的认真、诚恳，感动了全体学生。

我的命运有几分和老师相像，年纪轻时便有"为人师"之患。十几年来，也曾被学生说是稍带怕羞的神情，往往也自己觉得匆促；但我只用"诚恳"这一样老师所曾用的武器来克服了一切困难。

老师教书或演讲时，声调平平，平得像无风无浪的壮阔江流，但水势深厚，滔滔不绝。他的诗文风格也是这样，如涨满了的潮水，一川溶溶，猗欤盛哉，但绝少波澜起伏、奇峰突兀的奇气。这种作风也给笔者以不小的影响，有人说我行文像泛滥的河水，滚滚东流，不舍昼夜，却缺少浊浪排空、惊涛拍岸之势。自思行文的平易还不足为病；可是当众讲话时声调的平淡，却是大大的缺点，非加以改正不可的。

二

佩弦先生言行上的匆促样子是自然的流露。因为他用功之勤，思虑之周，加上工作又多。一方面要教课，改卷，预备讲义，一方面又要自己创作，一字不苟地写稿，时常还一大堆一大堆地写信。还要追寻谢灵运当初在永嘉做太守时所游的山水，再加上家庭琐事、儿女教育等，真不知道时间是怎样支配的。然而我们几个喜爱涂鸦的孩子却还把一本一本的所谓"诗集""散文集"送去请他批改；他非但毫无愠色，反而鼓励我们多多写作。稿子送去后，过了几天便发下来了。看见他用紫色墨水批改和圈点等笔迹，真有无上的快乐和骄傲。记得他在我的那本所谓诗集上面批着："诸作气势奔放，佳句络绎，惟题材太狭，宜扩大生活范围。"如今原稿虽已丢失，而这个有益的评语却永远铭刻在我的心里；并且在我自己批卷时，也把"扩大生活范围"等语写给第三代去分享。

先生在温中时，我和苏渊雷、金溟若等最喜欢和他接近。他那和易安详的谈话，亲切慈爱的眷顾，使我们只觉得他和长兄似的，丝毫没有先生的架子。

记得第一次他亲自把我们从学校带领回家去玩时，路上跟他谈起写作的时间问题。我问他功课这样忙，怎能有时间去写那样细腻的诗歌和散文？是不是在早晚往返的途中构思的？他笑着说："在这条荒草瓦砾、茅厕处处、污气阵阵的路上怎样构思诗文呢？最好的文思也要被秽气冲散了。"

"那么像《毁灭》《桨声灯影里的秦淮河》那样精心之作，是在什么地方、什么时候写的呢？"

"我每天回家去写一点，有时一天只写一二句，这样慢慢地积成一篇篇东西。"

起初我们对于这种累积的写作方法有些怀疑，以为这不是什么天才的写作方法，天才的是倚马可待，下笔有神，一挥而就的。我们只把这个幼稚的思想放在心里，不敢说出口来。后来读书多些了，知道小泉八云也是用这种方法写作的，并且也鼓励他的学生多用这种方法去写作。他们两人的文体又都是那么的清新流利，于是知道天才固不妨多用时日去审慎推敲，慢慢地积累诗文的。后来我更爱读厨川白村的东西，读了那种浏亮而多风趣的散文，不能不钦佩他的博学多才；谁知他写文章时正是用他老师小泉八云的方法的。他的文章看来像是随手拈来、不费力气的样子，实际上是经过千锤百炼才出来的。由此我更觉得佩弦先生所用的方法是一种标准的方法。后来我也喜欢写写文章，往往有粗心的地方；但一想到自己启蒙的老师，便不能不谨慎戒惧了。

他也是实地施行直接法的写作教授。如《踪迹》集子里的《绿》是描写温州名胜仙霞山的梅雨潭风景的。我少年时也曾同样地游过那里，也曾同样地写些游记；但拿自己所写的和他的作品比一下时，便知道自己缺点的所在了。他这种直接法的写作教授，虽是出于无心，但笔者却有意地接受了。

三

不见启蒙的老师将近四分之一世纪了，并且此后永远不再见他了，除非在梦里。在这20多年中，我虽不得亲受教诲，却时时读他的作品，接触他当年的面影。十多年前初到福建协和大学去任课，那里主要的功课都是先由老教授们选择去担任，我因为年轻幼稚，只好担任剩余下来的课程。这些余剩下来的课程好像是不重要的，其实是最难的。因为主要课程都有现成的课本可用，参考书也多，授课比较方便；而余剩下来的如"文艺思潮""现代文学""民间文学"等，在那时都是不易整理的材料，需要另辟蹊径，别开生面，每一小时都得用很大的气力去预备，稍一放松便没有精彩了。初出茅庐的我，既不肯说自己担任不了，又不肯敷衍了事，于是一面硬着头皮干下去，一面向启蒙老师去请教。不多时邮包从北平寄来了，光连纸上印着铅字的清华讲义来了。这些讲义虽不能给我直接掠美，却给我许多暗示，至少可以给我明白老师在大学教书时所用的功夫和编纂讲义的方法。

他不仅教我怎样读书，也教我怎样教书。

四

后来，我被拉来主持中国文学系的系务。既不能推辞，便只好勉强担负起来。国文系最困难的事是学生太少，上学期终了时只剩下两个学生，其余的都转了。我一调查他们转系的原因，多说本系以前所读的多半是些佶屈聱牙的老古书，不感兴趣。我想现今的时代究竟有些和我自己做学生的时代不同了；一般青年虽然爱国心切，但对于固有文化不愿囫囵吞枣地接受。于是我打定主意，立下新方针，要把研究的重点转移一下，就是用新的观点去研究古代的文学遗产，批评地接受外来的文学，而创造新的文学。这个目标立定之后，一切系务和物色教授、计划课程内容等，都依照这个目标进行。这个方针一立定，便有几个旧生转回国文系，也有别系转来的，连同新生一共有二三十人，稍觉有些生气。后来看见文讯上吴组缃和刘北汜两先生纪念先师的文章，知道先师主持清华国文系时早就这样立定方针了。

佩弦先生多年为系务所缠住，自己不得用功，深以为苦。对于这一点，我也稍有同感。他说："我这些年担任系务，越来越腻味。去年因胃病摆脱了联大一部分系务，但还有清华的缠着。行政不论范围大小，都有些麻烦琐碎，耽误自己工作很大。我又是个不愿马虎的人，因此就苦了自己。况且清华自去年下半年起，就只剩了一个学生；虽不一定是我的责任，但我总觉得乏味。今年请求休假，一半为的摆脱系务，一半为的补读基本书籍。一向事忙，许多早该读的书都还没有细心读过；我是四十多了，再迟怕真来不及。"

我们的先师太不肯马虎了，太苦了自己，连自己的性命都苦掉了；因此希望我们能学些乖，不要太苦了自己，太耽误自己学习的工夫。

先师曾在国文月刊上发表了关于大学中国文学系的两个意见，主张（一）传授现代文学；（二）中国文学系和外国文学系合并而为一个文学系。月刊编者也曾向我征求意见，我便写了篇短论寄去，赞成中外文合系的办法。这办法首先由闻一多先生创意，而具体提出意见的是佩弦先生。他的设想是可能实现的，可惜他死去得太早了。

五

抗战兴军之后，敌人的炮火把他逼出了象牙之塔，离开了清静的清华园，而漂泊在西南天地间。从此他胃病加深，胖胖的身体渐次瘦削；但他认真、诚挚的心，却有加无减，服务别人的精神，也更加显示得明白了。在肉体方面虽然是辛苦备尝，终于积成不治的病症；但在思想方面反而扩大了，前进了。他的视野从此扩展得很广，因为在抗战的大洪流中接触到广大的民众和实际的社会，并且过着民众的生活，领受人民的心声，于是他的文学观点也转移了一个很大角度。

佩弦先生决不是赶时髦，人云亦云地去学作民主八股，革命试帖。他的转移是由于诚挚的努力。他一向是"谨慎着双双的脚步，一步步踏在泥土上，打上了深深的脚印"的。他说："知识阶级的文人如果能够自觉地努力发现下去，再多扩大些，再多认识些，再多表现、传达或暴露些，那么他们会渐渐地，终于无形地参加政治社会的改革的。那时他就确实站在人民的立场，作这个时代的人才了。"这是他自然的觉醒。"虽然这迟迟的行步，不称那迢迢无尽的途径，但现在的平常而渺小的我，只看到一个个分明的脚步。"

他做了"这时代的人"以后，更能领导青年。但他觉得自己的脚步太慢了，愿意和青年共同生活，向青年学习。他自己从青年时代起就为人师，晚年却转而以青年为师，更求猛进，这精神是值得一切为人师者学习的。

忆朱自清先生

刘北汜[*]

（一）

朱自清先生是在1948年8月12日不幸死于贫病的，一晃，已将满34个年头了。

他清贫、多病，我早在1939年在昆明便已听人说起，也是我第一次看到他时便已感觉到的。

1939年夏，我考入昆明西南联合大学中文系。到校不久，有一天我和几个同学站在学校大图书馆前旗杆下谈天，一位同学忽然悄悄捅了我一把，要我注意看一位刚刚从图书馆里走出来的人。他嘴巴凑近我耳边，悄悄告诉我："朱自清！"

对于朱先生，我是慕名已久的，不只因为早在中学语文课本中读过朱先生的散文，还由于我自己对于散文的爱好。我之投考中文系，一个很主要的因素，也就因为系里有闻一多、朱自清、杨振声、沈从文等这样一些早就蜚

---

[*] 刘北汜：编辑、作家、文学家、历史学家，曾任中央文史研究馆馆员。

声文坛的教授，渴望入学之后，能够从他们那里受到教益。

朱先生的突然出现在我眼前，使我既意外，也惊喜。他身材不高，瘦削单薄，昂着头，上身挺得很直，照直朝我们站立的地方走来。他步子虽说不大，踏在泥土路上，却锵锵有声，沉重而均匀。走近了，我才看出，他脸盘微长，额头稍宽，两眼从黑边眼镜框后闪出两道亮亮的光芒，眼神直盯着前面，是颇为严肃的。他穿身藏青色旧西装，肩头肘后微微泛红发灰，已经褪色了，却干净平整，裤缝烫得挺直。皮鞋也穿着了有些年代，有了细细的裂缝，却擦得亮亮的。

听到我们和他打招呼，他放慢步子，轻轻点了点头，应了几声，面孔上掠过淡淡的笑意，那眼光里又多出几分祥和和坚毅。随后，他就径直朝学校的南大门走去了。

我不由盯住他的背影望去：我看出来，每迈一步，他肩膀都要左右微微一晃，显然身板不很结实。但头依然昂着，上身依然挺着，步伐依然均匀。他那瘦削的背影，看起来就既端庄，又颇坚定了。

那时候，中文系一、二年级的学生，规定只能上基础课，是必修的。我读的是詹瑛的"大一国文"、陈福田的"大一英文"、吴晗的"中国通史"、金岳霖的"逻辑"、龚祥瑞的"政治学概论"、李继侗的"生物"。到了三、四年级以后，才分两组：语言组和文学组。朱自清先生那时开的课是"宋诗"，我还没有机会读到，既不上朱先生的课，见到朱先生的机会也就少了。直到这年深秋，我才第二次见到他，当他下课走出教室，我赶到另一个教室上课的时候，但只是短短一瞬间，他便走过了。这时，他换上灰布长袍了，也褪了色，是穿过多年的。显然平时叠放得整整齐齐，如今穿在身上，折叠的印痕还清清楚楚。

昆明这地方，有人说："冬不极寒，夏不极暑，盛夏如五月，盛冬如九月。"（郭义恭《广志》）也有人说："云南最为善地，六月如中秋，不用挟扇衣葛。严冬虽雪满山原，而寒不侵肤，不用围炉服裘。"（冯时可：《滇行纪略》）至于说昆明四季如春，称昆明为"春城"，那就说得更为概括了，实际上，到了冬天，不服裘可以，没有一件较厚的毛衣或较暖的衣服，就连我们年轻人也是抗不住那几分寒冷的。

朱自清先生这年42岁，体弱多病，自然又比我们年轻同学怕冷一些。薪水却微薄得很，不过仅能糊口养家而已，连一件呢大衣也买不起，只买了一件云南马帮赶马人爱穿的白毡披风抵御风寒，白天穿，晚上盖，度过了他在昆明的几个冬天。这种披风，一般昆明城里人都是不肯穿的，在联大教授中也是仅有的一件，朱先生却穿得十分泰然，往他那身旧西装上一披，领口绳子一系，便出门了。

（二）

朱自清先生是在抗战爆发后，离开北平南下，于1938年间经滇越铁路到达云南的蒙自，停留一些日子之后，于同年九月间携眷迁到昆明的。

朱先生一家在昆明最初住在哪里，我不清楚。我1939年间第一次看见朱先生之后，才听同学说，朱先生一家住在昆明北郊的黎院村，是不久前才搬去的。

这时，抗日战争已开始进入第四个年头。由于沿海和津浦、平汉两路沿线许多大城市的沦陷，很多著名文学教授、作家、诗人、戏剧家等文艺界人士，纷纷迁来昆明。到了桂林沦陷，撤退到昆明的文艺界人士就更多了。我能记起的，朱自清先生以外，就有闻一多、杨振声、冯至、沈从文、卞之琳、李广田、张光年、赵沨、高寒、魏猛克、李何林、石凌鹤、曹禺、凤子、孙毓棠、韩北屏、施蛰存、穆木天、彭慧、雷石榆、李长之、常任侠、方敬、吕剑、魏荒弩、刘澍德等人，有的在西南联大、云南大学教书，有的编报纸副刊，有的做其他工作。有事到昆明、住过一个短时期的有巴金、萧乾、钱钟书、田汉、安娥、老舍、周钢鸣、孟超、章泯、洪道、金克木等。

文艺界人士的大量增加，昆明的文艺活动也随着活跃起来。1938年8月，成立了中华全国文艺界抗敌协会昆明分会，朱自清、杨振声、高寒、穆木天、徐嘉瑞、彭慧等当选为理事。

文协昆明分会成立后，出版了32开本的《文化岗位》月刊，作为分会的会刊。1941年2月，改出16开本的《西南文艺》。巴金在昆明写出的长篇小说《火》四到七章的第五章，就发表在《西南文艺》创刊号上。巴金的散文《废园外》，发表在事隔近一年才出版、改为32开本的《西南文艺》第二期上。《西南文艺》只出了这两期，就因为经费没有着落、印刷困难、出版费用高涨而停刊，但分会的其他活动，在分会成立之初，还是比较活跃的：办过文学讲习班，召开过座谈会、研究会，讨论有关抗战文艺的问题；办过画展。为前线战士募集寒衣；鲁迅逝世三周年时，开过纪念会、鲁迅著作展览会；办过音乐演奏会，募款援助贫病作家；开过诗歌座谈会和朗诵会。一时，昆明文艺界很活跃了一些日子。

1941年初皖南事变后，文协昆明分会的活动被迫停顿了一个时期，直到1944年5月以后，分会增选了张光年、李何林、李广田、赵沨、石凌鹤、吴晗等人为理事，分会的活动才又重新活跃起来。

朱自清先生是中华全国文艺界抗敌协会总会理事，又是昆明分会理事，他在昆明居住期间，除了在联大教书以外，分会组织的不少活动他都参加了，甚至远距昆明百里外的晋宁昆华师范学校请他对全校师生演讲新诗，他也欣然前往，会后部分师生举行的文艺座谈会，他也参加。他已不再单纯埋头做学问，而是逐步走出书斋，离开正统的入学中文系课堂，转向社会，转向群众性的文艺活动中。西南联大一些爱好文学的同学组织的冬青文艺社、新诗社，云南入学以及一些中学同学举办文艺座谈会、演讲会、文艺晚会，甚至文艺以外的集会，只要邀请到他，他大都应邀参加，直率地讲出他对一些问题的看法。1944年秋，在西南联大学生饭厅举行的一次文艺晚会上，朱自清先生还亲自参加了诗朗诵，朗诵了田间的《自由向我们来了》。也在同一次晚会上，闻一多朗诵了艾青的《大堰河——我的保姆》，张光年（光未然）朗诵了他自己的诗作《民主在欧洲旅行》。

朱自清先生是五四时期的著名诗人和散文作家。他以多病之身，在教学、写作以外，又参与了这么多的社会活动，是十分难能可贵的。

（三）

朱自清先生和夫人孩子一起在昆明只住了不到两年，1940年暑假后，朱先生便带着家人到他夫人的老家四川成都休假去了，住在成都东门外望江楼附近报恩寺的一座小院落里，租了三间小平房。房子简陋，但还整洁。朱先生的《经典常谈》一书，便是利用一年的休假时间，在这所小院落里完成的。

1941年暑假后，休假期满，朱先生把家属留在成都，单身一人回到昆明。同年10月，清华大学文科研究所成立，所址设在昆明东郊十里外龙泉镇南的司家营。朱自清先生也随着从黎院村搬来司家营，和另外几个人挤住在研究所二楼的一间侧室里。住在同院的还有闻一多先生一家和浦江清先生。二楼上，有个三间打通的图书阅览室，庋藏所里藏书，同时在室内为每个住在所里的教授安置了一张桌子，供研究、读书、著述之用。

这是一处古旧的院落，一色木结构建筑，有一方小小的天井，楼上还可以晒到阳光，比较明亮，底层就很阴暗了。然而，环境安静，敌机不来骚扰，便于著述研究，这在当时的昆明已属不易了。

当时，从昆明迁到龙泉镇和附近的瓦窑村、麦地村、司家营的人很多，在联大任教的向达、钱端升、汤用彤、陈梦家等也都在这里住过。清华大学文科研究所和设在龙泉镇上的北京大学文科研究所的研究生、现在已成为著名学者、教授的范宁、季镇淮、王达津、何善周等以及著名的文学家张光年、魏猛克、音乐家赵沨、翻译家赵萝蕤、天文学家陈遵妫等，也都在这里住过，都曾在龙泉镇的云南大学附中教过书。

龙泉镇又叫龙头村，有近300户人家，有条小街，隔几天赶一次集，当地叫赶场。镇西有公路南通著名的古刹金殿，北通著名的胜地黑龙潭，北靠金汁河，风景、环境都不错，所不足的是，没有直通昆明的公路，朱自清先生和其他教授要到昆明上课，只能沿着金汁河的堤岸向西步行，得走十来里路。对朱自清先生来说，这就不能不是一个很大的难题了，但他又不愿意离开司家营，离开研究所那个便于他进行研究、著述的图书室，因此，他把他在联大教的课程集中排在每周的三天间，每次进城上课，在昆明北门街的联大宿舍里暂住三天，三天的课上完，再回司家营。这样，每周他只要在司家营和昆明之间往返各一次也就行了。

朱自清先生的身体这时已经比较软弱，吃的是恶劣的糙红"公米"，沙子多，稗子多，以致得了胃病，而又缺医少药，不能很好调治。朱先生的夫人和孩子这时一直住在成都，朱先生菲薄的工资收入要两地分用，经济上的拮据又使他无法，也无力增加营养品，日子过得十分艰辛，身体也就逐渐垮下来。而朱先生"穷且弥坚"，并不因此而对教学工作和著述稍有松弛，每次从昆明上课回到司家营，便一头扎进研究所的图书室里。

朱自清先生在司家营住了两年左右。他身体虽然不好，生活却过得很有规律，总是每天早早起床，到村边去散一会儿步，回来再用早饭，然后就埋头到书堆里。他的被褥每天都叠得整整齐齐，衣服洗过之后，总要折叠平整，然后放好。他用的桌椅用具，也总是擦拭得干干净净，一尘不染，井然有序，天天如此。

1944年暑假以后，朱先生由于不堪长期奔波跋涉于司家营和昆明之间，便经常住在昆明北门街联大宿舍里，而不常下乡了。

（四）

我第一次亲自聆听到朱先生的讲话，而又常记在心的，是在中文系举行的一次茶会上。

茶会地点在中文系办公室附近的一间大教室里，时间大约在开学后三个月，学期结束之前。参加茶会的有中文系主任罗常培，教授罗庸、魏建功、浦江清、朱自清、杨振声，少数讲师、助教，再就是这学期才入学的二十来名中文系新生了。人虽不算很多，但因为教室中间摆了很大的一个长桌，还是显得很拥挤。

这次茶会，闻一多、沈从文两先生都没有在场。闻先生当时正在昆明南边近百里的晋宁县休假，沈先生当时住在昆明文林街，没有来参加。李广田当时还在四川叙永县西南联大分校任教。当时在场的教授、讲师和助教还有谁，我已记不清了。

主持这次茶会的罗常培先生，字莘田，是著名的语言文字学家，高高的个子，穿身大褂，戴黑框眼镜。他端坐长桌的一头，首先讲话。他嗓音洪亮，吐字清晰，边讲，眼光边透过眼镜扫视围桌而坐的每一个人。一开头主要讲了系里的情况，接着讲了些别的事情、下学期的一些安排。忽然，他略为提高声音，话头一转，讲起一件事来：

"有一个同学，学号是1188。他填的表里，说他爱读新文学，讨厌旧文学、老古董。这思想要纠正。中国文学系，就是研究中国语言文字、中国古代文学的系。爱读新文学，就不该读中文系！……"

说到这里，罗先生声色都有些激动了。

罗先生没有提我的名字，但他说的学号正是我的。他说到的表上的话，也正是开学后不久我在系里发给每个新生的表上填的，似乎是写在"课外爱读书籍"一栏里，只是我还写了希望系里多增加新文学课之类的话，而罗先生没有提起来。

当时联大中文系规定：中文系一、二年级学生上基础课，选学一门社会科学、一门自然科学、一门第二外国语。三、四年级以后分为二组，一组为语言组，攻读训诂学、古文字学、中国音韵学、中国语法等；另一组为文学组，攻读中国古代文学：《诗经》、唐诗、宋词、宋诗、《战国策研究》等，现代文学课只有杨振声先生开的课"中国现代文学"、沈从文先生开的课"各体文习作"（后改称"创作实习"）。我是了解到这种情况，感到在系里能学到的新文学课程不多，才在表里那样填的。听到罗先生这样一说，我一时很是狼狈，整个教室里一时也鸦静下来。

罗先生讲完话，刚坐下，坐在我右侧桌边的朱自清先生忽然一挺身站起，说："这同学的意见，我认为值得重视。既把古汉语、古代文学学好，又能学好现代汉语。现代文学，这应该是中文系的方向；不能说中文系的学生爱读新文学就要不得。研读古文，不过为的便于了解和运用古代文学遗产，但这绝不是中文系的唯一目标！……"

朱先生针对罗常培先生的话，显然更出乎与会者的意料，教室里就更鸦静了。

不料写过中篇小说《玉君》的杨振声教授又站起来附和朱先生的意见，甚至直截了当提出中文系课程中应该增加现代文学比重的问题。他也说了很多，神情严肃，声音响亮。茶话会一时开成了针锋相对的辩论会，整个气氛就更有些紧张了。

罗常培先生没有再就这个问题说什么，别的教授也没再谈这个问题，气氛才逐渐缓和下来。

这次茶话会最后怎么结束的，我已记忆不清，只记得散会之后，人们相继走出教室，最后我也走出来时，朱自清先生已经走远了。这天，他还是穿的那套旧西装，还是我熟悉的那个端庄的背影，只是迈出的步子看来比起平日似乎大些，也快些。

中文系的课程后来有没有增加新文学课程，我不清楚，因为读完这学期，我便转读历史系。只是上课间隙，没有历史系的课时，我偶尔去听听沈从文先生还在讲解的"各体文习作"。他指定了20本书，包括鲁迅、茅盾、巴金、老舍、曹禺、沙汀、刘白羽、艾芜等人的作品，要同学课外选读。杨振声先生后来发表过关于改进大学中文系课程的意见，在《国文月刊》上发表。朱自清先生也在这个刊物上写过有关语文教学的文章。

朱自清先生早在1924年就出版过诗和散文合集《踪迹》，1928年又出版了散文集《背影》。抗战时期在昆明的这段日子，他已不再写新体诗，但对于中国诗创作的发展，他却关心备至，不只口头上讲，参加朗诵，还阅读了当时诗人们的大量新作，偶有所感，总要写下来，给他认为是佳作的以鼓励，以恰当评价；对他看到的新诗创作中的问题，也总是严正地提出看法。抗战胜利后他在作家书屋出版的《新诗杂话》一书中的大部分篇章，就是这一时期写的。

1945年暑假，朱自清先生到成都探视夫人和孩子。不久，日寇投降，抗战胜利，组成西南联合大学的清华、北大、南开三校决定复员，于次年北迁，因此朱自清先生单身从成都赶回昆明，准备复员时，再绕道成都，接家属一道回北平。不料正当陆续复员之际，原清华大学中文系主任闻一多先生竟遭毒手，于1946年7月间在昆明被刺身死。

这年暑假后，朱自清先生全家回到北平，他接替闻一多先生任清华大学中文系主任。这时我已到了上海，虽已无从亲聆朱先生的教益，却能不时从同学和友人信中获知朱先生的一些消息。听说他为清华大学中文系定的方针强调要用新的观点研究旧时代的文学，创造新时代的文学时，想到朱先生有关中文系课程改革的抱负从此有可能实现时，我是很为欣慰的。不幸两年之后的8月，朱先生终于死于贫病，当时还不满51岁。

1982年5月29日 于北京

朱自清先生琐忆

彭允中[*]

中学时代，读了朱自清先生的散文《背影》和《荷塘月色》，我深深地感到作者是位富于感情和重感情的人。不久，我在坊间买了朱自清的一本散文选集和一本诗集《踪迹》。读后，我感到作者不但感情丰富，而且是位非常纯洁、善良、富于同情心和正义感的人。心里产生了对他的敬爱之情，我盼望能见到这位作者。

我读西南联合大学中文系，知道朱自清先生是系里的教授，非常高兴。我选修了朱先生的课"历代诗选"。朱先生对于每位诗人、每首诗，都讲得贴切、扎实。在简要而有重点地介绍诗人身世、确切讲解诗句之后，往往是一语或数语破的揭示诗人的思想感情、诗的主旨和特色。他在讲解中，还不时提问，了解学生的理解程度，以便从学生的实际出发引导学生读懂诗。朱先生学问功底深厚又热情认真地帮助学生学习，是一位好老师。

1946年春，我确定了毕业论文题"阮籍与咏怀诗"。系里分配朱自清、萧涤非两位先生指导我，萧先生很虚心，第一次谈话之后就说朱先生也是他

---

* 彭允中：朱自清学生，云南师范大学教授。

的先生，要我多听朱先生的意见。当时，阮籍的咏怀诗尚无注释本，朱先生有一本黄节注的手抄本。我一到他宿舍，他就取出来借给我，又向我介绍了几本参考书。朱先生是循循善诱的。他先问我为什么选这个题目，咏怀诗是最难读的诗呀！我说，我对阮籍的思想、性格很有兴趣，他诗的风格十分旷达、疏放，思想很深刻，是魏晋时代一位很特殊、很有代表性的文人，很值得研究。朱先生很高兴，说：好，阮籍和咏怀诗确有特点，值得研究，研究是有意义、有趣味的。在写毕业论文的过程中，我找他谈过三四次。每次都是朱先生先让我谈心得和写法，然后再说他的意见：或肯定鼓励我，或指导我考虑某方面的问题。态度、语调都极亲切。这既是学识的指导，又是思想感情的熏陶，可以说是一个学生的幸福。我曾想，我如能长久跟朱先生学习，那该多好！论文写好了，高兴之中，我一时疏忽，竟忘了装订，三四万字的一叠稿纸，用一张报纸包了送给朱先生。我把纸包放在他书桌上，他打开看了，只说："好，你的大功告成了，也取得写论文的一次经验了！"过了几天，我去取稿子时，稿子已用两颗崭新的黄铜书钉钉得整整齐齐的。我非常惭愧，忙谢谢朱先生。他笑着说："一点小事，没什么。"说完，拿出一本他新近出版的《经典常谈》送给我。

朱先生要离开昆明了，为了留个纪念，我请他为我写一张条幅裱作挂屏，他立即允诺了。我买了纸送去后，朱先生说近两天事情忙，第三天早上才能写。第三天清晨，我赶早到朱先生宿舍去磨墨。可是，条幅已经摆在那里了，是头天写好的，朱先生自己磨的墨。我很过意不去，但也只有表示感谢罢了。

朱先生为我写的是魏源古微堂诗句："东行下巫峡，有霆无日月。"当时我未多思索，后来才想到，这是不是朱先生用来象征当时国民党统治区的政治环境呢？

1946年，听到朱自清先生不顾白色恐怖的危险，在成都李公朴、闻一多追悼大会上，满怀激情地报告闻一多先生的生平，赞扬闻先生的战斗精神，我非常兴奋。朱先生用响亮的声音向全社会表明了他进步的政治态度。

1948年，听到朱先生在北京逝世的消息，我内心很悲痛。一位高尚的著名文学家、受学生敬爱的教授，一生勤勤恳恳地工作，八年抗战受尽艰辛；抗日战争已经胜利了，却在国民党反动派倒行逆施之下贫病而死。这实在令人愤慨。

朱自清先生是我最敬爱的老师之一。他崇高的民族自尊心，热爱祖国、热爱人民的感情，在反动势力面前的大义凛然；他那严肃认真的治学态度和诲人不倦的教学精神，永远都在教育着我。

我和朱自清先生交往的点滴回忆

李为扬[*]

1930年秋，我在江苏省立扬州中学读初中三年级时，第一次接触到"朱自清"这个名字。国文老师是扬州名儒徐公美先生。国文课平日以文言文为主，间或也介绍一些白话文如鲁迅、老舍等写的作品，其中给我印象最深刻的却是朱自清的《背影》和《荷塘月色》两篇散文。徐先生精辟的讲解，给我留下了深刻的印象，但对于作者他却只轻描淡写地提了一下："朱自清是一位青年作家。"因此，我一直没有注意到作者究竟是何许人氏。

四年以后的1934年夏，我在扬中高中毕业，同时考取了南京中央大学和北平清华大学。考虑到南京离家近，中央大学又是我比较熟悉的大学，我最初便决定读中央大学。后经好友劝说，我改变了初衷，毅然决定上清华大学。

到清华园后，一天，江浙同乡会举行迎新大会于"同方部"，师生员工济济一堂。大家吃着糖果，喝着清茶，节目一个接一个地表演，俞平伯先生伉俪也清唱昆曲一折助兴，真是热闹非常。有人指着离我远远坐着的教授说，他就是朱自清先生。我油然产生敬仰之情。

---

* 李为扬：朱自清学生，江苏省文史研究馆馆员。

忽然，从扬中老生中间传来一个消息：扬中毕业生将成立"清华大学扬中校友会"，以前全清华只有扬中校友六人。原来江苏省立第五师范和江苏省立第八中学都是江苏省立扬州中学的前身，因此凡两校毕业生，都作为扬州中学的校友。朱自清和余冠英两位先生都是八中毕业生，也都成为扬中校友。1934年秋，"清华大学扬中校友会"开成立大会于清华园工字厅。计出席校友25人。

朱自清先生非常热爱家乡扬州。他平日向人作自我介绍时，也总是爱说："我是扬州人，祖籍绍兴，家住扬州。"他热爱扬州的心情，随时从语言或文章中流露出来。事实上，他自幼即植根于扬州这块美丽的土地上，所以他一直喜爱自称："我是扬州人。"这时，他已发表了《扬州的夏日》等报道扬州的文章。

我们1934年秋入校的学生共300余人，是为清华第10级。1935年春，我当选清华第10级第二届级委会主席，为制定第10级级歌词谱工作，我便到北院朱自清先生家中商请他为我级级歌作词。他听了以后，满口答应，并向我说："你最好先去北京请音乐家李抱忱先生制一个歌谱，然后我根据他的歌谱来填词，就会更恰当些。"因为朱、李二师曾合作过。当时人们都是先作词，然后根据词来谱曲；而他却是先要有谱，再根据谱来填词，可谓别开生面。也正说明他精通音律，故能保存宋人遗风，依谱填词。我便照他的话办了，接着朱自清先生就填好了词。《清华第10级级歌》歌词如下：

> 举步荆榛，极目烟尘，请君看此好河山。
>
> 薄水深渊，持危扶颠，吾侪相勉为其难。
>
> 同学少年！同学少年！一往气无前。
>
> 极深研几，赏奇析疑，毋忘弼时荷肩。
>
> 殊途同归，矢志莫违，吾侪所贵者同心。
>
> 切莫逡巡，切莫浮沉，岁月不待人！

朱自清先生的激昂雄壮的歌词，配合着李抱忱先生的沉着有力的歌谱，真是珠联璧合，从此嘹亮的歌声久久回荡在我们10级300余名同学中间。它向我们提出了时代的要求，勉励一往无前，努力学习，同心救亡图存之旨，叩击着每个青年学子的心弦。直到如今，虽经历了半个世纪，每当我偶一引吭高歌时，朱自清先生崇高的形象就显现在眼前。

1935年12月9日，北平3万多学生举行大规模示威游行，反对日帝侵略华北，反对冀察政务委员会的成立，朱自清先生走出课堂，走向社会，随着清华学生队伍进城，当他看到军警对爱国学生实行镇压时，心中燃起了愤怒的火焰，1936年2月29日之夜，冀察政委会派军警到清华园搜捕爱国学生，他正直地站出来，予以保卫，当夜就有6名女生避难在他家，受到热情的掩护。

1937年夏，卢沟桥事变突起，全面抗日战争爆发，我正处在毕业班，9月，清华、北大、南开三校会合起来，先迁到湖南长沙，成立"国立长沙临时大学"，借小吴门外韭菜园一号圣经学院旧址，临时上课，1938年春节后，战局吃紧，三校决定西迁云南，成立"国立西南联合大学"，由于校舍一时不能解决，理、工学院先到昆明，文、法学院暂迁蒙自；候昆明房舍建成后，蒙自师生再迁昆明，作为一位正直爱国教授的朱自清先生，不甘心当亡国奴，家眷留在北京，他只身一人随校迁徙，和清华师生一道共同跋涉万里征途。

1938年2月，迁校"大军"南下了。当时交通情况是：粤汉铁路刚建成不久，纵贯我国南北交通的大动脉才形成，西南各省主要仍靠公路。因此迁校的行进路线，决定"兵"分两路：一路是走"陆路"，组织"国立长沙临时大学湘黔滇旅行团"，沿湘黔公路和滇黔公路，步行入滇。另一路走"海路"，我属于此路。

朱自清先生等几位教授，则乘长途汽车经桂林、柳州、南宁，出镇南关到越南河内，转乘海防来车入滇。当他们所乘汽车，经过广西边城凭祥时，因城门太窄，恰巧冯友兰先生将胳臂横搁在车上，不料被城门一撞，受伤骨折，只好留在河内治疗。朱自清先生便留下照顾。三周以后，冯先生的弟弟赶来替换，朱自清先生才到云南。朱自清先生和我都是4月份最先到达蒙自的。蒙自文法学院暂称"西南联大分校"，校本部则设昆明，我和朱自清先生又在分校重逢了。

我们到蒙自后，受到地方政府和李县长热情欢迎和协助。他们特地把过去海关一带旧址拨给我们。原来蒙自海关、法国领事馆、法国东方汇理银行，毗邻而建，联成一片。蒙自商业萧条后，海关、领事馆关闭，银行停业，当地居民对这一带则统称之为"海关"，正好拨给我们作为分校校部、教室、图书馆等用途。

蒙自地方绅士对分校赞助支援，亦极具盛情，纷纷让出房屋一两间，提供应用。

我从到蒙自至毕业离开，前后大约4个月，我和朱自清先生的接触是比较多的。我每天由歌胪士洋行到海关上课，常常在下课后绕到他寝室坐一坐，有时他也会托人带个口信或是写张便条到学生宿舍，约我去他处一谈。朱自清先生对扬州的感情特别深厚，平时在外遇到家乡人，他总会倍感亲切。谈到扬州的一切，无论古城风貌、园林风景、饮食点心，他都如数家珍。他非常关心战局，关心家乡，尤其爱听扬州方面的消息。有两次为了弄清楚报纸上报道的战役，他特地把《中国地图》翻出来，要我和他一起照着仔细寻找一城一镇的位置。

朱自清先生是个十分好学的人，每到一地，都非常注意了解当地的历史和风土人情。最初来蒙自时，我曾问起：蒙自既开商埠，为何现在商业如此萧条？朱先生告诉我："滇越铁路修筑前，蒙自主要靠红河水运越南，故商业发达。后来低估了修铁路的重要性，勘定路线时让它通过碧色寨，不料蒙自商业大受影响。也有人说，当时蒙自地方势力封建保守，认为开山筑路，侵涉庐墓，怕破坏风水，也有意识地不让铁路通过蒙自县城。"

还有一次我告诉朱先生："我听碧色寨土著谈：碧色寨原名壁虱寨。壁虱就是臭虫，当年诸葛亮南征时，见此地臭虫多，故命名壁虱寨。一直沿袭下来，直到近年来才改同音为碧色寨。"朱先生笑笑说："人民崇拜诸葛亮，西南诸省关于他的故事，随处都有，诸葛亮《前出师表》中，有'五月渡泸，深入不毛'。一般都把'不毛'解释'不毛之地'，似嫌勉强。我来云南后，倒听说：'泸'就是'怒江'，'不毛'就是缅甸'八莫'的古代音译。实际就成了：'五月渡怒，深入八莫。'这个说法倒很有意思。"

蒙自城里苍蝇很多，并不是趋腥逐膻的红绿头蝇，而是体型较小的白麻色家蝇，当地人称为"饭蚊子"，最爱成群地围着饭甑子飞舞。我给朱先生讲了一个笑话："我由糖粥店出来，有一个穿白上褂的人走在前面，我从他背上数了一下，在那块小小的'航空母舰'上，已停歇了四十几架'飞机'。"朱先生也给我讲了一个笑话："我有个朋友在蒙自街上走，由于张口笑了一下，一只苍蝇就闯进了他的嘴里。"后来联大学生在蒙自城里组织一次灭蝇运动。

有一天，我偶然和朱先生谈起有时也学着写一些诗词。他听了很感兴趣，说要看看。我便拿沿途做的一些诗向他请教，其中有：

南歌子

樊口如樱小，蛮腰似柳长。

春风吹薄绿纱裳，细拨红牙低奏月如霜；

故国悲烟雨，南疆懒化妆。

凝眸泪转九回肠，愁对天涯无语问沧桑。

清平乐

汗流如豆，热得人难受。

六月骄阳腾火兽，大地纹风不透。

且拼铁骨铜筋，周旋宇庙精灵。

纵使肌焦肤裂，依然固我原形。

　　朱自清先生看了以后，笑嘻嘻地指着这两首向我说："写得不错。一首反法，一首抗日。"停了一下他又接着说："越南人一天到晚嚼槟榔，把嘴唇染得通红，这个'樱'字却非常形象化。'蛮腰'也语涉双关。连同'春风吹薄绿纱裳'句，直把越南少女描绘出来了。不来蒙自，不和她们生活在一起，是不容易体会出来的。第二首很含蓄。我看《南歌子》可题为'观越南武白玉女士弹琴'；《清平乐》可题为'1938年夏，抗日战局正酣，挥汗口占于云南蒙自'。"我知道朱先生是在鼓励我学创作，所以并没有指出我的瑕疵。

　　光阴荏苒，转瞬毕业期届。清华毕业班同学编了一本《清华第10级年刊》纪念册，我便代表编委请朱自清先生为我们写一篇《临别赠言》，以资勖勉。他高兴地濡笔直书，语重心长地策励我们青年各尽所能，不负所学，报效民族，完成"抗建"大业。他对我们谆谆教诲，一直成为我们终身的"座右铭"。题词全文如下：

　　向来批评清华毕业生的人都说他们在作人方面太稚气、太骄气。但是今年的毕业同学，一年来播荡在这严重的困难中间，相信一定是不同了。这一年是抗战建国开始的一年，是民族复兴开始的一年，千千万万的战士英勇的牺牲了，千千万万的同胞惨苦的牺牲了。而诸君还能完成自己的学业，可见国家社会待诸君是很厚的。诸君又走上了这么多路，更多的认识了我们的内地，我们的农村，我们的国家。诸君一定会不负所学，各尽所能，来报效我们的民族，以完成抗战建国的大业的。——朱自清。二十七年八月。蒙自。

1938年夏，我们毕业班离开蒙自，各奔前程。大学生毕业，对古老的西南边陲的蒙自来说，可算是破天荒的大事。那天，我们背着行囊，和前来送行的师友谈笑着，分开看热闹的人流，登上火车，当汽笛长鸣车轮徐徐蠕动时，月台上送行的师友举着的无数的手，和车厢中伸出窗外的无数的手，彼此频频地挥动，不住地挥动。朱自清先生留给我最后的深深的印象是：清癯面庞，中等身材，精神抖擞，站在蒙自车站的月台上，向着我们毕业生乘坐的快离去的个旧锡矿小火车挥手，直到车行了很远，还隐约看见他那高举着的礼帽影儿在远空中摇荡。

我们毕业后，蒙自师生就撤并到昆明，从此结束了4个月的联大分校阶段。此后我就没有机会再和朱自清先生重逢了，只间接听到一些他的消息。

1988年4月，我参加清华第10级毕业50周年纪念大会，重返清华园，又正逢朱自清先生诞辰90周年、逝世40周年之期，恭谒先生塑像于"水木清华"池之"自清亭"畔。抚今追昔，感赋五律，聊当瞻拜，并致崇敬！

夫子何为者？栖栖五十年。

病由忧国起，贫不受人捐。

背影迎朝日，荷塘绽睡莲。

文宗尊一代，卅载万生传！

忆一代文宗朱自清老师

孙景瑞[*]

　　朱自清先生是我在清华大学中国文学系读书时的老师，时间在1946年10月他由重庆飞回北平，到他1948年8月12日病逝于北大医院。这期间正是国民党反动政府疯狂发动全面内战，中国人民奋起在血与火斗争中进行解放战争，千百万国统区青年学生团结起来组成第二条战线，渴望建立一个独立、自由、民主、富强的新中国的两年，也是朱自清先生由一位进步学者走向民主斗士的重要思想转变期，表现了足资人们视作楷模的民族英雄气概。于他逝世一年后，即1949年8月，在毛泽东同志写的《别了，司徒雷登》一文中，受到了热情表彰。朱自清老师逝世至今已经46年了，但他的音容笑貌仍然时常映现在眼前，他与我之间的一些往事清晰地萦回心头，永远激励我努力实现自己的人生价值。

---

　　* 孙景瑞：朱自清学生，广州军区政治部副军级作家。

人是要先吃饭的

朱自清老师为人和治学的态度十分严肃认真，一丝不苟。教课也是这样，要求严格，虽然我们都是大学生了，每次上课他仍然亲自点名，而且，每点一个，都抬起头来用关注的眼光看一下，好像要记住你的面容，然后再点下一个。应该说，他对每个同学都是熟悉的，点名却从不马虎。1946年下半年新学年开始后，我跟他读"中国文学史"。这是中国文学系学生的必修课，每周4个学时，共占4个学分，课是绝对缺不得的。可是，我因为当时是半工半读，在《世界日报》任教育编辑兼记者，有时执行采访任务，不能到校上课，便不得不缺席。我虽然上课缺席，看看同学们的笔记也能补上，但引起了朱自清老师的注意。

11月初的一天，清华园里刮着秋风，飘满了金黄色的落叶，天气变得有点凉，我下课后正急急忙忙往宿舍走，在路上迎面碰见了朱自清老师。他穿着一件黑呢大衣，头戴一顶土耳其帽，清瘦的脸上架着一副玳瑁黑边眼镜，右手抱着一摞书，像是刚从图书馆出来。他给我的印象是，季节刚是深秋，还没有入冬，怎么过早地穿上全副冬装呢？当然后来才知道他有胃病，一受寒就犯。我向他鞠躬问候，他也含笑答礼。之后，正要离去，他像是忽然想起什么，又转过身来把我叫住，关心地问道："开课以后，你怎么有3次没来呢？"我听了，不禁一怔，既惊讶又感动，难得他说得这么清楚！可见他教学是多么细心，对学生又多么关心了。于是，我向他诉说了缺课的原因。他稍一沉思，又问："你为什么要担任社会工作呢？"我只好直言相告：我的家在农村，只有母亲一人，既无劳动力，又兵荒马乱，没有经济来源；还有一个妹妹也没有工作，我们生活困难，连学校的膳费都交不起，没有饭吃。他听了，似有同感地叹息了一声，自言自语似的说："我一回到北平，便觉得物价涨，粮食贵。人人要吃饭的，天天要吃饭的，没想到抗战胜利后吃饭更难了！"接着，他回忆似的说："前年，我也因为生活困难，除了在西南联大上课外，还在五华中学兼任国文教员，十分劳累，结果课没有上好，身体也坏了，胃病时常发作。人是要先吃饭的。你既要读书又要工作，两头儿顾不上，何不先解决吃饭问题呢？免得既耽误学业，又影响工作；天天城里城外跑也会搞坏身体。"我听了朱自清老师的话，觉得有理，可是怎样解决吃饭问题呢？他像是猜透了我的疑惑心情，商量似的说："先解决吃饭问题，就是让你先休学一年，安心工作，再积存一点钱，明年复学好好读书，你看怎么样呢？"这倒是个好办法，可我心里有点打鼓，谁知明年形势能不能好转呢？因而一时拿不定主意。朱自清老师倒像安慰我似的说："时局总不会越来越坏吧！你先想一想看，想好了再找我谈。"我们各自走去。我走了几步，忍不住回头望了望朱自清老师那穿着黑呢大衣的背影，心里感到一阵莫名的怅惘，身受生活压力的原来不仅是我，还有我从小就敬佩的老师啊！

我想来想去，朱自清老师提出的休学一年的办法虽说是权宜之计，可为了先吃饭，仍不失为上策。过了几天，我便把休学的决定告诉了他。转过年来，他发表了一篇杂文《论吃饭》，论述了"吃饭第一"的道理，为千百万饥饿的人民呐喊，声援轰轰烈烈的反饥饿、反内战的学生运动。他在文章中说："学生写出'饥饿事大，读书事小'的标语，工人喊出'我们要吃饭'的口号，这是我们历史上第一回一般人民公开的承认了吃饭第一。"这是他为了吃饭向反动派发出的檄文，我当时读了，感到特别痛快，因为说出了我的心里话。

中间路线是没有的

　　大约是1946年底，我听到一个消息，说是闻一多先生的遗稿在从昆明运回北平途中，箱子进了水，受到损失。我作为教育记者，当然关心这件事，骑上自行车便出城到清华园北院16号访问朱自清老师，想探听一个究竟，在报纸上报道一下。

　　朱自清老师是清华大学中国文学系主任，和闻一多先生是亲密的同事，又于1946年11月被清华大学校长梅贻琦聘请为"整理闻一多先生遗著委员会"的召集人，对这件事一定清楚。见面后，我一问，他果然十分了解情况，说是装遗著稿件的箱子运到北平以后，确实发现途中进了水，稿子发霉，有些已揭不开了。委员会发现了这种情况，认为让外行人乱揭怕揭得面目全非，于是请了专门的人来揭，虽然有的揭破了一些，但重要的稿件都还比较完整无缺，即使有些水渍斑点，并不妨碍整理工作。朱自清老师深情地说："闻一多先生的手稿都用工楷写成，内容非常丰富，见解尤其新颖。学术价值很高，是国家的宝贵财产；现在全部遗著都由我亲自保管。这一段时间，我把手稿仔细地阅读了一遍，真有点如入宝山的感觉。为了便于整理，我已经拟好了一个目，供委员会讨论。"

　　我们的话题自然转到闻一多先生的死。朱自清老师说，1946年6月，西南联大正式解散，分别恢复为北大、清华、南开三校以后，他本来准备回北平的。可是，他的住在成都的夫人陈竹隐女士因心脏病住院，他得知消息后，便由昆明赶到成都探视。就在他离开昆明期间，全面内战爆发，昆明形势紧张，国民党特务向反对内战的民主人士下了毒手。先是中国民主同盟云南分部负责人之一的李公朴于7月11日被特务暗杀，仅隔4天，即7月15日，闻一多先生也倒在了特务的枪口之下，壮烈牺牲。朱自清先生是在成都报纸上得知这一噩耗的，当时惊呆了，万分悲痛。朱自清老师心情沉重地说："李公朴先生被暗杀以后，我就有点提心吊胆，担心闻一多先生的安全。因为他也是民主同盟云南分部的负责人，但是我没有想到事情会发生得这么快，手段又是这么卑鄙无耻。闻一多先生的牺牲，是民主主义运动的巨大损失，又是中国学术界的巨大损失，使我们每一个善良的人都要好好想一想：这是为什么？从我得知闻一多先生牺牲那时起，我就有一个迫切的愿望，把他的遗著编辑出版，这是最好的纪念。"

转过年来，大约是1947年4月，我接到电话邀请，到清华大学参加一个名叫"诗与歌"的晚会。在会上，意外地见到了朱自清老师，而且听了他作的《闻一多先生和诗》的讲演。他热情称赞闻一多先生为"爱国新诗人"，详细介绍了闻一多先生对诗歌创作的伟大成就和理论主张，强调诗人应该成为人民大众的号手。他的讲演受到与会同学的热烈欢迎，掌声持续了好几分钟。

散会后，我和朱自清老师一起走出会场，想跟他商量一下暑假过后复学的事，他感慨地说："抗战胜利以后，我以为人民的生活应该过好，内战也应该不打，可是，我过于乐观了；现在，时局比闻一多先生牺牲时还要糟，物价一天涨几次，特务到处抓人，内战越打越凶，看来，中间路线是没有的，只有以闻一多先生为榜样，用不怕烧毁自己的精神去斗争，才能实现一个美好的世界。"接着，他的话题一转，替我设身处地想了个主意："你虽然在报社工作，也不会有多少钱能存下来的，跟去年一样，生活困难问题还是解决不了。我现在赞成你半工半读了，不过，一年的学分可以分两年念，上课的时间少了一半，你便有多一点时间工作了。"我听了，高兴地说："朱老师，你这个主意真好！我还为这事发愁呢！"就这样，我决定1947年暑假后复学，把毕业年限由1948年延长到1949年。

斗争要审时度势

　　1947年5月30日，我在编辑部接到了一份北大、清华两校教授102人发表的《为反内战运动告学生与政府书》的油印稿，其中签名的有朱自清先生，我把该稿发后的第二天上午，便去清华大学访问他。102位教授都是海内外知名人士，我认识大约三分之一，主要是通过采访而有些交往；所以访问朱自清先生，这是因为他是我的老师，我是他的学生，可以抛开记者这个身份，无话不谈。

　　当时，国民党政府针对风起云涌的反饥饿、反内战运动，发布了维持社会秩序办法的命令；蒋介石还特地发表谈话，矛头明确指向广大青年学生，阴谋加强镇压活动。而这个命令和谈话发表后的第三天，即1947年5月20日，在国民党统治区各大中城市，同时爆发了反饥饿、反内战、反迫害的大游行，使国民党政府惊慌不已；尤其是学生提出6月2日为全国反内战日，号召在全国范围内举行罢工、罢教、罢课、罢市和游行，更使蒋介石张皇失措，下令全面戒备。这样一来，局势骤然变得紧张万分，越临近6月2日，国民党军警特务越疯狂，抓人、跟踪、搜查、暗杀连日不断，公开或秘密包围和封锁学校。102位教授的公开信，就是在这种极为险恶的形势下发表的，劝告学生既不屈于强暴，亦应避免无谓牺牲；忠告政府应负内战责任，对学生只能疏导而不应高压，切实制止一切暴行，由此可见这些教授们的忧国忧民之心。

　　朱自清老师听我说明来意后，开门见山地说："五二〇反饥饿、反内战、反迫害大游行是深得人心的；从胜利以来我的切身体会，也支持这种正义行动。人民生活为什么陷入饥饿的深渊呢？这是因为一小部分多吃多喝的人，为要保住这多吃多喝的地位，就反对不许他们多吃多喝的人民大众，这也就是内战的根本原因。"他说到这里，好像怕我听不明白似的强调说："我赞成人人有吃有喝，所以我反对内战。"我说："朱老师这个立场和态度，我早就知道；我想问的是您对反内战的前途怎样看？"朱自清老师毫不犹豫地说："反内战的前途必然是光明的，因为要和平、有饭吃是绝大多数人民大众的迫切愿望，凡是集体的行动力量就大，是压不垮打不散的。不过，这不是罢几次课、游几次行就能解决的问题，也不单纯是你们学生的事，这是全国人民的大事，需要团结起来，坚持不懈地斗争。"

谈到这里，我直截了当地问："您对6月2日的反内战日怎样看呢？"朱自清老师深思熟虑地说："每天都是反内战日，才对我的心思。但是，这里有一个形式和内容的问题，反内战日是不是非要罢课游行呢？有人可这样认为，但我不以为然。五二○反饥饿、反内战、反迫害大游行已经取得了胜利，显示了集体的力量，人民大众是支持的；如果把自己的战略战术事先告诉对方，再来一次罢课游行，即使同学们不畏强暴，不怕牺牲，也会吓跑一些同情者的。我所以在那封公开信上签名，也是因为我同意公开信的观点。斗争要审时度势，才能立于不败之地。"

那天，从上午9点多一直谈到中午，师母陈竹隐女士留我吃饭，我推说到同学家那里去吃便告辞了；实际上是怕朱老师家人口多，负担重。我找到了一位同学，吃了顿客饭，在饭厅里碰到另一位同学，告诉我一条新闻，说华北学联要在当天下午开会，讨论6月2日反内战日问题，但他不知道举行地点。这是一个独家新闻，作为记者的我当然非常感兴趣，而且庆幸自己留下来吃了这顿午饭，才有了这个收获。不过，不知道举行地点，不能前往采访，也是枉然。第二天，我竟日追踪这条新闻线索，终于在燕京大学一位同学那里，了解到华北学联会议决定的具体内容：6月2日作为反内战日，于上午9点在北大民主广场举行全华北地区学生反内战纪念大会，鸣钟默哀3分钟，为因内战死亡之将士及争取民主之战士哀悼；若学校因受军警封锁或路远不及参加，可以在各校单独举行。反内战纪念大会决定向政府当局提两点要求：一、撤销《临时维持社会秩序办法》；二、立即释放被捕学生。华北学联这个决议的态度是明智的，是冷静的，是忍耐的，也是审时度势的。朱自清老师的观点与华北学联的决议相一致，这使我更加钦佩。

6月2日，我到北大民主广场采访，虽然学校周围的街巷拉上了铁丝网，军警林立，特务潜入校内侦察，但是反内战纪念大会进行得非常顺利，开了个胜利的大会。

朋友并不都是靠得住的

1947年暑假后，我复学了，注完册，开始选课。选哪位教授开的课，要由哪位教授在选课单上签名，然后交给教务处，在规定的选课日期内，要办完手续，而全校好几千人，都集中办理，时间有点紧。选课那天，我从城里到校已是中午了，到下午5点最后一班进城的校车要开时，我还有历史雷海宗先生开的一门课没有选完，而明天又要截止，心里十分焦急。如果我赶不上校车班车，当天进不了城，在同学处借宿一晚无问题，却耽误了晚上7点到《世界日报》上夜班，因为那时城里城外的交通很不发达，仅有早晚两班校车可坐，什么公共汽车、的士是没有的，虽然走到颐和园门口可雇到人力车，但那二三十里长途，我这穷学生负担不起车钱。课要选，而教授尚未签名，城要进，而校车马上就开，面对这种情况怎么办？我六神无主，刚巧碰到一位熟悉的同学，便心头一动，决定把选课单交给他，请他代办，他立刻答应下来，于是我飞快地跑上校车愉快地进了城，以为事情办得很顺利。

谁知，开学以后，训导处忽然找我。我马上去了，一见训导长褚士荃，他立刻拿出一张选课单给我看。我一看，是选雷海宗先生的那门课的单子，上面有他的签名。这有什么问题吗？褚士荃训导长严肃地责问道："你怎么敢假签雷先生的名字呢？"我一听，怔住了，雷海宗先生的签名怎么会是假的呢？莫非是代我选课的那位同学干的？我觉得有些委屈，立刻把请同学代办的情况详细地报告了。褚士荃听了我的诉说，严肃的脸色变得有点缓和了，沉思片刻，同情地说："雷海宗先生对这件事很生气，不接受你的选课，叫校方将你开除。刚才听了你的话，这事虽然不是你干的，但是你也有责任。"我只默默地听着，一声也不敢吭，担心被开除。褚士荃训导长好半天没再说话，在办公室里来回踱步，好像很为难的样子。过了一会儿，他像是拿定了主意，停在我的面前，用关怀的语调说："你去找一下你们系主任朱自清先生吧！把情况如实地向他讲清楚，请他去跟雷海宗先生商量一下，再对你作处理。"我像是绝处逢生，看到了一条出路，朝褚士荃感激地鞠了一躬，便转身走出了训导处。

我在中国文学系办公室找见了朱自清老师，他正跟王瑶先生谈什么，一见到我慌慌张张地进了门，便转过脸来问："有什么事吗？"我回答："有点事儿！"这时，王瑶先生说了句："你们谈吧。"便出门去了。朱自清先生指了指王瑶先生坐过的椅子，客气地说："坐下谈吧！"我看了看那把椅子，没敢坐下，仍然站在办公室靠门的地方，把事情一五一十地说了一遍。朱自清老师一直没插话，耐心地听着，等我讲完，他又指了指那把椅子，仍然客气地说："你坐下吧！"我还是没有坐下，像等待判决似的站在原地没动。朱自清老师显然理解我当时的心情，思索了好一会儿，才自言自语似的说："朋友并不是都靠得住的啊！"然后，又停顿片刻，才同意地说："既然褚训导长让你来，我就去跟雷海宗先生说一说；除去雷先生的课，其他课你照常上，不要耽误了！"我当时听了，感激的泪水直在眼眶里转，差一点流下来。

过了三四天，朱自清老师上完"中国文学史"，下课后，把我叫出教室门，关心地问道："褚训导长又找你了吗？"我说："没有。"他又说："雷海宗先生也没想到这事不是你本人干的。既然如此，他同意你留在学校继续读书。一个青年人，不做错点事是不可能的，做了错事，能够长见识，会变得明智起来。你的过错在于不自己选课，尽管当时情况特殊，也不是不能避免；如果你一到校就抓紧时间，完全可以避免发生请他人代为选课的事情。"朱自清老师谈话第二天，褚士荃训导长果然找我了，他一见面就说："你的事情经过研究，决定留校继续学习，不过，为了警戒你，还是决定记大过两次。你还有什么话说吗？"我想了想，问道："要不要向雷海宗先生当面道歉呢？"褚士荃一听，笑了，轻松地说："这事由你自己决定吧！"后来，我还是向雷海宗先生当面表示了歉意，记得他只说了一句话："我没有要求你道歉啊！"

事后，我听那位搞假签名的同学说，朱自清先生曾找他了解情况，显然是想加以对证，看我说的是否事实。那位同学所以搞假签名，是因为当天在历史系办公室没有找到雷海宗。如果他打听一下雷海宗的家，多跑几步路到他家里去签，也就不会发生这宗事了；可是他灵机一动，要了个小聪明，在办公室桌上看到有雷海宗签名的选课单，他便照葫芦画瓢，模仿着签了一个。那位同学受到了朱自清先生很严厉的训戒，而我则对他没有什么指责，只能反省自己。

做学问要讲实

我是1947年暑假后新学年开始时复学的。因为"中国文学史"是中国文学系学生的必修课，我又跟着朱自清老师重读，他讲到《易经》，使我对这部颇为神秘的书发生了浓厚的兴趣。我一头钻进图书馆，捧起有关《易经》的各种参考书大读起来，而对我启发最大的还是朱自清先生所著《经典常谈》里对《易经》的诠述，与他在课堂上所讲观点一致。我有所感，也把自己的见解写了一篇题目叫作《读易窥源》的文章，拿给朱自清老师批阅。

第三天晚上，那是一个月隐星稀的黑夜，我从图书馆出来，只见校园黝暗，万籁俱寂，隔着茂密的树丛，却从北院透出一缕灯光。我走过去一看，正是朱自清老师家，显然他还没有睡觉。而时间已是9点多钟了。我惦记着那篇稿子，便上前轻轻地敲了敲门。开门的是师母陈竹隐女士，她见我这么晚来，显得有点惊诧。正在这时，朱自清老师从当门的书桌旁抬起头，向我投过来亲切而温和的目光，高兴地说："你来得正好！我正想明天上课时通知你到我的办公室去哩！"言外之意，他对我这时来访也觉得有点意外。我立刻走到他的书桌前面，一瞥之间，发现他面前摆着的是我那篇稿子，心里顿时像火烧一样热乎乎的。

"你到家来好，可以从容地谈谈。"朱自清老师开门见山，对稿子详细地谈了他的意见；特别是对我稿子中有的观点与他不同的地方，探讨性地谈得更多。朱自清老师的赞扬十分恳切而真诚，我至今还记得清清楚楚。他说："做学问，要讲实；讲实不易，得下力气干，认真地干，不干，则无实；无实，则空疏。你这篇论文能够有点新解，看来是下功夫读了点书的。你拿回去再斟酌一下，不一定完全按我的意见改，'意见意见'嘛，是供参考用的，意见不是决议。"当我拿着稿子走出16号门时，朱自清老师亲自送到院子里，凝望着我走出好远，才回屋关上门，而灯光仍从窗户透出来。

过了几天，我把稿子改好，又重新抄了一遍，上课时交给了朱自清老师。他随手翻了翻，安慰我似的说："准备刊登在《语言与文学》上。"《语言与文学》是《新生报》的副刊，由朱自清先生创办并担任主编，所以取这个名字，是为了纪念闻一多先生，因为他曾在抗战以前办过一个同名刊物。闻一多先生是主张文学不分中外的，应该把大学里的中国文学系和外国语文系合并，改为文学系；语言学应该独立成系，叫作语言学系。朱自清先生同意闻一多先生的主张，曾写了篇《关于大学中国文学系的两个意见》，影响很大。朱自清先生创办这个《语言与文学》副刊，也是这个意思。我的那篇稿子不久便发表了，还特意排在了首位。

我对新鲜事物都要学

1947年10月24日晚上，清华大学中国文学系举行了一个迎新大会，欢迎暑假后新学年入学的新同学。大会还没开始，朱自清老师便来了，我急忙上前问候。他一见我，微笑道："你是复学生，今天也欢迎你！"开会以后，他起立讲了几句话，便开始进行文娱节目。大家都出了些什么文娱节目，已经忘记了，但扭秧歌却记得清清楚楚。大家围成一圈，随着一位女同学边扭边学。我当时不会扭，学时还有点不好意思。站在我前边的朱自清老师也不会扭。步子当然不怎么听话，可他学得很认真。他都50多岁了，人又长得瘦小，而且是系主任，还坦然地扭，我怕什么呢？我受到他的鼓舞，立刻放下架子大胆地扭起来，很快便学会了，跟大家踏在一个步调上。

休息的时候，我坐在朱自清老师旁边。见他一边擦汗，一边气喘，问道："朱老师累了吧？"他胃不好，平时吃不了多少东西，扭这么一阵子，肯定很吃力。他笑意盎然地说："不累，不累！这玩意儿很有趣！"我说："我也是头一回扭，觉得很新鲜！"他同意地说："扭秧歌在民间恐怕已流传许久了，可是一传进城市，尤其是一传到知识层，就变得新鲜东西了。它和其他文学艺术形式一样，来自民间，源于劳动，是劳动人民创造的。我看扭秧歌这种比较简单的舞蹈，不仅是一种自娱方式，而是我们知识分子向民间学习、向劳动人民学习的肇端。"我只觉得扭秧歌好玩儿，而朱自清老师却把它提到知识分子思想改造这样的高度来认识，对我启发很大。

从此，我们中国文学系一有集会，扭秧歌就作为保留节目拿出来。1948年元旦的晚上，我又参加了一次新年同乐晚会，主要文娱节目仍然是扭秧歌。这次，系里几位女同学来了个花样翻新，不仅自己化了妆，也给朱自清老师头上戴了一朵大红花，穿上一件花衣裳，打扮得像个乡村小老太婆。朱自清老师不仅没有反对，还很乐意，顺从地接受打扮，高兴地和大家一起扭来扭去，而且步调非常熟练了。许多老师和同学看了他那样子，都忍不住笑得合不拢嘴，而他一点也不笑，认认真真地扭；他越是这样，大家笑得越厉害，以致扭不下去了。

散会后，我们几位住在明斋的同学顺路陪着朱自清老师回家，在路上，大家边笑边谈，仍然沉浸在刚才的欢乐中。我说："朱老师，您今天的表演真精彩！"他竟连声谦逊地说："扭得不好，扭得不好！"他这种认真的语调，一下子把大家逗得笑个不住。等大家笑声住了，他严肃地说："我对新鲜事物都要学，在这方面比你们青年人学得慢，正是因为这样，我才要更加努力地学。有人说我是被青年人拉着往前走的，这又有什么不好呢！可以走得快些嘛！我希望青年人不要松开拉着我的手，一起走！"朱自清老师的话说得十分诚恳，当时，我和同学们听了，好半天没有说话，深深地思索着。我们哪里是拉他往前走呢，而是他在黎明前的黑暗里以其最完整的人格带领我们往前走啊！

你的研究方向放在元曲方面

  1948年8月6日晚上，我正在《世界日报》编辑部编发稿件，中国文学系同学喻殿芬打来电话，告诉我朱自清老师病了，住进了北大医院，而且动了手术。我一听，心情顿时沉重起来。他的病是胃病，已不是一天半天的事儿了，大约从1940年以来，他就发觉胃痛。抗战开始以后，清华大学南迁，一路辗转，过度劳累，直到昆明才算安定下来。但是，由于国民党政府的反动腐败，物价飞涨，薪水仅按七折发给，人民日益贫困，文教人员的状况尤其凄惨。朱自清先生家人口多，家用大，生活更是窘迫，不得不把夫人和子女送到成都的夫人家住。他单身一人，生活无人照顾，随着大家吃大厨房的糙米饭；胃病厉害时，连蔬菜也消化不了，就整天自煮稀饭吃。加上二女儿和老父亲相继病逝，心情不好，以及教学工作辛苦，他的胃病一年比一年严重。1945年8月，他的胃病又严重发作，想到成都住院治疗，可是，负担不起巨额医疗费用，颇为犹豫；后来转念一想，反正抗战已经胜利，一切都会好起来的，于是抱着复校后回到北平再治的希望，又强忍病痛，投入了北上复员工作。

  朱自清老师没有想到，抗战胜利之后，由于蒋介石发动了全面内战，人民的日子更是难过，连吃饭都成了问题，怎能谈得上治病呢？他的胃病一犯，不得不强自忍耐。我记得，1947年秋天，他有一次上课，我忽然发现他额上滚出了黄豆般大小的汗珠，脸色变得纸一样苍白，一只手用力强按着胸口，显然是胃病犯了。但他坚持上完课，才肯离开教室；走进办公室时，往痰盂里吐了很多又黄又红的黏液，他并不是不想治病，而是治不起。如1948

年5月的一天，他吃下东西就吐，便到城里的医院检查，诊断为胃梗阻，须治疗，但一问治疗费用，还是难以负担，只好作罢。现在突然住院肯定病情危险。我因为住在城里，离大医院也近，第二天下午便去医院看望。可是，医生不让探视，说是刚动完手术，需要监护。我仅从病房门口看了一眼。据医生讲，他的病诊断为胃穿孔，手术后，情况尚好，估计十天半月可以出院。我一听，这才放了心。

过了两天，即1948年8月9日下午，我又到医院探视。这一次，医生准许进入病房，但谈话要简短，朱自清老师安静地躺在病床上，从窗外透进来的斜阳照射着他那瘦白的脸孔，看来精神还好。他一见是我，轻轻地抬起手来招呼我坐下。我关心地问候道："朱老师，您好些了吗？"他含笑微颔，随后用细弱的声音说道："开学以后，你就要写毕业论文了；我请浦江清先生当你的导师，研究方向是不是放在元曲方面呢？你向浦先生请教吧！"我听了，心里热浪翻腾，他在病中还惦记着我的课业，感动得说不出一句话，只是频频点头。因为朱自清老师病体虚弱，我记住医生的嘱咐，不便久留，只说了句盼望他安心静养的话，便走出了病房。

没有想到，这一次见面竟是最后的诀别。8月12日晚上，我又接到同学喻殿芬的电话，说朱自清老师病情突然恶化，已经在中午11时40分逝世。我拿着电话筒的手不禁颤抖起来，好半天才把它放下，伏在办公桌上哭了。当晚，我在《世界日报》上发了一条讣闻：《一代文宗与世长辞》。8月26日，清华大学在同方部举行追悼会，我特地赶去参加，在朱自清老师遗像前面恭恭敬敬地鞠了三个躬。

附录一

我是扬州人

朱自清

　　有些国语教科书里选得有我的文章，注解里或说我是浙江绍兴人，或说我是江苏江都人——就是扬州人。有人疑心江苏江都人是错了，特地老远的写信托人来问我。我说两个籍贯都不算错，但是若打官话，我得算浙江绍兴人。浙江绍兴是我的祖籍或原籍，我从进小学就填的这个籍贯；直到现在，在学校里服务快三十年了，还是报的这个籍贯。不过绍兴我只去过两回，每回只住了一天；而我家里除先母外，没一个人会说绍兴话。

　　我家是从先祖才到江苏东海做小官。东海就是海州，现在是陇海路的终点。我就生在海州。四岁的时候先父又到邵伯镇做小官，将我们接到那里。海州的情形我全不记得了，只对海州话还有亲热感，因为父亲的扬州话里夹着不少海州口音。在邵伯住了差不多两年，是住在万寿宫里。万寿宫的院子很大，很静；门口就是运河。河坎很高，我常向河里扔瓦片玩儿。邵伯有个铁牛湾，那儿有一条铁牛镇压着。父亲的当差常抱我去看它，骑它，抚摸它。镇里的情形我也差不多忘记了。只记住在镇里一家人家的私塾里读过书，在那里认识了一个好朋友叫江家振。我常到他家玩儿，傍晚和他坐在他家荒园里一根横倒的枯树干上说着话，依依不舍，不想回家。这是我第一个好朋友，可惜他未成年就死了；记得他瘦得很，也许是肺病罢？

六岁那一年父亲将全家搬到扬州。后来又迎养先祖父和先祖母。父亲曾到江西做过几年官，我和二弟也曾去过江西一年；但是老家一直在扬州住着。我在扬州读初等小学，没毕业；读高等小学，毕了业；读中学，也毕了业。我的英文得力于高等小学里一位黄先生，他已经过世了。还有陈春台先生，他现在是北平著名的数学教师。这两位先生讲解英文真清楚，启发了我学习的兴趣；只恨我始终没有将英文学好，愧对这两位老师。还有一位戴子秋先生，也早过世了，我的国文是跟他老人家学着做通了的。那是辛亥革命之后在他家夜塾里的时候。中学毕业，我是十八岁，那年就考进了北京大学预科，从此就不常在扬州了。

就在十八岁那年冬天，父亲母亲给我在扬州完了婚。内人武钟谦女士是杭州籍，其实也是在扬州长成的。她从不曾去过杭州，后来同我去是第一次。她后来因为肺病死在扬州，我曾为她写过一篇《给亡妇》。我和她结婚的时候，祖父已死了好几年了。结婚后一年祖母也死了。他们两老都葬在扬州，我家于是有祖茔在扬州了。后来亡妇也葬在这祖茔里。母亲在抗战前两年过世，父亲在胜利前四个月过世，遗憾的是我都不在扬州；他们也葬在那祖茔里。这中间叫我痛心的是死了第二个女儿！她性情好，爱读书，做事负责任，待朋友最好。已经成人了，不知什么病，一天半就完了！她也葬在祖茔里。我有九个孩子，除第二个女儿外，还有一个男孩不到一岁就死在扬州；其余亡妻生的四个孩子都曾在扬州老家住过多少年。这个老家直到今年夏初才解散了，但是还留着一位老年的庶母在那里。

我家跟扬州的关系，大概够得上古人说的"生于斯，死于斯，歌哭于斯"了。现在亡妻生的四个孩子都已自称为扬州人了；我比起他们更算是在扬州长成的，天然更该算是扬州人了。但是从前一直马马虎虎地骑在墙上，并且自称浙江人的时候还多些，又为了什么呢？这一半因为报的是浙江籍，求其一致，一半也还有些别的道理。这些道理第一桩就是籍贯是无所谓的。那时要做一个世界人，连国籍都觉得狭小，不用说省籍和县籍了。那时在大学里觉得同乡会最没有意思。我同住的和我来往的自然差不多都是扬州人，自己却因为浙江籍，不去参加江苏或扬州同乡会。可是虽然是浙江绍兴籍，却又没跟一个道地浙江人来往，因此也就没人拉我去开浙江同乡会，更不用说绍兴同乡会了。这也许是两栖或骑墙的好处罢？然而出了学校以后到底常常会到道地绍兴人了。我既然不会说绍兴话，并且除了花雕和兰亭外几乎不知道绍兴的别的情形，于是乎往往只好自己承认是假绍兴人。那虽然一半是玩笑，可也有点儿窘的。

还有一桩道理就是我有些讨厌扬州人；我讨厌扬州人的小气和虚气。小是眼光如豆，虚是虚张声势，小气无须举例。虚气例如已故的扬州某中央委员，坐包车在街上走，除拉车的外，又跟上四个人在车子边推着跑着。我曾经写过一篇短文，指出扬州人这些毛病。后来要将这篇文收入散文集《你我》里，商务印书馆不肯，怕再闹出"闲话扬州"的案子。这当然也因为他们总以为我是浙江人，而浙江人骂扬州人是会得罪扬州人的。但是我也并不抹杀扬州的好处，曾经写过一篇《扬州的夏日》，还有在《看花》里也提起扬州福缘庵的桃花。再说现在年纪大些了，觉得小气和虚气都可以算是地方气，绝不止是扬州人如此。从前自己常答应人说自己是绍兴人，一半又因为绍兴有些憨气，而扬州人似乎太聪明。其实扬州人也未尝没憨气，我的朋友任中敏（二北）先生，办了这么多年汉民中学，不管人家理会不理会，难道还不够"憨"的！绍兴人固然有憨气，但是也许还有别的气我讨厌的，不过我不深知罢了，这也许是阿Q的想法罢了？然而我对于扬州的确渐渐亲热起来了。

扬州真像有些人说的，不折不扣是个有名的地方。不用远说，李斗《扬州画舫录》里的扬州就够羡慕的。可是现在衰落了，经济上是一日千丈的衰落了，只看那些没精打采的盐商家就知道。扬州人在上海被称为江北佬，这名字总而言之表示低等的人。江北佬在上海是受欺负的，他们于是学些不三不四的上海话来冒充上海人。到了这地步他们可竟会忘其所以地欺负起那些新来的江北佬了，这就养成了扬州人的自卑心理。抗战以来许多扬州人来到西南，大半都自称为上海人，就靠着那一点不三不四的上海话；甚至连这一点都没有，也还自称为上海人。其实扬州人在本地也有他们的骄傲的。他们称徐州以北的人为侉子，那些人说的是侉话。他们笑镇江人说话土气，南京人说话大舌头，尽管这两个地方都在江南。吴语他们称为蛮话，说这种话的人当然是蛮子了。然而这些话只好关着门在家里说，到上海一看，立即就会矮上半截，缩起舌头不敢啧一声了。扬州真是衰落得可以啊！

我也是一个江北佬，一大堆扬州口音就是招牌，但是我却不愿做上海人；上海人太狡猾了。况且上海对我太生疏，生疏的程度跟绍兴对我也差不多；因为我知道上海虽然也许比知道绍兴多些，但是绍兴究竟是我的祖籍，上海是和我水米无干的。然而年纪大起来了，世界人到底做不成，我要一个故乡。俞平伯先生有一行诗，说"把故乡掉了"。其实他掉了故乡又找到了一个故乡；他诗文里提到苏州那一股亲热，是可羡慕的，苏州就算是他的故乡了。他在苏州度过他的童年，所以提起来一点一滴都亲亲热热的，童年的记忆最单纯最真切，影响最深最久；种种悲欢离合，回想起来最有意思。"青灯有味是儿时"，其实不止青灯，儿时的一切回忆都是有味的。这样看，在哪儿度过童年，就算哪儿是故乡，大概差不多罢？这样看，就只有扬州可以算是我的故乡了。何况我的家又是"生于斯，死于斯，歌哭于斯"呢？所以扬州好也罢，歹也罢，我总该算是扬州人的。

儿 女

朱自清

　　我现在已是五个儿女的父亲了。想起圣陶喜欢用的"蜗牛背了壳"的比喻，便觉得不自在。新近一位亲戚嘲笑我说："要剥层皮呢！"更有些悚然了。十年前刚结婚的时候，在胡适之先生的《藏晖室札记》里，见过一条，说世界上有许多伟大的人物是不结婚的；文中并引培根的话，"有妻子者，其命定矣"。当时确吃了一惊，仿佛梦醒一般，但是家里已是不由分说给娶了媳妇，又有什么可说？现在是一个媳妇，跟着来了五个孩子；两个肩头上，加上这么重一副担子，真不知怎样走才好。"命定"是不用说了；从孩子们那一面说，他们该怎样长大，也正是可以忧虑的事。我是个彻头彻尾自私的人，做丈夫已是勉强，做父亲更是不成。自然"子孙崇拜"，"儿童本位"的哲理或伦理，我也有些知道；既做着父亲，闭了眼抹杀孩子们的权利，知道是不行的。可惜这只是理论，实际上我是仍旧按照古老的传统，在野蛮地对付着，和普通的父亲一样。近来差不多是中年的人了，才渐渐觉得自己的残酷；想着孩子们受过的体罚和叱责，始终不能辩解——像抚摩着旧创痕那样，我的心酸溜溜的。有一回，读了有岛武郎《与幼小者》的译文，对了那种伟大的、沉挚的态度，我流下泪来了。去年父亲来信，问起阿

257

九，那时阿九还在白马湖呢；信上说，"我没有耽误你，你也不要耽误他才好"。我为这句话哭了一场；我为什么不像父亲的仁慈？我不该忘记，父亲怎样待我们来着！人性许真是二元的，我是这样地矛盾；我的心像钟摆似的来去。

你读过鲁迅先生的《幸福的家庭》么？我的便是那一类的"幸福的家庭"！每天午饭和晚饭，就如两次潮水一般。先是孩子们你来他去地在厨房与饭间里查看，一面催我或妻发"开饭"的命令。急促繁碎的脚步，夹着笑和嚷，一阵阵袭来，直到命令发出为止。他们一递一个地跑着喊着，将命令传给厨房里佣人；便立刻抢着回来搬凳子。于是这个说，"我坐这儿！"那个说，"大哥不让我！"大哥却说，"小妹打我！"我给他们调解，说好话。但是他们有时候很固执，我有时候也不耐烦，这便用着叱责了，叱责还不行，不由自主地，我的沉重的手掌便到他们身上了。于是哭的哭，坐的坐，局面才算定了。接着可又你要大碗，他要小碗，你说红筷子好，他说黑筷子好；这个要干饭，那个要稀饭，要茶要汤，要鱼要肉，要豆腐，要萝卜；你说他菜多，他说你菜好。妻是照例安慰着他们，但这显然是太迂缓了。我是个暴躁的人，怎么等得及？不用说，用老法子将他们立刻征服了；虽然有哭的，不久也就抹着泪捧起碗了。吃完了，纷纷爬下凳子，桌上是饭粒呀，汤汁呀，骨头呀，渣滓呀，加上纵横的筷子，欹斜的匙子，就如一块花花绿绿的地图模型。吃饭而外，他们的大事便是游戏。游戏时，大的有大主意，小的有小主意，各自坚持不下，于是争执起来；或者大的欺负了小的，或者小的竟欺负了大的，被欺负的哭着嚷着，到我或妻的面前诉苦；我大抵仍旧要用老法子来判断的，但不理的时候也有。最为难的，是争夺玩具的时候：这一个的与那一个的是同样的东西，却偏要那一个的；而那一个便偏不答应。在这种情形之下，不论如何，终于是非哭了不可的。这些事件自然不至于天天全有，但大致总有好些起。我若坐在家里看书或写什么东西，管保一点钟里要分几回心，或站起来一两次的。若是雨天或礼拜日，孩子们在家的多，那么，摊开书竟看不下一行，提起笔也写不出一个字的事，也有过的。我常和妻说："我们家真是成日的千军万马呀！"有时是不但"成日"，连夜里也有兵马在进行着，在有吃乳或生病的孩子的时候！

我结婚那一年，才十九岁。二十一岁，有了阿九；二十三岁，又有了阿菜。那时我正像一匹野马，哪能容忍这些累赘的鞍鞯、辔头和缰绳？摆脱也知是不行的，但不自觉地时时在摆脱着。现在回想起来，那些日子，真苦了这两个孩子；真是难以宽宥的种种暴行呢！阿九才两岁半的样子，我们住在杭州的学校里。不知怎地，这孩子特别爱哭，又特别怕生人。一不见了母亲，或来了客，就哇哇地哭起来了。学校里住着许多人，我不能让他扰着他们，而客人也总是常有的；我懊恼极了，有一回，特地骗出了妻，关了门，将他按在地下打了一顿。这件事，妻到现在说起来，还觉得有些不忍；她说我的手太辣了，到底还是两岁半的孩子！我近年常想着那时的光景，也觉黯然。阿菜在台州，那是更小了；才过了周岁，还不大会走路。也是为了缠着母亲的缘故吧，我将她紧紧地按在墙角里，直哭喊了三四分钟；因此生了好几天病。妻说，那时真寒心呢！但我的苦痛也是真的。我曾给圣陶写信，说孩子们的折磨，实在无法奈何；有时竟觉着还是自杀的好。这虽是气愤的话，但这样的心情，确也有过的。后来孩子是多起来了，折磨也折磨得久了，少年的锋棱渐渐地钝起来了；加以增长的年岁增长了理性的裁制力，我能够忍耐了——觉得从前真是个"不成材的父亲"，如我给另一个朋友信里所说。但我的孩子们在幼小时，确比别人的特别不安静，我至今还觉如此。我想这大约还是由于我们抚育不得法；从前只一味地责备孩子，让他们代我们负起责任，却未免是可耻的残酷了！

正面意义的"幸福"，其实也未尝没有。正如谁所说，小的总是可爱，孩子们的小模样，小心眼儿，确有些教人舍不得的。阿毛现在五个月了，你用手指去拨弄她的下巴，或向她做趣脸，她便会张开没牙的嘴格格地笑，笑得像一朵正开的花。她不愿在屋里待着；待久了，便大声儿嚷。妻常说："姑娘又要出去溜达了。"她说她像鸟儿般，每天总得到外面溜一些时候。闰儿上个月刚过了三岁，笨得很，话还没有学好呢。他只能说三四个字的短语或句子，文法错误，发音模糊，又得费气力说出；我们老是要笑他的。他说"好"字，总变成"小"字；问他"好不好"？他便说"小"，或"不小"。我们常常逗着他说这个字玩儿；他似乎有些觉得，近来偶然也能说出正确的"好"字了——特别在我们故意说成"小"字的时候。他有一只搪瓷碗，是一毛钱买的；买来时，老妈子教给他，"这是一毛钱。"他便记住"一毛"两个字，管那只碗叫"一毛"，有时竟省称为"毛"。这在新来的老妈子，是必须翻译了才懂的。他不好意思，或见着生客时，便咧着嘴痴笑；我们常用了土话，叫他做"呆瓜"。他是个小胖子，短短的腿，走起路来，蹒跚可笑；若快走或跑，便更"好看"了。他有时学我，将两手叠在背后，一摇一摆的；那是他自己和我们都要乐的。他的大姊便是阿菜，已是七岁多了，在小学里念着书。在饭桌上，一定得啰啰唆唆地报告些同学或他们父母的事情；气喘喘地说着，不管你爱听不爱听。说完了总问我："爸爸认识么？""爸爸知道么？"妻常禁止她吃饭时说话，所以她总是问我。她的问题真多：看电影便问电影里的是不是人？是不是真人？怎么不说话？看照相也是一样。不知谁告诉她，兵是要打人的。她回来便问，兵是人么？为什么打人？近来大约听了先生的话，回来又问张作霖的兵是帮谁的？蒋介石的兵是不是帮我们的？诸如此类的问题，每天短不了，常常闹得我不知怎样答才行。她和闰儿在一处玩儿，一大一小，不很合式，老是吵着哭着。但合式的时候也有：譬如这个往床底下躲，那个便钻进去追着；这个钻出来，那个也跟着——从这个床到那个床，只听见笑着，嚷着，喘着，真如妻所说，像小狗似的。现在在京的，便只有这三个孩子；阿九和转儿是去年北来时，让母亲暂时带回扬州去了。

阿九是欢喜书的孩子。他爱看《水浒》《西游记》《三侠五义》《小朋友》等；没有事便捧着书坐着或躺着看。只不欢喜《红楼梦》，说是没有味儿。是的，《红楼梦》的味儿，一个十岁的孩子，哪里能领略呢？去年我们事实上只能带两个孩子来；因为他大些，而转儿是一直跟着祖母的，便在上海将他俩丢下。我清清楚楚记得那分别的一个早上。我领着阿九从二洋泾桥的旅馆出来，送他到母亲和转儿住着的亲戚家去。妻嘱咐说："买点吃的给他们吧。"我们走过四马路，到一家茶食铺里。阿九说要熏鱼，我给买了；又买了饼干，是给转儿的。便乘电车到海宁路。下车时，看着他的害怕与累赘，很觉恻然。到亲戚家，因为就要回旅馆收拾上船，只说了一两句话便出来；转儿望望我，没说什么，阿九是和祖母说什么去了。我回头看了他们一眼，硬着头皮走了。后来妻告诉我，阿九背地里向她说："我知道爸爸欢喜小妹，不带我上北京去。"其实这是冤枉的。他又曾和我们说："暑假时一定来接我啊！"我们当时答应着；但现在已是第二个暑假了，他们还在迢迢的扬州待着。他们是恨着我们呢？还是惦着我们呢？妻是一年来老放不下这两个，常常独自暗中流泪；但我有什么法子呢！想到"只为家贫成聚散"一句无名的诗，不禁有些凄然。转儿与我较生疏些。但去年离开白马湖时，她也曾用了生硬的扬州话（那时她还没有到过扬州呢）和那特别尖的小嗓子向着我："我要到北京去。"她晓得什么北京，只跟着大孩子们说罢了；但当时听着，现在想着的我，却真是抱歉呢。这兄妹两离开我，原是常事，离开母亲，虽也有过一回，这回可是太长了；小小的心儿，知道是怎样忍耐那寂寞来着！

我的朋友大概都是爱孩子的。少谷有一回写信责备我，说儿女的吵闹，也是很有趣的，何至可厌到如我所说；他说他真不解。子恺为他家华瞻写的文章，真是"蔼然仁者之言"。圣陶也常常为孩子操心：小学毕业了，到什么中学好呢？——这样的话，他和我说过两三回了。我对他们只有惭愧！可是近来我也渐渐觉着自己的责任。我想，第一该将孩子们团聚起来，其次便该给他们些力量。我亲眼见过一个爱儿女的人，因为不曾好好地教育他们，便将他们荒废了。他并不是溺爱，只是没有耐心去料理他们，他们便不能成材了。我想我若照现在这样下去，孩子们也便危险了。我得计划着，让他们渐渐知道怎样去做人才行。但是要不要他们像我自己呢？这一层，我在白马湖教初中学生时，也曾从师生的立场上问过丏尊，他毫不踌躇地说："自然啰。"近来与平伯谈起教子，他却答得妙，"总不希望比自己坏啰"。是的，只要不"比自己坏"就行，"像"不"像"倒是不在乎的。职业，人生观等，还是由他们自己去定的好；自己顶可贵，只要指导，帮助他们去发展自己，便是极贤明的办法。

予同说："我们得让子女在大学毕了业，才算尽了责任。"SK说："不然，要看我们的经济，他们的材质与志愿；若是中学毕了业，不能或不愿升学，便去做别的事，譬如做工人吧，那也并非不行的。"自然，人的好坏与成败，也不尽靠学校教育；说是非大学毕业不可，也许只是我们的偏见。在这件事上，我现在毫不能有一定的主意；特别是这个变动不居的时代，知道将来怎样？好在孩子们还小，将来的事且等将来吧。目前所能做的，只是培养他们基本的力量——胸襟与眼光；孩子们还是孩子们，自然说不上高的远的，慢慢从近处小处下手便了。这自然也只能先按照我自己的样子，"神而明之，存乎其人"，光辉也罢，倒霉也罢，平凡也罢，让他们各尽各的力去。我只希望如我所想的，从此好好地做一回父亲，便自称心满意。——想到那"狂人""救救孩子"的呼声，我怎敢不悚然自勉呢？

给亡妇

朱自清

　　谦，日子真快，一眨眼你已经死了三个年头了。这三年里世事不知变化了多少回，但你未必注意这些个。我知道，你第一惦记的是你几个孩子，第二便轮着我。孩子和我平分你的世界，你在日如此；你死后若还有知，想来还如此的。告诉你，我夏天回家来着：迈儿长得结实极了，比我高一个头。闰儿父亲说是最乖，可是没有先前胖了。采芷和转子都好。五儿全家夸她长得好看；却在腿上生了湿疮，整天坐在竹床上不能下来，看了怪可怜的。六儿，我怎么说好，你明白，你临终时也和母亲谈过，这孩子是只可以养着玩儿的，他左挨右挨去年春天，到底没有挨过去。这孩子生了几个月，你的肺病就重起来了。我劝你少亲近他，只监督着老妈子照管就行。你总是忍不住，一会儿提，一会儿抱的。可是你病中为他操的那一份儿心也够瞧的。那一个夏天他病的时候多，你成天儿忙着，汤呀，药呀，冷呀，暖呀，连觉也没有好好儿睡过。哪里有一分一毫想着你自己。瞧着他硬朗点儿你就乐，干枯的笑容在黄蜡般的脸上，我只有暗中叹气而已。

　　从来想不到做母亲的要像你这样。从迈儿起，你总是自己喂乳，一连四个都这样。你起初不知道按钟点儿喂，后来知道了，却又弄不惯；孩子们每夜里几次将你哭醒了，特别是闷热的夏季。我瞧你的觉老没睡足。白天里还得做菜，照料孩子，很少得空儿。你的身子本来坏，四个孩子就累你七八年。到了第五个，你自己实在不成了，又没乳，只好自己喂奶粉，另雇老妈子专管她。但孩子跟老妈子睡，你就没有放过心；夜里一听见哭，就竖起耳朵听，工夫一大就得过去看。十六年初，和你到北京来，将迈儿、转子留在家里；三年多还不能去接他们，可真把你惦记苦了。你并不常提，我却明白。你后来说你的病就是惦记出来的；那个自然也有份儿，不过大半还是养育孩子累的。你的短短的十二年结婚生活，有十一年耗费在孩子们身上；而你一点不厌倦，有多少力量用多少，一直到自己毁灭为止。你对孩子一般儿爱，不问男的女的，大的小的。也不想到什么"养儿防老，积谷防饥"，只拼命的爱去。你对于教育老实说有些外行，孩子们只要吃得好玩得好就成了。这也难怪你，你自己便是这样长大的。况且孩子们原都还小，吃和玩本来也要紧的。你病重的时候最放不下的还是孩子。病的只剩皮包着骨头了，总不信自己不会好，老说："我死了，这一大群孩子可苦了。"后来说送你回家，你想着可以看见迈儿和转子，也愿意；你万不想到会一走不返的。我送车的时候，你忍不住哭了，说："还不知能不能再见？"可怜，你的心我知道，你满想着好好儿带着六个孩子回来见我的。谦，你那时一定这样想，一定的。

除了孩子，你心里只有我。不错，那时你父亲还在；可是你母亲死了，他另有个女人，你老早就觉得隔了一层似的。出嫁后第一年你虽还一心一意依恋着他老人家，到第二年上我和孩子可就将你的心占住，你再没有多少工夫惦记他了。你还记得第一年我在北京，你在家里。家里来信说你待不住，常回娘家去。我动气了，马上写信责备你。你教人写了一封复信，说家里有事，不能不回去。这是你第一次也可以说第末次的抗议，我从此就没给你写信。暑假时带了一肚子主意回去，但见了面，看你一脸笑，也就拉倒了。打这时候起，你渐渐从你父亲的怀里跑到我这儿。你换了金镯子帮助我的学费，叫我以后还你；但直到你死，我没有还你。你在我家受了许多气，又因为我家的缘故受你家里的气，你都忍着。这全为的是我，我知道。那回我从家乡一个中学半途辞职出走，家里人讽你也走。哪里走！只得硬着头皮往你家去。那时你家像个冰窖子，你们在窖里足足住了三个月。好容易我才将你们领出来了，一同上外省去。小家庭这样组织起来了。你虽不是什么阔小姐，可也是自小娇生惯养的，做起主妇来，什么都得干一两手；你居然做下去了，而且高高兴兴地做下去了。菜照例满是你做，可是吃的都是我们；你至多夹上两三筷子就算了。你的菜做得不坏，有一位老在行大大地夸奖过你。你洗衣服也不错，夏天我的绸大褂大概总是你亲自动手。你在家老不乐意闲着；坐前几个"月子"，老是四五天就起床，说是躺着家里事没条没理的。其实你起来也还不是没条理；咱们家那么多孩子，哪儿来条理？在浙江住的时候，逃过两回兵难，我都在北平。真亏你领着母亲和一群孩子东藏西躲的；末一回还要走多少里路，翻一道大岭。这两回差不多只靠你一个人。你不但带了母亲和孩子们，还带了我一箱箱的书；你知道我是最爱书的。在短短的十二年里，你操的心比人家一辈子还多；谦，你那样身子怎么经得住！你将我的责任一股脑儿担负了去，压死了你；我如何对得起你！

你为我的捞什子书也费了不少神；第一回让你父亲的男佣人从家乡捎到上海去。他说了几句闲话，你气得在你父亲面前哭了。第二回是带着逃难，别人都说你傻子。你有你的想头："没有书怎么教书？况且他又爱这个玩意儿。"其实你没有晓得，那些书丢了也并不可惜；不过教你怎么晓得，我平常从来没和你谈过这些个！总而言之，你的心是可感谢的。这十二年里你为我吃的苦真不少，可是没有过几天好日子。我们在一起住，算来也还不到五个年头。无论日子怎么坏，无论是离是合，你从来没对我发过脾气，连一句怨言也没有——别说怨我，就是怨命也没有过。老实说，我的脾气可不大好，迁怒的事儿有的是。那些时候你往往抽噎着流眼泪，从不回嘴，也不号啕。不过我也只信得过你一个人，有些话我只和你一个人说，因为世界上只你一个人真关心我，真同情我。你不但为我吃苦，更为我分苦；我之有我现在的精神，大半是你给我培养着的。这些年来我很少生病。但我最不耐烦生病，生了病就呻吟不绝，闹那伺候病的人。你是领教过一回的，那回只一两点钟，可是也够麻烦了。你常生病，却总不开口，挣扎着起来；一来怕搅我，二来怕没人做你那份儿事。我有一个坏脾气，怕听人生病，也是真的。后来你天天发烧，自己还以为南方带来的疟疾，一直瞒着我。明明躺着，听见我的脚步，一骨碌就坐起来。我渐渐有些奇怪，让大夫一瞧，这可糟了，你的一个肺已烂了一个大窟窿了！大夫劝你到西山去静养，你丢不下孩子，又舍不得钱；劝你在家里躺着，你也丢不下那份儿家务。越看越不行了，这才送你回去。明知凶多吉少，想不到只一个月工夫你就完了！本来盼望还见得着你，这一来可拉倒了。你也何尝想到这个？父亲告诉我，你回家独住着一所小住宅，还嫌没有客厅，怕我回去不便哪。

前年夏天回家，上你坟上去了。你睡在祖父母的下首，想来还不孤单的。只是当年祖父母的坟太小了，你正睡在圹底下。这叫做"抗圹"，在生人看来是不安心的；等着想办法吧。那时圹上圹下密密地长着青草，朝露浸湿了我的布鞋。你刚埋了半年多，只有圹下多出一块土，别的全然看不出新坟的样子。我和隐今夏回去，本想到你的坟上来；因为她病了没来成。我们想告诉你，五个孩子都好，我们一定尽心教养他们，让他们对得起死了的母亲——你！谦，好好儿放心安睡吧，你。

冬　天

朱自清

　　说起冬天，忽然想到豆腐。是一"小洋锅"（铝锅）白煮豆腐，热腾腾的。水滚着，像好些鱼眼睛，一小块一小块豆腐养在里面，嫩而滑，仿佛反穿的白狐大衣。锅在"洋炉子"（煤油不打气炉）上，和炉子都熏得乌黑乌黑，越显出豆腐的白。这是晚上，屋子老了，虽点着"洋灯"，也还是阴暗。围着桌子坐的是父亲跟我们哥儿三个。"洋炉子"太高了，父亲得常常站起来，微微地仰着脸，觑着眼睛，从氤氲的热气里伸进筷子，夹起豆腐，一一地放在我们的酱油碟里。我们有时也自己动手，但炉子实在太高了，总还是坐享其成的多。这并不是吃饭，只是玩儿。父亲说晚上冷，吃了大家暖和些。我们都喜欢这种白水豆腐；一上桌就眼巴巴望着那锅，等着那热气，等着热气里从父亲筷子上掉下来的豆腐。

　　又是冬天，记得是阴历十一月十六晚上，跟S君P君在西湖里坐小划子。S君刚到杭州教书，事先来信说："我们要游西湖，不管它是冬天。"那晚月色真好，现在想起来还像照在身上。本来前一晚是"月当头"；也许十一月的月亮真有些特别吧。那时9点多了，湖上似乎只有我们一只划子。有点风，月光照着软软的水波；当间那一溜儿反光，像新砑的银子。湖上的山只

267

剩了淡淡的影子。山下偶尔有一两星灯火。S君口占两句诗道："数星灯火认渔村，淡墨轻描远黛痕。"我们都不大说话，只有均匀的桨声。我渐渐地快睡着了。P君"喂"了一下，才抬起眼皮，看见他在微笑。船夫问要不要上净寺去；是阿弥陀佛生日，那边蛮热闹的。到了寺里，殿上灯烛辉煌，满是佛婆念佛的声音，好像醒了一场梦。这已是十多年前的事了，S君还常常通着信，P君听说转变了好几次，前年是在一个特税局里收特税了，以后便没有消息。

在台州过了一个冬天，一家四口子。台州是个山城，可以说在一个大谷里。只有一条二里长的大街。别的路上白天简直不大见人；晚上一片漆黑。偶尔人家窗户里透出一点灯光，还有走路的拿着的火把；但那是少极了。我们住在山脚下。有的是山上松林里的风声，跟天上一只两只的鸟影。夏末到那里，春初便走，却好像老在过着冬天似的；可是即便真冬天也并不冷。我们住在楼上，书房临着大路；路上有人说话，可以清清楚楚地听见。但因为走路的人太少了，间或有点说话的声音，听起来还只当远风送来的，想不到就在窗外。我们是外路人，除上学校去之外，常只在家里坐着。妻也惯了那寂寞，只和我们爷儿们守着。外边虽老是冬天，家里却老是春天。有一回我上街去，回来的时候，楼下厨房的大方窗开着，并排地挨着她们母子三个；三张脸都带着天真微笑地向着我。似乎台州空空的，只有我们四人；天地空空的，也只有我们四人。那时是民国十年，妻刚从家里出来，满自在。现在她死了快四年了，我却还老记着她那微笑的影子。

无论怎么冷，大风大雪，想到这些，我心上总是温暖的。

择偶记

朱自清

自己是长子长孙，所以不到十一岁就说起媳妇来了。那时对于媳妇这件事简直茫然，不知怎么一来，就已经说上了。是曾祖母娘家人，在江苏北部一个小县分的乡下住着。家里人都在那里住过很久，大概也带着我：只是太笨了，记忆里没有留下一点影子。祖母常常躺在烟榻上讲那边的事，提着这个那个乡下人的名字。起初一切都像只在那白腾腾的烟气里。日子久了，不知不觉熟悉起来了，亲昵起来了。除了住的地方，当时觉得那叫做"花园庄"的乡下实在是最有趣的地方了。因此听说媳妇就定在那里，倒也仿佛理所当然，毫无意见。每年那边田上有人来，蓝布短打扮，衔着旱烟管，带好些大麦粉，白薯干儿之类。他们偶然也和家里人提到那位小姐，大概比我大四岁，个儿高，小脚；但是那时我热心的其实还是那些大麦粉和白薯干儿。

记得是十二岁上，那边捎信来，说小姐痨病死了。家里并没有人叹惜；大约他们看见她时她还小，年代一多，也就想不清是怎样一个人了。父亲其时在外省做官，母亲颇为我亲事着急，便托了常来做衣服的裁缝做媒。为的是裁缝走的人家多，而且可以看见太太小姐。主意并没有错，裁缝来说一家人家，有钱，两位小姐，一位是姨太太生的；他给说的是正太太生的大小姐。他说那边要相亲。母亲答应了，定下日子，由裁缝带我上茶馆。记得那是冬天，到日子母亲让我穿上枣红宁绸袍子，黑宁绸马褂，戴上红帽结儿的黑缎瓜皮小帽，又叮嘱自己留心些。茶馆里遇见那位相亲的先生，方面大耳，同我现在年纪差不多，布袍布马褂，像是给谁穿着孝。这个人倒是慈祥的样子，不住地打量我，也问了些念什么书一类的话。回来裁缝说人家看得很细：说我的"人中"长，不是短寿的样子，又看我走路，怕脚上有毛病。总算让人家看中了，该我们看人家了。母亲派亲信的老妈子去。老妈子的报告是，大小姐个儿比我大得多，坐下去满满一圈椅；二小姐倒苗苗条条的。母亲说胖了不能生育，像亲戚里谁谁谁；教裁缝说二小姐。那边似乎生了气，不答应，事情就摧了。

母亲在牌桌上遇见一位太太，她有个女儿，透着聪明伶俐。母亲有了心，回家说那姑娘和我同年，跳来跳去的，还是个孩子。隔了些日子，便托人探探那边口气。那边做的官似乎比父亲的更小，那时正是光复的前年，还讲究这些，所以他们乐意做这门亲。事情已到九成九，忽然出了岔子。本家叔祖母用的一个寡妇老妈子熟悉这家子的事，不知怎么教母亲打听着了。叫她来问，她的话遮遮掩掩的。到底问出来了，原来那小姑娘是抱来的，可是她一家很宠她，和亲生的一样。母亲心冷了。过了两年，听说她已生了痨病，吸上鸦片烟了。母亲说，幸亏当时没有定下来。我已懂得一些事了，也这末想着。

光复那年，父亲生伤寒病，请了许多医生看。最后请着一位武先生，那便是我后来的岳父。有一天，常去请医生的听差回来说，医生家有位小姐。父亲既然病着，母亲自然更该担心我的事。一听这话，便追问下去。听差原只顺口谈天，也说不出个所以然。母亲便在医生来时，教人问他轿夫，那位小姐是不是他家的。轿夫说是的。母亲便和父亲商量，托舅舅问医生的意思。那天我正在父亲病榻旁，听见他们的对话。舅舅问明了小姐还没有人家，便说，像×翁这样人家怎末样？医生说，很好呀。话到此为止，接着便是相亲；还是母亲那个亲信的老妈子去。这回报告不坏，说就是脚大些。事情这样定局了，母亲叫轿夫回去说，让小姐裹上点儿脚。妻嫁过来后，说相亲的时候早躲开了，看见的是另一个人。至于轿夫捎的信儿，却引起了一段小小的风波。岳父对岳母说，早教你给她裹脚，你不信；瞧，人家怎末说来着！岳母说，偏偏不裹，看他家怎末样！可是到底采取了折衷的办法，直到妻嫁过来的时候。

附录二

朱自清生平著作编年简表

朱乔森

1898年　1岁（虚岁）

11月22日，生于江苏省东海县。祖父名则余，当时在东海做承审官；父名鸿钧，母亲姓周。朱自清原籍浙江绍兴，由于全家后来搬到扬州，同扬州的关系，够得上"生于斯，死于斯，歌哭于斯"了，所以他自称"我是扬州人"。

1901年　4岁

父朱鸿钧从东海到高邮的邵伯镇做小官，跟随父亲到了邵伯。

1902年　5岁

开始由父母启蒙课读。

1903年　6岁

祖父将全家搬到扬州。朱自清开始上私塾，读经书、古文、诗词，后又上初等小学，未毕业。此后数年内，朱鸿钧到江西做盐务官，朱自清也曾去过江西一年。

1911年　14岁

辛亥革命爆发。在此之前的一年多，朱自清曾因陪父亲养病，住在扬州史公祠内，多次听到史可法领导扬州人民英勇抗清，坚持民族气节，宁死不屈的历史故事，并对这位民族英雄深为崇敬。直到上中学时，他还常去史可法的衣冠冢，写过多首凭吊的诗歌，可惜都已经散佚了。[①]

辛亥革命后，在戴子秋家上夜塾，跟这位老先生学着做通了文言文。[②]

1912年　15岁

祖父朱则余逝世。

毕业于安徽旅扬公学高等小学，考入扬州两淮中学（后改名为江苏省立第八中学）。

1916年　19岁

毕业于江苏省立第八中学，校方给予品学兼优奖状。

暑期，考入北京大学预科。

寒假回扬州，遵父母命与武钟谦女士结婚，婚后感情甚好。

1917年　20岁

考入北京大学本科哲学门（后改为哲学系）。他本名自华，号实秋，这时，感于家庭经济境况不好，为了惕厉自己不随流俗而合污，改名自清；又

---

① 据朱自清二弟和三弟朱物华、朱国华回忆。

② 朱自清：《我是扬州人》。

为了勉励自己加紧学习，奋发图强，借用《韩非子》中"性缓，故佩弦以自急"的典故，改字佩弦。他终于只用3年时间，学完了北大哲学系4年的课程。

冬天，父亲丢了官，祖母又去世。父亲朱鸿钧虽然做过小官，但一直以廉洁自守，又不喜积蓄，这时两手空空，借钱才办了丧事。朱自清奔丧回家，后又回到北京去上学，父亲则去南京谋事。散文《背影》写的就是他们这次在浦口车站分别的情景。

1919年　22岁

五四运动爆发。朱自清积极参加了五四爱国运动。他在学生联合会的一个股中做过具体工作，[1]还参加了由邓中夏发起组织，并在五四运动中起过很大作用的平民教育讲演团。[2]

写《睡吧，小小的人》白话诗一首，后收入上海商务印书馆出版的文学研究会丛书《雪潮》，这是他在新文化运动影响下创作新诗的开始。这一年，还写了《光明》《新年》等白话新诗，发表于12月25日《晨报》副刊和《北京大学学生周刊》第1号。

1920年　23岁

春天，加入北京大学部分师生组织的"新潮社"，[3]并在《新潮》2卷3号发表译文《心理学的范围》，后又在3卷1号发表《怅惘》《小草》等新诗。

1月，在《北京大学学生周刊》发表了《满月之光》等新诗。

---

① 据夫人陈竹隐回忆，朱自清生前曾对她讲过此事。

② 见1919年12月9日《北京大学日刊》。

③ 见1920年4月1日出版的《新潮》2卷3号扉页"本刊特别启事二"。

3月下旬，当选为平民教育讲演团第4组书记。[①] 4月6日，和第4组团员共8人到通县演讲。他首先讲了《平民教育是什么》。5月2日，又在城区讲《我们为什么纪念五一劳动节呢》。[②] 在此期间，他和邓中夏建立了友谊。

5月，从北京大学提前毕业。

暑假后，到杭州第一师范教书，夫人武钟谦偕往。同来这里教书的，还有俞平伯先生。俞先生也是北大毕业生和"平民教育讲演团""新潮社"的成员。

11月，郑振铎、沈雁冰、叶圣陶发起成立文学研究会。朱自清是研究会的早期会员之一。

年底作新诗《送韩伯画往俄国》，后收入上海亚东图书馆出版的《踪迹》一书。

1921年　24岁

暑假后，到扬州江苏省立第八中学任教务主任，不久辞职，去吴淞任中国公学国文教员。当时，同是"新潮社"成员的叶圣陶也在该校教国文，不过他们先前并不相识，这是他们订交的开始。朱自清这时也认识了郑振铎等。

秋，中国公学大学部闹风潮波及中学部，叶圣陶、朱自清等教员决定中学部停课，支持大学部的风潮。风潮结束后，因遭旧派人物攻击，朱自清又回杭州一师任教。11月，叶圣陶也应邀到了这里。

下半年，潘漠华、汪静之、魏金枝、赵平复（柔石）、冯雪峰等杭州一师同学和其他几个中学的学生二三十人成立"晨光文学社"，朱自清与叶圣

---

① 见1920年3月25日《北京大学日刊》。

② 见1920年5月6日《北京大学日刊》。

陶同被聘为顾问。①

这年，朱自清写了《转眼》《星火》《沪杭道上的暮》《静》等新诗近20首及散文《歌声》、小说《别》等。后分别收入《雪潮》《踪迹》及《笑的历史》等书。

1922年　25岁

1月15日，与刘延陵、叶圣陶、俞平伯创办《诗》月刊，这是我国新文学运动史上的第一个诗刊。在创刊号上发表诗四首（《转眼》及《杂诗》三首）。因为创办者都是文学研究会员，月刊自1卷4号起改为文学研究会的刊物，总共出了7期，后停刊。

同月21日写《民众文学的讨论》一文，发表于《时事新报》附刊《文学旬刊》。

春，应浙江省立第六师范之聘去台州任教。4月底又应一师同学要求回杭；7月下旬回扬州，9月间才携眷到台州六师。

3月28日，写成散文诗《匆匆》，发表于4月11日《时事新报》附刊《文学旬刊》34期。

4月初，应修人、潘漠华、冯雪峰、汪静之组成湖畔诗社，并出版四人的诗选集《湖畔》。朱自清积极支持这个诗社。同月，作《短诗与长诗》，发表于《诗》第1卷第4号。

5月18日，写《读〈湖畔〉诗集》一文，发表于6月11日《时事新报》副刊《文学旬刊》，并于其后参加了湖畔诗社。

6月，和周作人、俞平伯、徐玉诺、郭绍虞、叶圣陶、刘延陵、郑振铎

---

① 汪静之《自传》，徐州师范学院出版的《中国现代作家传略》第3集91页。

等八人的诗合集《雪潮》，由上海商务印书馆印行，其第一集为朱自清诗19首。

暑假，开始写长诗《毁灭》，这首著名的诗曾以当时的一种所谓"刹那主义"为指导思想。5月间，他在杭州听到一个人谈自己的刹那主义，那是"只求刹那的享乐"，认为"别的都是可笑的"。他颇不以为然，开始酝酿着一种完全相反的刹那主义。11月7日在给俞平伯先生的信中说："弟虽潦倒，但现在态度却颇积极，丢去玄言，专崇实际，这便是我所企图的生活。""我第一要使生活底各个过程都有它独立之意义和价值——每一刹那有每一刹那的意义和价值！""我的刹那主义，实在即是平凡主义。"

1923年　26岁

春，到温州任浙江省立第十中学（兼师范部）国文教员。

3月10日，《毁灭》发表于《小说月报》第14卷第3号。这是新诗运动以来运用我国传统诗歌技巧的第一首白话长诗，发表后即引起了诗坛的注意。

4月28日，写完以夫人武钟谦女士为主角的小说《笑的历史》，6月10日发表于《小说月报》第14卷第6号。

暑假，回扬州，不久去南京。8月，与到南京出席社会主义青年团第二次代表大会的邓中夏相遇。这就是次年在《赠A. S.》一诗中所写的："去年一个夏天大早我见着你：你何其憔悴呢？你的眼还涩着，你的发太长了！但你的血的热加倍的熏灼着！在灰泥里辗转的我，仿佛被焙炙着一般！"

10月11日，《桨声灯影里的秦淮河》一文写成，于次年1月25日出版的《东方杂志》第21卷第2号发表后，曾被时人评为"白话美术文的模范"。

11月17日，《文艺的真实性》一文写成，发表于次年1月10日出版的《小说月报》第15卷第1号。

1924年　27岁

2月，写成《温州的踪迹》中《月朦胧，鸟朦胧，帘卷海棠红》和《绿》两篇，7月，收入上海亚东图书馆出版的《我们的七月》。

3月初，到宁波任浙江省立第四中学国文教员，并在上虞白马湖春晖中学兼课，家属仍留温州。10月2日，在给马公愚的信中说："半年来，弟仍碌碌两校，火车生活，竟习以为常矣。"[1]

同月，诗《别后》发表于《小说月报》第15卷第6号。

3月16日和4月9日，在宁波写成《温州的踪迹》中的后两篇：《白水漈》和《生命的价格——七毛钱》，后收入《我们的七月》。

4月12日，作《春晖的一月》。

同月15日，写成《赠友》一诗，26日发表于《中国青年》第28期，7月，《我们的七月》转载，改题为《赠A. S.》，后收入《踪迹》一书。

5月14日，论文《正义》作完。28日，作诗《风尘》。

7月初，经上海到南京列席旁听中华教育改进社第三届年会，著有《旅行杂记》记载此事。会后，回温州家中。

同月，他主编的《我们的七月》出版。这是他和俞平伯、叶圣陶以及潘训等青年作家的诗与散文的合集。

9月5日，乘船去宁波，因大风，泊于楚门，9日晚始达。13日为中秋，大雨。作有绝句诗："万千风雨逼人来，世事都成劫里灰，秋老干戈人老病，中天皓月几时回？"这是他第一次学写旧诗。[2]

同月，直皖军阀混战，直系军阀自福建出师平阳，拟取道温州攻皖系军阀后方，温州全城震动。朱自清于27日自宁波乘船回温州，30日晚到达，其

---

①　过去说朱自清9月才到宁波教书，应为3月。

②　见朱自清1924—1925年的日记。

时直系闽军已至，并在城内拉夫。10月2日晚，全家乘船去宁波，但宁波无住处，12日又乘车携眷往白马湖。此后，继续往来于白马湖和宁波，在春晖和浙江四中两校教书。

12月，诗与散文集《踪迹》由上海亚东图书馆印行。

1925年 28岁

年初，夏丏尊、丰子恺、匡互生、朱光潜等因春晖中学于1924年年底发生风潮，在风潮结束后离开春晖。朱自清仍被留在这个学校，但他决定半年后离去。

2月15日，散文《女人》写毕。

5月9日，散文《"海阔天空"与"古今中外"》写成，6月，发表于《我们的六月》。

6月10日，为五卅惨案作《血歌》一诗，载于7月出版的《小说月报》16卷7号。6月19日，散文《白种人——上帝的骄子》写成。同月，他主编的《我们的六月》由上海亚东图书馆出版。

7月20日，散文《飘零》写成。

这年暑假后，清华学校开始从留美预备班改革成为一所大学，增设了学习研究中国传统文化的课程。朱自清就在这时经俞平伯介绍去清华任教，讲授李杜诗和国文。从此，他以研究中国古典文学作为毕生的事业之一。

10月，写成著名散文《背影》，11月22日发表于《文学周报》第200期。

10月20日，诗《我的南方》发表于《语丝》第48期。

同月，写成散文《梦》。

11月20日，所作《子恺漫画代序》一文发表于《语丝》第54期。

1926年　29岁

1月，写散文《阿河》。

3月，亲历了"三一八"惨案，并作文两篇：一篇悼念惨案中牺牲的清华学生韦杰三烈士；另一篇就是为被害群众进行血泪控诉的《执政府大屠杀记》，3月29日在《语丝》第2卷第72期上发表。

7月，由海路南下，回到白马湖家中，成《海上杂记》一文。

8月27日，论文《白采的诗》写成。

暑假后，仍独自到清华任教。过上海，写《白采》一文。

11月10日，写成《子恺画集跋》。

12月22日，写完论文《熬波图》。

1927年　30岁

1月，自白马湖接眷北来，住清华园西院。

2月5日，论文《新诗》发表，载《一般》第2卷第2号。10日，论文《熬波图》发表，载《小说月报》第18卷第2号。

5月31日，作《和李白〈菩萨蛮〉》，这虽是一首拟古词，却表明了作者对"四一二"政变后反革命倒行逆施的谴责和愤慨，以及自己的彷徨心情。

6月，作拟古诗《行行重行行》《青青河畔草》《西北有高楼》《迢迢牵牛星》等。这一时期，他曾专心模拟唐五代词及汉魏六朝古诗，写了许多拟古诗词，并收入自题的《敝帚集》。他坚持白话文学的方向，从未将这些作品发表或示人。模拟，只是作为了解、研究中国旧诗词的一种方法。

7月，写成散文《荷塘月色》，载7月《小说月报》第18卷第7号。

9月27日，作《一封信》一文。

暑假以后，教普通国文与古今诗选两门课程。

10月，担任清华学生组织的文学团体"终南社"顾问。[1]经常参加学生的文学和讲演等活动。

11月5日，与李健吾合译的《为诗而诗》一文发表，载《一般》第3卷第3号。

1928年　31岁

2月7日，写成《哪里走》一文，3月发表于《一般》第4卷第3号。其中说："衰颓与骚动使得大家惶惶然。"自己也"正感着这种被追逼，被围困的心情"，"觉得心上的阴影越来越大"。作者明白"只有参加革命或反革命，才能解决这惶惶然"，但又摆脱不了小资产阶级的"情调，嗜好，思想，伦理，与行为的方式"；"况且妻子儿女一大家都指着我活，也不忍丢下了走自己的路"，因此想着"还是暂时超然的好"。由于"国学比文学更远于现实……这是个更安全的逃避所"，他决定以国学作自己的职业，此后若干年，他走到书斋里专心致志做学问去了。

3月11日，写《悼王善瑾君》一文，载《清华周刊》第29卷第6号。

5月25日，写《怀魏握青君》一文。

6月24日，写成散文《儿女》，载10月《小说月报》第19卷第10期。

8月17日，清华学校改为国立清华大学。暑假后，杨振声任清华大学中文系主任，曾说"系中一切计划朱先生和我商量规定者多"。[2]

10月，第一本散文集《背影》由开明书店印行。

11月22日，写清朝李绿园著《歧路灯》一书的书评，载《一般》第6卷第4号。

---

① 见《清华周刊》第418期新闻栏。

② 见杨振声：《为追悼朱自清先生讲到中国文学系》，《文学杂志》第3卷5期。

12月4日，作《给〈一个兵和他的老婆〉的作者——李健吾先生》一文。7日，在中国文学会成立大会上讲《杂体诗》。19日，为俞平伯的《燕知草》作序。

1929年　32岁

春，开始讲授"中国新文学研究"。

7月14日，有《白马湖》一文，载《清华周刊》第32卷第3期。

暑假后，开始讲授"歌谣"，它与"中国新文学研究"都是新课程，引起学生浓厚的兴味。

11月26日，夫人武钟谦病逝于扬州。

1930年　33岁

4月，作《看花》一文。

7月，作《我所见的叶圣陶》和《叶圣陶的短篇小说》各一篇。

暑假后，杨振声就任青岛大学校长，朱自清代理清华大学中文系主任，并在燕京大学兼课。

9月28日，《论中国文学选本与专集》一文写成。

1931年　34岁

3月作《论无话可说》一文，载1934年3月1日《论语》第36期。在杂文集《你我》里，他说，"最中意的就是这篇文字"。

5月1日，《论诗学门经》一文发表于《中学生》杂志第15号。

7月，与陈竹隐女士在北平订婚。

8月，准备出国游学。15日，《论中国诗的出路》一文发表于清华《中国文学会月刊》第1卷第4期。

8月22日，自北平启程去英国留学。31日在西伯利亚车中开始写《西行通讯》。

9月8日，抵达伦敦，读语言学及英国文学。

10月8日，《西行通讯》写毕，载1932年1月《中学生》第21号。

11月15日，第二篇《西行通讯》写毕，载1932年2月《中学生》第22号。

1932年　35岁

5月，同柳无忌夫妇在欧洲漫游法、德、荷兰、瑞士、意大利五国。

7月7日，自威尼斯启程返国，有《威尼斯行》旧诗一首。31日到达上海。

8月4日，与陈竹隐在上海结婚，回扬州老家小住，月底回到北平。

9月，任清华大学中文系主任。同月，闻一多自青岛来清华大学任中文系教授，这是他们两人同事论学的开始。

10月，写成散文《给亡妇》，发表于次年1月1日出版的《东方杂志》第30卷第1号。

1933年　36岁

2月，作《读书笔记》一文。

4月，作《与黄晦闻先生论清商曲书》。

7月1日，散文《哀互生》及《新诗歌句刊》的述评发表，载《文学》创刊号。同月，散文《春》发表于上海中华书局印行的《初中国文读本》第1册。①

8月25日，《你我》一文写成。

9月，开始讲授"陶诗"，这又是一门受学生欢迎的新课程。

---

① 参见陈杰：《关于〈春〉的出处》，载《临沂师专学报》1983年第2期。

11月，应钱玄同先生之邀，到北师大兼课。11月11日，《中国文评流别述略》一文发表，载天津《大公报·文艺副刊》第50期。

12月，散文《冬天》发表，载《中学生》第40号。

1934年　37岁

1月1日，参加编辑的《文学季刊》创刊。此后一段时间，为编辑这个刊物，他和郑振铎、郭绍虞、吴晗、俞平伯、李长之等，经常在郑振铎家中聚会。同月，有《读〈心病〉》一文。

2月，开始讲授李贺诗。

3月，作《择偶记》一文。

4月1日，书评《子夜》一文发表于《文学季刊》第2期，认为这本书是当时"真能表现时代"的极少著作之一。同月，作《欧游杂记》一书自序。

5月，为夏丏尊、叶圣陶合著的《文心》作序。又成《陶渊明年谱中的问题》一文，发表于《清华学报》第9卷第2期。

9月20日，参加编辑的散文杂志《太白》创刊。

同月《欧游杂记》一书由开明书店出版。

10月13日，写《内地描写》一文，载《太白》第1卷第5期。同月，评《郭绍虞中国文学批评史上卷》一文发表，载《清华学报》第9卷第4期；散文《南京》发表，载《中学生》第48号。

11月12日，《文言白话杂论》一文发表，载《清华周刊》第42卷第3、4期合刊。20日，《说扬州》一文发表，载《人间世》第1卷第16期。

12月，写散文集《你我》自序。

1935年　38岁

1月，《三家书店》发表于《中学生》第51号。

1月26日，在北平女子文理学院演讲，讲题为《白话与文言》。

5月15日，《松堂游记》发表于《清华周刊》第43卷第1期。

6月6日，整理在南开大学英文学会的演讲稿《语文杂谈》，付《人生与文学》发表。

7月中，着手编选《中国新文学大系》丛书中的《诗集》。8月，为这本诗集写了"导言"，其中说，自"五四"前后以来的诗坛，"若要强立名目……就不妨分为三派：自由诗派、格律诗派、象征诗派"。《诗集》共选59家的新诗408首。

在北平学生反对日本进一步侵略华北的"一二·九"爱国运动中，与清华学生一同进城参加了游行。

1936年　39岁

2月29日，反动军警特务到清华搜捕学生竟日。在自己家中掩护学生六人。

3月，杂文集《你我》由商务印书馆出版。

5月28日，母亲逝世，7月回扬州。

暑假后，又开始讲授"中国文学批评"这门新课程。

10月24日，与闻一多一同出席清华学生为鲁迅先生逝世举行的追悼会，并作演讲。

11月17日，去绥远百灵庙慰问抗日部队，"向前线抗敌官兵致吾人之赞扬与敬意"。①

1937年　40岁

6月，在《语言与文学》（闻一多主编、清华中文系师生合办）创刊号

_____

① 见朱自清日记。

288

上发表论文《诗言志说》，这是后来出版的《诗言志辨》一书中的一篇。

7月7日，抗日战争爆发。28日，北平沦陷。8月5日，日军占领清华园。9月22日，朱自清只身离京，10月4日到达长沙，主持清华、北大、南开三校联合组成的长沙临时大学中文系。

11月3日，自长沙赴当时临大文学院所在地南岳。

1938年　41岁

1月，作《日本语的欧化》一文。

2月，临时大学迁往昆明。朱自清从长沙到桂林，经南宁、龙州出镇南关经河内，于3月14日抵达昆明。

3月27日，中华全国文艺界抗敌协会成立，被推为理事。

4月4日，去蒙自，因为临大文学院暂时设在这里。

5月4日，长沙临时大学改名为西南联合大学。应邀出席北大学生纪念"五四"的集会，并作讲演。

6月4日，夫人陈竹隐带着孩子从北平来到蒙自。

暑假后，因西南联大文学院迁至昆明，9月3日，由蒙自赴昆明。

11月8日，联大开始上课，讲文学批评。

1939年　42岁

2月6日，《蒙自杂记》一文写成，发表于《新云南》第3期。

6月6日，《论"以文为诗"》一文写成，发表于29日《大公报·文艺副刊》。

7月7日，参加"七七"抗战两周年纪念会，并写了短文《这一天》，热烈地歌颂抗战。他说："东亚病夫居然奋起了，睡狮果然醒了。从前只是一大块沃土，一大盘散沙的死中国，现在是有血有肉的活中国了。从前中国在若有若无之间，现在确乎是有了。……我们不但有光荣的古代，而且有光荣的现代，不但有光荣的现代，而且有光荣的将来无穷的世代。新中国在血火中成长了。"在人民的奋起中，他看到了力量；对抗战的前途，中国的前途，充满了信心。

9月3日，移居昆明北郊的黎院村。

暑假后，开始讲授"宋诗"。

10月20日，《中国散文的发展》一文在《中学生》战时半月刊第10期发表。

寒假，因健康关系，辞去联大中文系主任职务。

1940年　43岁

春，由于家庭负担重和物价飞涨，为生活所迫，夫人陈竹隐不得不带着孩子去物价比较便宜的成都，于端午节前到达。

6月16日，《文字改革》一文发表，载《今日评论》第3卷第24期。

暑假，赴成都家中休息。这是清华大学教授每7年一次，为期一年的例假。全家住在成都东门外一所尼庵的三间草屋内；几个孩子连续生病，食米常靠亲友接济，生活十分困苦。朱自清曾有《近怀示圣陶》一诗，生动地叙述了国民党统治下当时的困苦情形。

休假期间，写成《经典常谈》一书。这是概括而又比较系统地介绍中国古代文化的一个尝试，它力求采择新的观点，又力求通俗化，为青年和一般读者了解我国古代文化提供了便利。他和叶圣陶合著的《精读指导举隅》《略读指导举隅》两书以及《国文教学》一书的部分篇章，也是这个时期完成的。

1941年　44岁

这年天旱，米粮大涨价。夏天，正是青黄不接的时候，成都一般贫苦市民已经没有饭吃，被迫一群一群地起来"吃大户"。朱自清目睹了这幅饥民求食图，受到强烈震动。后来他在《论吃饭》一文中描绘了当时的情景，字里行间，对"吃大户"的贫民表示深切的同情。

2月28日，开始写《外东消夏录》。

暑假，从厉歌天那里借阅许多杂志、诗刊和诗集，因而引起了谈论新诗的兴味。9月2日有信给厉歌天，讨论新诗问题。

10月，在叙永联大分校，同李广田几次交谈对于新诗的看法，越发引起了谈论新诗的兴趣，后来，写成了《新诗杂话》一书。

10月8日，乘木船顺岷江而下，经乐山、宜宾、纳溪、叙永，月底回到昆明。同月，清华大学文科研究所在昆明东北郊龙泉镇司家营成立。

11月3日，自黎院村移居文科研究所；每星期二至星期五，步行约20里去西南联大授课。

11月10日，有《重庆一瞥》一文，载《抗战文艺》第7卷第4、5期合刊。

1942年　45岁

1月1日，《三祝报章文学》一文发表于昆明《中央日报》。

2月2日，写《经典常谈》一书自序，载4月5日《中学生》战时半月刊第54期。

2月16日，所著《古诗十九首释》在《国文月刊》第1卷第6期开始连载。

3月，与叶圣陶合著《精读指导举隅》一书出版。

暑假后，讲授"文辞研究"这门新课，听课学生只有一二人。但他仍按时上讲堂，认真授课，一丝不苟。

这年冬天，昆明奇寒。朱自清远离家人，穷得连御寒的棉衣也添置不起，只好在集市上买了一件赶马人用的披风，披着从乡下进城去上课。加之营养不良，又得了严重的胃病，他日渐消瘦，突然衰老了。

1943年　46岁

1月，与叶圣陶合著《略谈指导举隅》一书由商务印书馆出版。

4月，《伦敦杂记》一书由开明书店出版。

6月，论文《诗教说》发表，载《人文科学学报》第2卷第1期。

暑假后，讲授谢灵运诗。

1944年　47岁

5月4日，联大学生举办文艺晚会，请朱自清等演讲，因三青团分子捣乱，未开成。8日，朱自清等在"五四"文艺晚会上作了演讲。

7月8日，以卖碑帖款购飞机票返成都。10月1日，飞返昆明。

暑期开学后，除在西南联大授课外，又在五华中学兼任国文教员。

10月19日，出席联大学生举行的鲁迅先生逝世八周年纪念晚会，并作演讲。

10月，作《新诗杂话》自序，载12月《抗战文艺》第9卷第5、6合刊。

12月，作《诗言志辨》自序，载1945年6月《国文月刊》第36期。

1945年　48岁

4月9日，父朱鸿钧病逝于扬州。同月与叶圣陶合著《国文教学》一书，由开明书店出版。

6月25日，参加全国文艺界抗敌协会昆明分会举行的庆祝茅盾五十寿辰纪念会。月底，飞成都度暑假。

8月15日，日本无条件投降的消息于深夜传到成都，他兴奋地到大街上去和老百姓狂欢了一整夜。回到家里，却带着沉重的心情对夫人说："胜利了，可千万不能起内战。不起内战，国家的经济可以恢复得快点，老百姓可以少受些罪。"月底，从成都飞回昆明。

11月25日晚，昆明学生在联大举行时事晚会，国民党军警竟包围会场，并开机枪、小钢炮进行威胁。26日，昆明学生联合会宣布总罢课。12月1日，国民党军警、特务数百人用棍棒、短刀、手榴弹分头袭击联大、云大、联大附中等校，死师生4人，伤25人，这就是震惊中外的"一二·一"惨案。9日，朱自清到灵堂向死难的四烈士默哀致敬。

1946年　49岁

4月4日，重任清华大学中文系主任，同月，《经典常谈》一书由文光书店出版。

同月，联大奉命结束，学生分批复员。

6月14日，自昆明飞重庆，16日，乘车去成都，18日到家。

7月11日和15日，李公朴、闻一多接连在昆明被国民党特务暗杀，闻先生是他多年的同事和朋友，闻先生的死，特别使他悲愤和激动。

7月21日，参加西南联大校友会主办的闻一多追悼会，并致辞。在此期间，还写了《中国学术的大损失》一文，悼念闻先生。

同月，整理抗日战争以来旧诗稿成一集，题为《犹贤博弈斋诗抄》。这些旧诗的风格虽近宋诗，但语言清新朴素，自成一格，与《敝帚集》专心模拟不同。本月，并为《犹贤博弈斋诗抄》作骈文《自序》一篇，载1948年《文学杂志》第3卷第5期。

8月4日晚，参加清华校友聚餐会，并致辞悼念闻先生。16日，成《挽闻一多先生》诗一首，这是他在新诗方面搁笔20年后的一首，其中歌颂闻一多是"一团火"，"照彻了深渊"，"照见了魔鬼"，相信在这火的"遗烬里"，必将"爆出个新中国"！

同月18日，成都各界人士举行李、闻追悼大会。事先就传闻特务将捣乱会场，但他仍毅然出席并作报告、提抗议，全场为之动容。次日，携夫人子女离成都去重庆。

同月26日，出席全国文协重庆分会欢迎他和李广田的聚餐会。

10月7日，偕眷自重庆飞返北平。当时的北平，"物价像潮水一般涨，整个的北平也像在潮水里晃荡着"，他觉得"北平到底不和从前一样了。穷得没办法的人似乎也更多了"，"手头不宽心头也不宽了"。[①]

同月18日，与《新生报》社长谈《语言与文学》副刊发刊事，并允诺主编这个副刊，准备为它每周写一篇"周话"。19日，写了第一篇"周话"，即该刊发刊词，题为《语言与文学》。

11月，清华大学组成"整理闻一多遗著委员会"，他是召集人。

12月，开始整理闻一多遗著。16日，《现代人眼中的古代——介绍郭沫若新著：〈十批判书〉》一文在《大公报》发表。

1947年 50岁

2月21日，写成《文学的标准与尺度》一文（载3月9日《大公报》副刊《星期文艺》），运用新的观点，论述文学的标准和尺度是随着社会生活与阶级关系的变化而变化的，并认为现在应使新的民主的尺度，成为文学的新标准。

同月23日，签名于抗议北平当局任意逮捕人民宣言（当时被称为13教授宣言），由于在报上发表时，他的名字是第一个，国民党发动各家反动报纸

——————————

① 见朱自清：《回来杂记》。

对他进行攻击和诽谤，住所也被国民党特务三次滋扰。

4月9日，在清华新诗社作题为《闻一多与诗》的讲演（本月14日《燕京新闻》第13卷第21期），指出"闻一多先生在'新月'时期就是爱国诗人，现实的诗人，《死水》诗集就是显明的例子"。

同月11日，在清华通识学社讲演《论气节》，充分肯定了"五四"以来青年知识分子用正义的斗争行动代替消极的"气节"这种"新的做人的尺度"。5月1日，这篇讲演发表于《知识与生活》。

4月28日，发表《论通俗化》一文，载《燕京新闻》副刊，文中肯定了解放区作家与人民共同生活、打成一片的新的文艺方向，认为人民需要这样的代言人。

5月2日，参加北大新诗社举办的诗歌晚会。5日，参加清华"五四"文艺晚会，讲《论严肃》（载10月1日《中国作家》创刊号），认为新文艺运动从一开始就是严肃的，批判了中途出现的玩世派，肯定了抗战胜利后，文学强调人民性，是"势有必至，理有固然"。

同月19日，写成《论标语口号》一文，认为当时的标语口号是要唤醒人民起来行动，而且要帮助他们组织起来，往往就是集体行动的纲领。中年以上的知识分子应改变厌恶标语口号的态度。但标语口号要避免落套子，公式化。"古人说'修辞立其诚'，标语口号要发生领导群众的作用……有一丝一毫的不诚都是遮掩不住的。"20日，北平3万学生举行反饥饿反内战示威游行。24日，他签名于《呼吁和平宣言》。

6月1日，《古文学的欣赏》一文发表于《文学杂志》复刊号。

7月1日，《编者问八题（关于散文创作）》载《文艺知识》第1集之三。

同月，写《闻一多全集》序，全集出版前，曾发表于10月的《文学杂志》2卷5期，再次表示对于闻一多的死，"是我们不能甘心的"！

同月，《诗言志辨》一书由开明书店出版。这是他多年来对我国古代诗歌研究的结晶。

10月24日，参加清华大学中文系的迎新大会，和学生一道学扭秧歌。

12月10日，写《论不满现状》，载本月27日《观察》3卷18期。

12月12日，去通县潞河中学讲演。"学生对大众文学，发问甚多；又问解放区作品之内容及语言问题。"①

同月，写《标准与尺度》一书自序。其中说："复员以来，事情忙了，心情也变了，我得多写些，写得快些，随便些，容易懂些。"

同月，《新诗杂话》一书由作家书屋印行。

1948年　51岁

1月1日，扶病参加清华中文系师生举办的新年同乐晚会，再次和学生一道扭秧歌。23日，写《论雅俗共赏》一书自序，说明这本书各篇论文，都是在朝着"近于人民的立场"这个方向说话。

2月24日，答复吴景超，不拟加入中间路线的刊物《新路》。

3月，写《语文影及其他》一书自序。

4月，编注开明书店国文教本。

4月11日，抗议国民党军警特务逮捕和毒打北师大、北大学生，捣毁学生自治会和教授宿舍，北大师生员工宣布罢教、罢课、罢工。次日，清华教授会决定13日为"反饥饿、反迫害"罢教一天。朱自清被推为宣言起草人之一。14日晚，他出席清华鲁迅研究会举办的文艺讨论会，并讲了话。

4月22日，签名于抗议《国民党北平市党部吴铸人谈话宣言》。

同月，《标准与尺度》《语文零拾》两书分别由文光书店和名山书局出版。

---

① 见朱自清日记。

5月4日，进城参观"五四"史料展览并参加"五四"新文化晚会。

同月，《论雅俗共赏》一书由观察社出版。

6月18日，签名于《抗议美国扶日政策并拒绝领取美援面粉宣言》。当时，他虽是教授中薪水最高的，但每月所得仅可买3袋多面粉，家庭人口又多，生活十分困难。而他的胃病已极其严重，自1月2日以来经常剧烈呕吐，不能进食，痛苦不堪。6月11日体重减至38.8公斤，[①]急需营养和治疗。但他仍毅然地在宣言上签了名，并让孩子立刻把配给证退回去。这一天，他在日记里写道："此事每月需损失六百万法币，影响家中甚大，但余仍决定签名。因余等既反对美国之扶日政策，自应直接由己身做起。此虽只为精神上之抗议，但决不应逃避个人责任。"

7月3日，彻夜胃痛不止。9日，签名抗议北平当局"七五"枪杀东北学生。

同月15日，"闻一多全集整理委员会"最后一次集会，他报告全集整理和出版的经过。晚上，又出席闻一多遇难2周年纪念会，报告全集编辑经过。

同月23日，扶病参加《中建》半月刊在清华举行的"知识分子今天的任务"座谈会。他拄着手杖，脸色苍白，在发言中说，知识分子的道路有两条：一条是帮闲帮凶，向上爬；一条是向下去，到人民中去，同人民一起争取解放。对这条道路，许多知识分子理性上是知道该接受的，但是习惯上变不过来。"所以我对学生说，要教育我们得慢慢地来。"发言稿载8月5日《中建》1卷2期。

8月6日晨4时，突然胃部剧痛，10时送北大医院，下午2时手术。10日并发肾炎，病情严重，仍谆谆嘱咐夫人："有件事要记住：我是在拒绝美援面粉宣言上签过名的，我们家以后不买国民党配给的美国面粉！"12日8时昏

---

① 见朱自清日记。

迷；11时40分，在贫病交迫下与世长辞。

10月24日，遗骨葬于北平西郊万安公墓。

（本表的部分条目，在编写时参考了季镇淮先生的《朱自清先生
年谱》以及陈孝全、陈锡岳编的《朱自清著作系年目录》）

图书在版编目（CIP）数据

荷塘边的不朽背影：回忆朱自清/江苏省政协文史资料委员会，扬州市政协文史资料委员会编. —北京：中国文史出版社，2018.7

（百年中国记忆·文化大家）

ISBN 978 - 7 - 5205 - 0367 - 9

Ⅰ.①荷…　Ⅱ.①江…②扬…　Ⅲ.①朱自清（1898—1948）—回忆录　Ⅳ.①K825.6

中国版本图书馆 CIP 数据核字（2018）第 142053 号

责任编辑：李晓薇

出版发行：**中国文史出版社**

社　　址：北京市西城区太平桥大街 23 号　　邮编：100811

电　　话：010 - 66173572　66168268　66192736（发行部）

传　　真：010 - 66192703

印　　装：北京新华印刷有限公司

经　　销：全国新华书店

开　　本：787 × 1092　1/16

印　　张：19　　　　　　　　　　　字数：248 千字

版　　次：2019 年 1 月北京第 1 版

印　　次：2019 年 1 月第 1 次印刷

定　　价：59.80 元